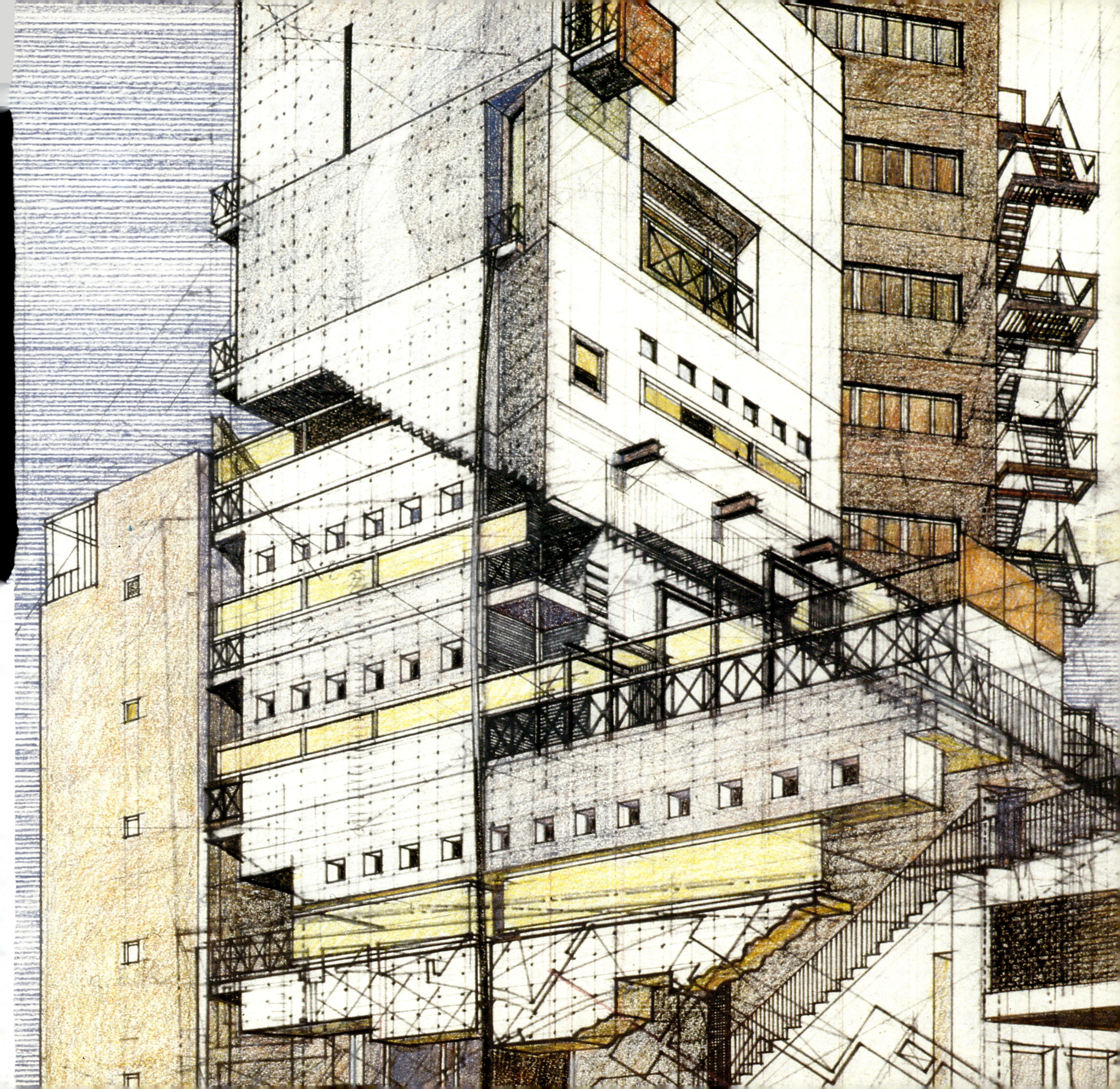

Die Deutsche Bibliothek – CIP-Einheitsaufnahme

Möhrle, Johannes:
Architektur: Perspektiven = Architecture drawings /
Johannes Möhrle. [Übers. ins Engl.: Peter Green]. –
Stuttgart; Zürich: Krämer, 1991
ISBN 3-7828-1123-2
NE: HST

© Karl Krämer Verlag Stuttgart + Zürich 1992
Alle Rechte vorbehalten. All rights reserved
Lektorat: Gudrun Zimmerle
Übersetzung ins Englische: Peter Green
Umschlaggestaltung: Prof. Gerd Winner
Druck: Heinrich Fink Offsetdruck, Stuttgart
Printed in Germany

ISBN 3-7828-1123-2

ARCHITEKTUR: PERSPEKTIVEN

ARCHITECTURE DRAWINGS

JOHANNES MÖHRLE

KONSTRUKTION / CONSTRUCTION

Moderne Galerie in einem alten Stadtviertel/ *Modern Gallery in Old Urban Area*

Kreisbögen in der zentralen, einfluchtenden Perspektive. Einsatz von unterschiedlich strukturierten Flächen für das Klären komplizierterer räumlicher Situationen. Kontrast von alt und neu, als reizvolle Betonung der Motivaussage.

Central, single-point perspective with construction of semicircular roof form. Contrast between old and new. Use of different textures to articulate complex spatial situations.

Youth-Center »Sun Plaza« Tokio/ *»Sun Plaza« Youth Centre, Tokyo*

Ablaufplanung einer komplizierten Zweifluchtpunkt-Perspektive. Schattenkonstruktion. Ästhetische Wirkung von Konstruktionszeichnungen. Bildbegrenzungen bei einer Perspektive mit hohem Standort; (Vogelperspektive) Möglichkeiten der Schwarz-Weiß-Darstellung.

Two-point perspective. Construction of shadows. Edge definition of drawing. Black and white techniques of representation.

Ransilia Lugano/ *Ransilia, Lugano*

Zweifluchtungskonstruktion des Bankgebäudes mit einem Fluchtpunkt konstruiert (Hilfsachse). Zerlegung des gesamten Konstruktionskomplexes in Einzelschritte. Kompositionelle Gesichtspunkte.

Oblique perspective of bank constructed with single vanishing point. Compositional considerations.

Wohnhaus in Flims/Dorf/ *House in Flims*

Beispiel mit z.T. polygonalem Richtungsverlauf der Mauern, dadurch Notwendigkeit der Einführung verschiedener Fluchtpunkte. Baumdarstellungen.

Object with polygonal plan shape and various alignments of walls requires construction of a number of vanishing points.

Terrassenhäuser in Halen bei Bern/ *Terraced Housing in Halen*

Rampen- bzw. Treppenkonstruktion in der Zentralperspektive. Darstellung von Bäumen und Figuren.

Stairway-ramp in central single-point perspective construction. Depiction of trees und human figures.

DARSTELLUNG / REPRESENTATION

Collage in der zentralperspektivischen Darstellung/ *Collage in Central Perspective Drawing*

Übermittlung des atmosphärischen Zusammenhangs mit Hilfe der in die Konstruktionszeichnung einmontierten Fotografie. Die genaue Detailwiedergabe, als wichtiges Gestaltungselement einer Innenraumperspektive.

Communication of atmospheric ambient using photo-montage technique in the constructed perspective. The precise articulation of details as an important element in the composition of an interior perspective.

Raum und Struktur/ *Space and Structure*

Deutlich gemacht an den Phasen einer linearen Skizze bis zur ausgearbeiteten Strichzeichnung mit abgestuften Grauwerten.

Illustrated in three stages – from initial sketch to fully elaborated line drawing with gradations of shading.

Tennisanlage in Bellinzona/ *Tennis Club in Bellinzona*

Zentralperspektive. Herausarbeiten der Baukörper durch das »Hinterlegen« einer Landschaftskulisse.

Central perspective drawing. The structure of the building brought out by inserting a landscape background.

Messe-Hochhaus Frankfurt am Main/ *Trade Fair Tower, Frankfurt-on-Main*

Einige Beispiele für die freie Zeichnung, für die Freude am spielerischen Element der Skizze und eines Näherbringens an die künstlerische Zielsetzung. Phantasievoller Umgang mit der starren Konstruktionszeichnung im Sinne des Herausstellens wesentlicher Architekturaussagen.

Examples of freehand drawing. The pleasure derived from the freer, more diverting element of sketching, this in turn facilitating a closer understanding of the underlying artistic intentions. A more imaginative approach to strict constructional drawing, placing emphasis on the principal architectural statements.

The Edge (Schmutzblatt)/ *The Edge*

Normale, zweifluchtende Perspektive für ein ungewöhnliches Projekt – knallharte, gekonnte Architekturaussage. Zusammenziehen der Umgebungsbebauung durch einen Farbton-Paravent mit einer Kontur, die die Silhouette des Hauptbaus fortsetzt.

A normal, two-point perspective for an unusual object – a tough, accomplished architectural statement. Drawing together the surrounding urban structures by means of a coloured screen of sky with a line that takes up the silhouette of the main building.

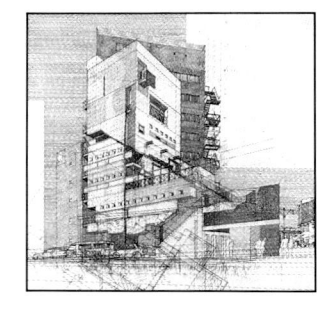

DESIGN / DESIGN   FARBE / COLOR

Figuren/ *Figures*

Zwei wichtige Gesichtspunkte:
1. Maßstabskomponente
2. Unterstützung des Atmosphärischen. Gefahr einer manieristischen Kurzschrift. Grundlage sollte immer wieder die Proportion des Menschen sein.

Two important aspects:
1. scale
2. accentuating the atmospheric element.
The dangers implicit to a mannerist abbreviation of figures.
The proportions of the human body should always form the basis of figure drawing.

Metamorfosi del Loft/ *Metamorfosi del Loft*

Ausklinken bzw. Durchsichtigmachen von Gegenständen (in diesem Fall antike Stützen), um Sichttrasse für wichtige Bereiche des Bildes zu öffnen.

Omission or transparency of parts of structure (in this case, simulated antique columns) to open up lines of view to important areas of a drawing.

Residence Königswinter/ *Residence, Königswinter*

Innenraumperspektive. Zielsetzung: Keine Beschränkung auf den Innenraum, vielmehr der Versuch, Einflußelemente der Außenarchitektur mit in das Bild hineinzunehmen.

Perspective drawing of interior space, not limited to the space itself; on the contrary, attempting to integrate into the picture those elements of the exterior architecture that have an influence on the overall image.

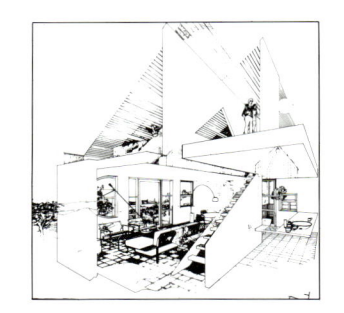

Spiegelungen/ *Reflections*

Möglichkeiten der Strichzeichnung, Glaspartien in ganz unterschiedlichen Zusammenhängen darzustellen.

The scope of line drawings in depicting glazed areas in quite different contexts.

Cogan-Residence/ *Cogan Residence*

Zentralfluchtende Innenraumperspektive. Punktweises Konstruieren gekrümmter Kanten. Schnelles Zeichnen von Ellipsen bei runden Körpern (z.B. Rundsäulen) in der einfluchtenden Perspektive. Zeichnerischer Auseinandersetzung mit dem Thema »Möbel«.

Single-point central perspective drawing of interior space. Point by point construction of curved lines. Drawing perspective ellipses of circular forms (e.g. round columns) with a swift, sure hand. Graphic study of furniture.

Farbe in der Perspektive-Zeichnung/ *Colour in Perspective Drawing*

Je nach Motiv stellt sie die Möglichkeit für eine Steigerung der Zeichnung dar. Der Buntstift ist die schnellste Technik, möglichst mit viel Mischen in Richtung Grau-Wert, um eine »Buntheit« des Bildes zu vermeiden.

Depending on the subject, colour offers scope for heightening the effect of a drawing. Coloured pencils or crayons provide the quickest technique. Colours should be mixed to achieve basic grey tones and thus avoid too gaudy an appearance.

Die neue Turnhalle in Montecarasso/ *New Gymnasium in Monte Carasso*

Ein Beispiel der Tessiner Schule. Konstruktion der Zweifluchtungsperspektive und des Fluchtpunkt-Diagonals. Selektion der die spezifische Situation charakterisierenden Elemente. Farbmischung.

An example from the Ticino School. Construction of central perspective with two diagonal vanishing points. Selection of the elements characteristic of a specific situation. Colour blending.

Innen und Außen – Beziehung eines Innenraumes/ *Interior and exterior: spatial relationships*

Zentrale Projektion und Diagonalfluchtung. Anleitung zum freihändigen, gebundenen Zeichnen. Die Bedeutung scheinbar unwesentlicher darstellerischer Akzente, wie Mauerstrukturen und Innenraumdetails. Herausarbeiten einer plastisch/räumlichen Wirkung durch Einführen von Tonwerten, sowohl in der Schwarz-Weiß-, als auch in der Farbskala.

Central perspective with diagonal vanishing point. Notes on accurate freehand drawing, observing the rules of perspective construction. The importance of seemingly insignificant graphic accents such as brick bonding textures and interior details. Articulation of a sculptural, three-dimensional effect by introducing tonal values – both in black and white, and colour.

Under the Pool/ *Under the Pool*

Konstruktiv: Ellipsenzeichnung mit Hilfe des umschriebenen Quadrats. Möglichkeiten des Umgangs mit dem Farbstift.

Construction: drawing ellipses with the aid of tangential squares. Scope for use of coloured pencils.

The Humana Building/ *The Humana Building*

Die Anpassung bei der Festlegung der Standortentfernung und der Höhenannahme des Augpunktes auf das jeweilige Objekt. Komposition. Grafisches. Colorierung einer Schwarz-Weiß-Zeichnung.

Determining the distance of the standpoint from the picture plane and the height of the viewpoint to obtain the optimal representation of a particular object. Composition; graphic considerations. Colouring a black and white drawing.

Zielgruppe für dieses Buch sind in erster Linie junge Architekten bzw. Studenten der Fachrichtung Architektur, die bereits über ein Grundlagewissen der Darstellenden Geometrie verfügen und dieses nun für das Zeichnen von Perspektiven weiter ausbauen möchten. In der Zielgruppe könnte ich mir auch außerhalb des Architektenberufs Stehende vorstellen, die ganz einfach Interesse und Freude an der Architekturzeichnung haben. Der steigende Marktwert für Architekturzeichnungen bestätigt das Vorhandensein eines solchen Interesses.

Für die letztere Gruppe geht das Buch sicherlich mitunter zu sehr in den konstruktiven Detailbereich hinein, jedoch hat sich der Verfasser bemüht, selbst in der reinen Geometrie den ästhetischen Anspruch als Zielvorstellung zu formulieren.

Das Leitmotiv, ein solches Buch zu machen, liegt in dem Anliegen begründet, ein Plädoyer für den »zeichnenden Architekten« zu halten, da die Zeichnung, ob eine an die Konstruktion gebundene oder freie Zeichnung, für den Entwicklungsprozeß einer Architekturidee von ausschlaggebender Bedeutung ist. Zugegeben, sie muß nicht von hoher zeichnerischer Virtuosität sein, um damit räumliche Vorstellungen und Architektureinfälle zu artikulieren, doch gewinnt der Architekt gegenüber dem Bauherrn an Autorität und Professionalität, wenn die Skizze gekonnt ist – wenn »der Strich sitzt«.

Bei der teilweise langwierigen Auseinandersetzung mit der Perspektive-Konstruktion an den Schulen ist das Hinarbeiten auf das richtige perspektivische Skizzieren eines der wesentlichen Gesichtspunkte. Das Buch soll insofern auch eine Hilfestellung leisten, in dem es das geometrische Gerüst nochmals vermittelt, in den einzelnen Schritten aufzeigt, wie die Konstruktionen anzuwenden sind. So kann man nur dann richtig »gebunden« skizzieren, wenn man weiß, was ein Fluchtpunkt ist und wo er innerhalb einer Zeichnung zu liegen hat. Dabei soll es gleichzeitig die Angst vor den Schwierigkeiten der Darstellenden Geometrie abbauen und versuchen, bewußt komplizierteren Konstruktionen, auch wenn sie eine scheinbare Erleichterung bedeuten, aus dem Wege zu gehen.

Ein wesentliches Anliegen besteht weiterhin darin, die Perspektive-Konstuktion nur als Hilfsmittel zur realistischen Wiedergabe des abzubildenden Objekts einzusetzen und die Möglichkeiten der Darstellung absolut in den Vordergrund zu stellen. Damit untrennbar verbunden ist die unter architektonischen Gesichtspunkten selektive Auswahl der Beispiele: aus einer engen Verbindung von qualitätvoller Architektur mit einer diese Aussage unterstützenden Zeichnung sollen Anregungen und Impulse angeboten werden.

Über lange Zeit war die Architekturperspektive bei Architektenwettbewerben geradezu verpönt, weil man nur auf stringent funktionale Darstellungen Wert legte. Diese Einstellung gilt teilweise auch heute noch, jedoch erlangt die gute Architekturzeichnung zunehmend wieder eine anerkannte Position. Eigentlich kommt dieser Trend aus dem Ausland. Insbesondere in den USA ist der »Verkauf« von Ideen an den Bauherrn über eine überzeugende Architekturdarstellung auffällig. Natürlich gab und gibt es hier auch Beispiele, die in den Bereich von mittelmäßigen ja bis zu kitschigen Illustrationen einzuordnen sind, dafür aber auch eine Menge hervorragender Blätter und ausgefeilter Darstellungen, die die Berechtigung der Architekturperspektive untermauern helfen. Um das Niveau, um das es sich bei dieser Feststellung handelt, aufzuzeigen, möchte ich nur einige Namen von großen Architekten nennen, die als großartige Zeichner bekannt sind: Frank Lloyd Wright, Le Corbusier, Paul Rudolph, Ralph Erskine, Gordon Cullen bis hin zu den gegenwärtig aktuellen Entwerfern wie Aldo Rossi und Helmut Jahn.

Im Vordergrund der Darstellung steht die richtige Wiedergabe, ohne eine Beschönigung durch vorgenommene Korrekturen. Jedoch sollte die Chance wahrgenommen werden, die künstlerische Absicht und den Ausdruck spannungsvoll darzustellen; dies auch unter Einbeziehung des Atmosphärischen der jeweiligen Umgebung.

In der vorliegenden Dokumentation soll sich das Bemühen um diese Gesichtspunkte widerspiegeln, ohne dabei ein allzu großes Arsenal von technischen Hilfsmitteln einzusetzen.

Noch ein Wort zu einem anderen Thema:
Computer Added Design, CAD in der Abkürzung genannt.

Ich habe diesen Bereich bewußt ausgespart, da mit ihm ein ganz neues Kapitel in dem Buch der dreidimensionalen Darstellung aufgeschlagen wird, das einer eigenen, intensiven Behandlung bedarf. Die Verfahrensweisen gehen dabei von ganz anderen, eben computer-technischen Grundlagen aus, wobei natürlich die Ergebnisse die gleichen sind, wie bei den bisherigen Methoden der zentralen Projektion im Rahmen der Darstellenden Geometrie.

Die heutigen Computer-Programme bieten zweifellos eine große Bandbreite von Möglichkeiten, vor allem die des schnellen Abrufens von Darstellungen mit wechselnden Standpunkten. D. h. bei einer entsprechenden Programmvorgabe können die abzubildenden Objekte in nahezu allen denkbaren Positionen dargestellt werden und dies, wie gesagt, in schneller Folge.

Die vom Computer gesteuerten Ausdrucke stellen zwar präzise, dreidimensionale Grundlagen dar, die jedoch, je nach ihrem Verwendungszweck, noch darstellerischer Ergänzungen bedürfen. So sind diese für eine dreidimensionale Kontrolle des Entwurfs durch den Architekten nicht notwendig. Anders verhält es sich bei einer »Präsentationszeichnung«, bei der sich der Bauherr, also Laie auf dem Gebiet des dreidimensionalen Vorstellungsvermögens, die Einbindungsfähigkeit des neuen Objekts in die vorhandene Umgebung klar machen will.

Hier ist das »Hineinzeichnen« von Menschen, Bäumen, Autos und Nachbargebäuden gefragt und dies in einer der Perspektivekonstruktion zugrundeliegenden Maßstäblichkeit. Bei der zentralen Projektionsmethode bedient man sich dafür der Bildebene, in der die wahren Größen angetragen und dann über den oder auch die Fluchtpunkte in die jeweilige Vergrößerung bzw. Verkleinerung gebracht werden. Dies dürfte sich bei einem späteren Einstieg in das vorhandene Netz einer Computer-Zeichnung etwas schwieriger gestalten, bei dem dann im Falle eines Nichtauffindens der exakten Nahtstelle die Gefahr von Ungenauigkeiten gegeben ist.

Ein weiterer Punkt ist der des grafischen Zusammenziehens, des Verdichtens und des gleichzeitigen, »Weitmaschiger-Machens«. Dies ist eine für die Lebhaftigkeit einer Zeichnung wichtige Methode, die nur manuell umgesetzt werden kann. Man kann diesen Vorgang auch ein differenziertes, grafisches Bewerten nennen, mit dem der Architekt den entscheidenden Einfluß auf die Wirkung seiner Zeichnung nimmt.

Trotz dieser Einschränkungen, die möglicherweise vom Computer-Spezialisten auch anders gesehen werden, halte ich eine positive Wechselbeziehung zwischen computergesteuerter Perspektivezeichnung und manuell entwickelter Konstruktionszeichnung mit schwerpunktmäßig eingearbeiteter Darstellung für durchaus möglich. Voraussetzung für eine funktionierende Kombination ist auch bei der Anwendung von CAD-gestützten Systemen das Wissen um die Gesetzmäßigkeiten der Perspektive-Konstruktion und die des Einsatzes von darstellerischen Mitteln. In diesem Sinne sollte das vorliegende Buch für beide Anwendungsbereiche eine gute Ausgangsbasis darstellen.

Für die wertvolle Mitarbeit bei der Konzeption des Buches danke ich Frau Dipl.-Ing. Andrea Wandel, sowie Herrn cand. arch. Tobias Schubotz, der wichtige Hilfestellung beim Entwickeln des Layouts leistete.

This book is addressed first and foremost to young architects or students of architecture who already possess a basic knowledge of descriptive geometry and who wish to extend this to perspective drawing. In addition to people associated with the architectural profession, I could imagine that the book might also appeal to those who are simply interested in or derive pleasure from architectural drawings. The rising market prices for drawings of this kind confirm the existence of such an interest. For the latter group the book certainly goes too far into constructional detail. The author has nevertheless endeavoured to articulate aesthetic considerations, even when discussing pure geometry.

The guiding motive of and justification for a book of this kind is to be found in the plea it makes for »the drawing architect«. Drawings – whether freehand or constructed – are of decisive importance in the process of developing architectural ideas. They do not have to be of great graphic virtuosity to articulate a spatial concept or architectural design; but an architect gains in authority and professional status in the eyes of a client, if a sketch exhibits a certain skill, if »the line is right«.

One of the basic aims of the often protracted study of perspective construction in schools is to achieve facility in correct perspective sketching. This book is intended as an aid in this respect, setting out the framework of geometry again, and demonstrating step by step how various constructions may be applied. It is only possible to sketch accurately and in compliance with the laws of perspective, if one knows what a vanishing point is and where it should be positioned within a drawing. The book attempts to allay fears of the difficulties commonly associated with descriptive geometry, and at the same time seeks to avoid complicated constructions, even where these represent an apparent simplification.

One of the underlying aims is to use perspective construction simply as an aid to achieving a realistic depiction of a particular subject, and to focus attention on possible forms of representation. Part and parcel of this is the careful selection of examples from an architectural point of view. A close link between qualitative architecture and a drawn representation that supports the intrinsic statement should stimulate new ideas and impulses.

For a long time perspective drawings met with disapproval in architectural competitions, value being placed on only stringently functional representations. This attitude still exists today in part; but good architectural drawings are gradually finding recognition again. This trend really has its origins abroad, where, particularly in the USA, the concept of »selling« ideas to clients by means of convincing architectural representation is a striking phenomenon. There are examples of this here, too, of course, many of which could be classified as mediocre or little more than cheap, kitschy illustrations. But there are also a number of outstanding and distinguished drawings that help to justify the use of architectural perspective. To demonstrate the standard implied here, I need mention the names of only a few great architects who are also known as superb draughtsmen: Frank Lloyd Wright, Le Corbusier, Paul Rudolph, Ralph Erskine and Gordon Cullen, or well-known modern designers such as Aldo Rossi and Helmut Jahn.

One of the most important aspects of representation is the correct and accurate reproduction of the original, without resorting to beautifying corrections. This does not mean, however, that one should not take every opportunity to bring out the artistic intention and expression in an exciting manner, including the atmospheric quality of the surroundings.

The present documentation attempts to reflect these ideas without employing an all too extensive armoury of technical aids.

In conclusion, I should like to say a few words on another theme: computer-aided design, or CAD, as it is known. I have deliberately kept this subject till the end, since it introduces an entirely new aspect to a book about three-dimensional representation, an aspect that requires an intensive treatment of its own. The processes are based on quite different premises – those of computer technology – even if the results are the same as those obtained using traditional methods of central projection in the context of descriptive geometry.

Without doubt, modern computer programs offer a wide range of possibilities, particularly if one wishes to call up a series of images quickly, viewed from different standpoints. In other words, with the appropriate programming, the objects to be drawn can be depicted in almost any conceivable position, and in rapid succession. Computer print-outs show precise, three-dimensional basic representations of an object. But, depending on the use to which these drawings are to be put, they will often need further interpretative treatment. This will not be necessary where they serve merely as three-dimensional design checks for the architect. But the situation is quite different where they are intended as »presentation drawings« for the client, who, as a layman in the field of three-dimensional visualization, wishes to have a clear picture of the possibility of integrating the new building into existing surroundings.

In such a situation it is helpful to draw in human figures, trees, cars and neighbouring buildings, observing the scale and context of the basic perspective construction. With the central projection method the picture plane is used for this. »True sizes« are marked off and projected via the relevant vanishing point(s) to determine their enlargement or reduction as the case may be. This process is probably more difficult, if one seeks access to an existing network of lines in a computer drawing at a later stage. If it is not possible to find a seamless continuation of the construction, there is a danger of imprecision.

A further point to consider is the question of graphically tautening or intensifying the drawing, or conversely »loosening the mesh«. This is an important means of enlivening a depiction, and it can only be done by hand. It can be described as a process of differentiation and graphic appraisal, with which an architect exerts a decisive influence on the effect of his drawing.

In spite of these limitations, which computer specialists might well view quite differently, I still regard a positive reciprocal relationship between computer-aided perspective drawing on the one hand and manually constructed representations – with the accentuation of certain aspects of the depiction – as a viable option. One condition for the proper functioning of a combination of this kind is a knowledge of the laws of perspective construction – even in the use of CAD systems – and the application of depictive, interpretative techniques. In this respect the present book should provide a good foundation for both areas.

For her valuable assistance in the conception of this book I should like to thank Dipl.-Ing. Andrea Wandel. My thanks are also due to Tobias Schubotz (cand. arch.) who provided important help in the development of the layouts.

THREE DIMENSIONAL RELATION BETW[EEN]
SHOWN BY THE EXAMPLE OF A LIVI[NG]

RÄUMLICHE INNEN- UND AUSSEN-BEZIEHUNGEN. DARGESTELLT AM BEISPIEL EINES ZUM GARTEN HIN VOLLVERGLASTEN WOHNRAUMES.

CENTRAL PERSPECTIVE

OF AN INTERIOR WITH FIRE-PLACE. GIVEN: STANDPOINT (ST°), POSITION OF THE PICTURE PLANE (BE) IN THE REAR WALL OF THE ROOM, DETERMINATION OF THE HEIGHT OF THE HORIZON LINE (HOR). PARALLEL LINES UNDER THE ANGLE OF 45° ARE DRAWN THROUGH THE STANDPOINT, THEIR POINTS OF INTERSECTION WITH THE PICTURE PLANE ARE THEN PROJECTED ON THE BASE LINE WHICH ARE PROJECTED FURTHER UPWARD TO THE HORIZON LINE (HOR).
THE INTERSECTION WITH THE HORIZON P.L. IS THE VANISHING POINT FOR ALL LINES RUNNING TOWARDS THE PICTURE PLANE UNDER AN ANGLE OF 45°.
THESE PARALLEL LINES ARE DRAWN THROUGH THE EDGES OF THE INTERIOR CHIMNEY BLOCK. THE POINTS OF INTERSECTION WITH THE BASE LINE ARE CONNECTED WITH THE DIAGONALLY VANISHING POINT. FIRST ONE HAS TO DRAW EXTENSION LINES, THE SO CALLED AXES IN THE DEPTH (t), TO THE PICTURE PLANE. THESE LINES INTERSECT THE BASE LINE (G) INTO A AND B.

VANISHING LINES OUT OF A AND B DIRECTED TOWARDS THE VANISHING POINT PPZ ARE DRAWN TO THE FOREGROUND AND ARE THEN DEPICTED TO THE INTERSECTION TOGETHER WITH THE VANISHING LINES RELATED TO THE DIAGONAL VANISHING POINT. WITH THE POINTS C AND D THE PERSPECTIVE GROUND PLANE OF THE CHIMNEY BLOCK IS ALREADY DETERMINED.

IN THE INSIDE AND THE OUTSIDE
ROOM OPEN TO THE GARDEN.

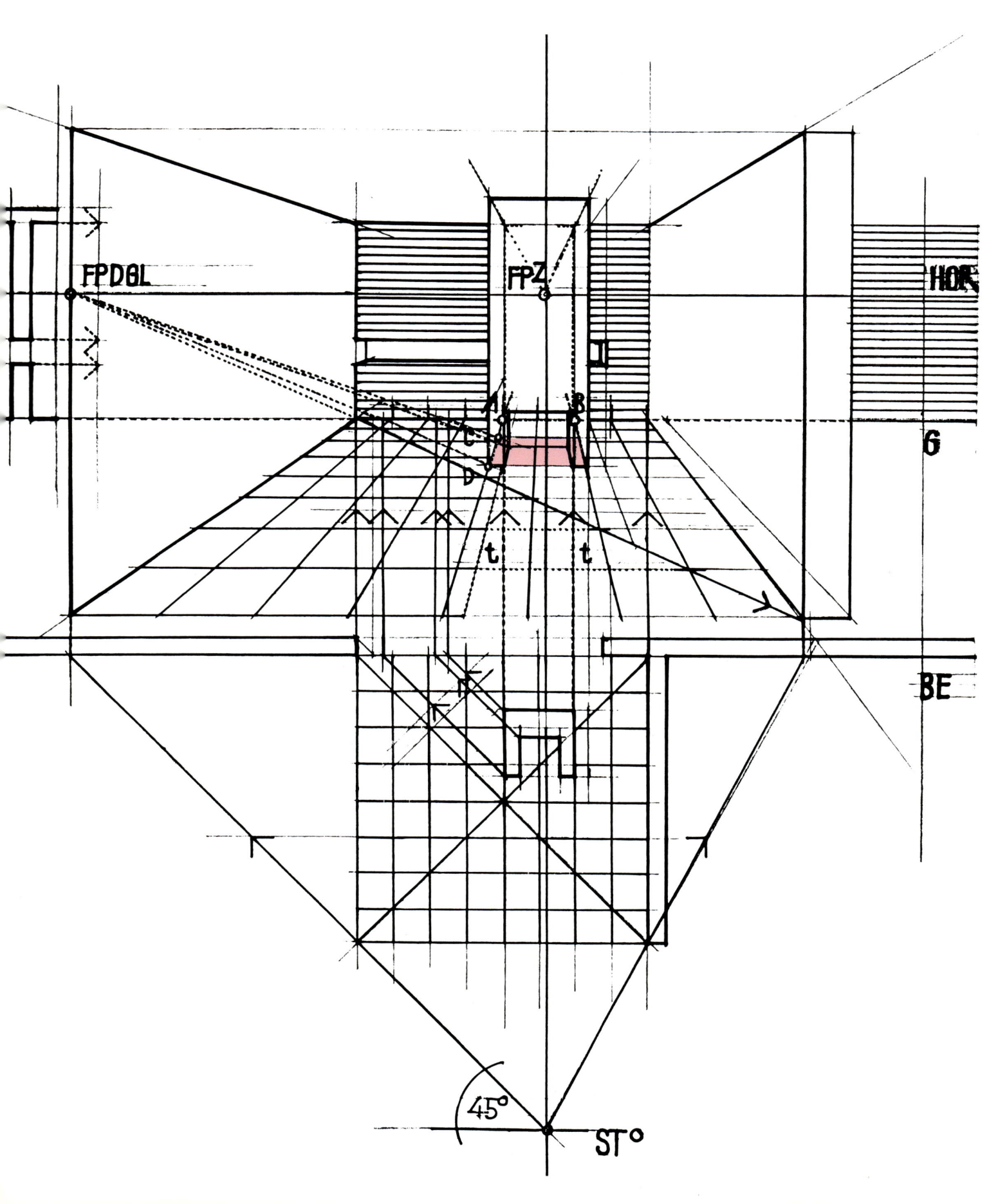

ZENTRAL-PERSPEKTIVE EINES INNENRAUMES MIT KAMIN, VORGEGEBEN: STANDORT (ST°), LAGE DER BILDEBENE (BE) IN DER RÜCKWAND DES RAUMES, VORGABE DER HORIZONT HÖHE (HOR). DURCH DEN STANDORT WERDEN BEZIEHUNGSLINIEN UNTER 45° GELEGT, DEREN ANSCHNITTE MIT DER BILDEBENE WERDEN DANN AUF DIE GRUNDLINIE, G UND DIESE WEITER NACH OBEN AUF DEN HORIZONT (HOR) PROJEZIERT. DER SCHNITT MIT DEM HORIZONT (FPDGL) IST DANN DER FLUCHTPUNKT FÜR ALLE UNTER 45° GEGEN DIE BILDEBENE VERLAUFENDEN GERADEN.

SOLCHE BEZIEHUNGSLINIEN LEGT MAN DURCH DIE ABZUBILDENDEN KANTEN DES KAMINBLOCKS IM INNENRAUM. DIE ANSCHNITTE MIT DER GRUNDLINIE WERDEN MIT DEM FLUCHTPUNKT DIAGONAL VERBUNDEN.

ZUVOR ZIEHT MAN DURCH DIE SENKRECHT ZUR BILDEBENE VERLAUFENDEN KANTEN VERLÄNGERUNGEN, SOGENANNTE "TIEFENLINIEN" (t). DIESE SCHNEIDEN DIE GRUNDLINIE, G IN A UND B. FLUCHTLINIEN AUS A UND B ZUM FPZ ZIEHT MAN IN DEN VORDERGRUND UND BRINGT SIE ALSDANN MIT DEN DEM FPDGL ZUZUORDNENDEN FLUCHTLINIEN ZUM SCHNITT. MIT DEN PUNKTEN C UND D IST DER PERSPEKTIVISCHE GRUNDRISS DES KAMINBLOCKS BEREITS FESTGELEGT. DIE DREIDIMENSIONALE ERGÄNZUNG ZUM RAUM GESCHIEHT DURCH ANTRAGEN DER "WAHREN HÖHEN" AUF G UND ENTSPRECHENDEN FLUCHTLINIEN ZUM FPZ. DIE TIEFENTEILUNGEN DES BODENBELAGS AUS QUADRATISCHEN PLATTEN ERFOLGT GLEICHFALLS ÜBER DIE ZUM FPDGL FLÜCHTENDE DIAGONALE.

MODERNE GALERIE
IN EINEM ALTEN STADT=VIERTEL

Das Beispiel stellt einen Beitrag zum Thema Kreisbögen in der zentralen, einfluchtenden Perspektive dar. Bei paralleler Lage des Kreisbogens zur Bildebene wird der Bogen des Glastonnendachs zunächst in seiner maßstäblichen Größe (M 1 : 100) von der Grundlinie »G« aus eingetragen. Mit Hilfe der Sehstrahlmethode werden die einzelnen konstruktiven Achsen der Stahlstützen mit den aufgesetzten halbkreisförmigen Rundbögen perspektivisch abgebildet; mit anderen Worten der Raum entwickelt sich aus der in der Bildebene (BE) liegenden Rückwand in den Vordergrund hinein. Nach den Gesetzen der Perspektive werden dabei nicht nur die Senkrechten zum Vordergrund hin größer bzw. höher, sondern der Raum wird weiter, je mehr seine Fluchtlinien in den Vordergrund hineinkragen. Dadurch werden auch die Radien der Glastonnenbögen größer, jedoch bleibt die orthogonale Kreisbogenfigur bis auf die Vergrößerung ihres Radius erhalten.

Bei der Konstruktion aus Grundriß und Aufriß bzw. Schnitt muß darauf geachtet werden, daß der Innenraum zweigeschossig ist und die Höhenantragung von der Grundlinie aus nach oben und unten zu erfolgen hat. Nach dem »Einziehen« der Decke zwischen Erd- und Untergeschoß wird der räumliche Sachverhalt endgültig festgelegt. Der im Schachbrettmuster verlegte Fußboden bringt die optische Loslösung vom Untergeschoß erst richtig zur Geltung; für das Zeichnen des Schachbrettmusters sollte man sich unbedingt des Fluchtpunktdiagonals bedienen. Die in der Konstruktionszeichnung vorangestellte Freihandskizze soll zum einen die Gruppierung und die Durchzeichnung der Figuren zeigen, zum andern macht sie auf die grafische Wirkung von Leerstellen innerhalb eines Bilds aufmerksam.

Bereits die Konstruktionszeichnung zeigt, wie wichtig es für den Zeichner ist, zur Klärung der räumlichen Situation einzelne Flächen mit Farbwerten anzulegen, die für das Zustandekommen der Raumwirkung wichtig sind. Der Blick nach draußen vervollständigt die Atmosphäre des Bildausschnitts.

Grautöne werden in diesem Fall ohne die Festlegung einer exakten Lichtquellen-Vorgabe eingezeichnet. Dabei ist es wichtig, die vollständige Verglasung der Tonne zu verdeutlichen, indem Konstruktionsglieder dunkler schraffiert werden. Die Akzentuierung der verschiedenen Grautöne geschieht auf der Basis der grafischen Einschätzung. Eine wesentliche Erkenntnis dabei ist, daß der Grauton nicht nur durch die Strichlagen einer Schraffur hergestellt werden kann, sondern er ist ebenso durch die Zeichnung eines Baums etwa oder durch die Darstellung einer Gebäudefront zu vermitteln.

Die Herausarbeitung von Plastizität gelingt nur dann, wenn Grauwertflächen helle bzw. weiße Flächen einschließen.

This example considers the treatment of arcs of circles in central, single-point perspective drawing. Since the plane of the curve is parallel to the picture plan, the round arch of the glass barrel-vaulted roof is drawn to scale (1 : 100) from the base line G. Using the visual ray method, the individual construction axes of the steel columns are depicted in perspective with semicircular arches on top. In other words, the space is articulated from the rear wall, which lies in the picture plane (BE), towards the foreground. According to the laws of perspective, not only do the verticals increase in size and height towards the front; the space itself broadens, the further the vanishing lines project into the foreground. As a result, the radii of the arches of the glass barrel vaulting also become larger. But apart from its increase in radius, the semicircular form, seen in a frontal view, remains unchanged.

When constructing the perspective from plan and elevation (or cross-section) one has to remember that the internal space here extends over two storeys and that the height has to be marked off both upwards and downwards from the base line. After inserting the floor slab between the ground and lower floor levels the spatial situation is finally determined. The chequered flooring brings out the optical separation of the two floor levels. In order to draw the chequered pattern, it is essential to use the distance point or diagonal vanishing point.

The freehand sketch preceeding the constructional drawing should show the grouping and details of the figures. It also reveals the graphic effect of empty spaces within the drawing.

The construction drawing itself shows how important it is for the draughtsman, in clarifying the spatial situation, to colour the surfaces that help create a sense of space. The view to the outside heightens the atmosphere of this segment of the overall picture.

In this example, grey tones are added without determining the precise source of light. It is important here to bring out the complete glazing of the barrel-vault roof by shading the structural members darker than the rest. The addition or omission of various kinds of grey-tone accentuation should be made on the basis of visual judgement. It is important to realize that grey tones can be created not only by hatching, but by drawing a tree or the face of a building.

The development of a sense of plasticity can only be achieved, if grey shaded surfaces contain light or even white areas.

+3.10
±0.00
−2.75
−2.75
−1.90

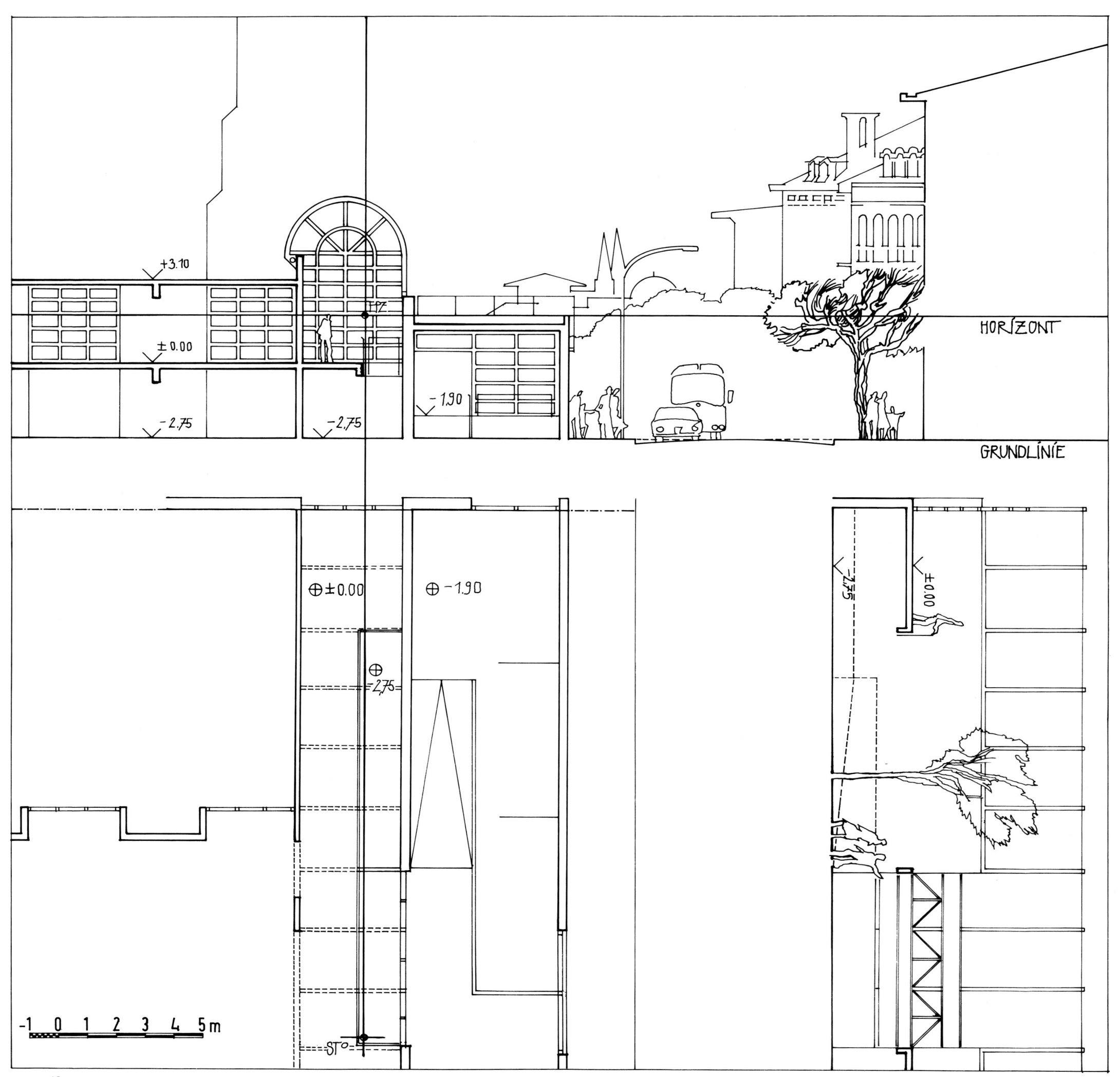

HORIZONT
GRUNDLINIE

±0.00
−1.90
−2.75

−2.75
±0.00

−1 0 1 2 3 4 5 m

ST

12

ERSTE KOMPO=
SITIONS STUDIE

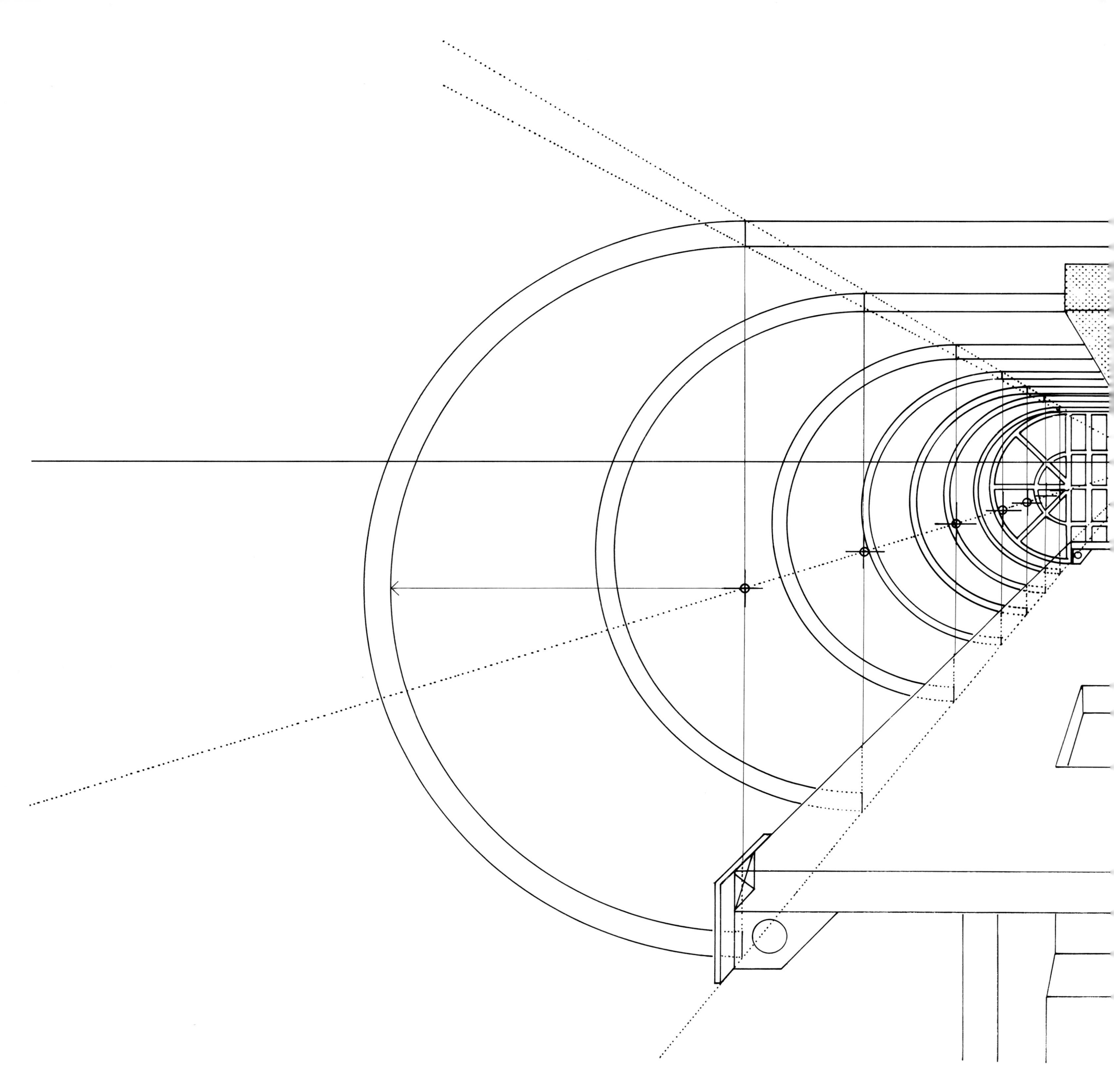

ZENTRAL PER= SPEKTIVE

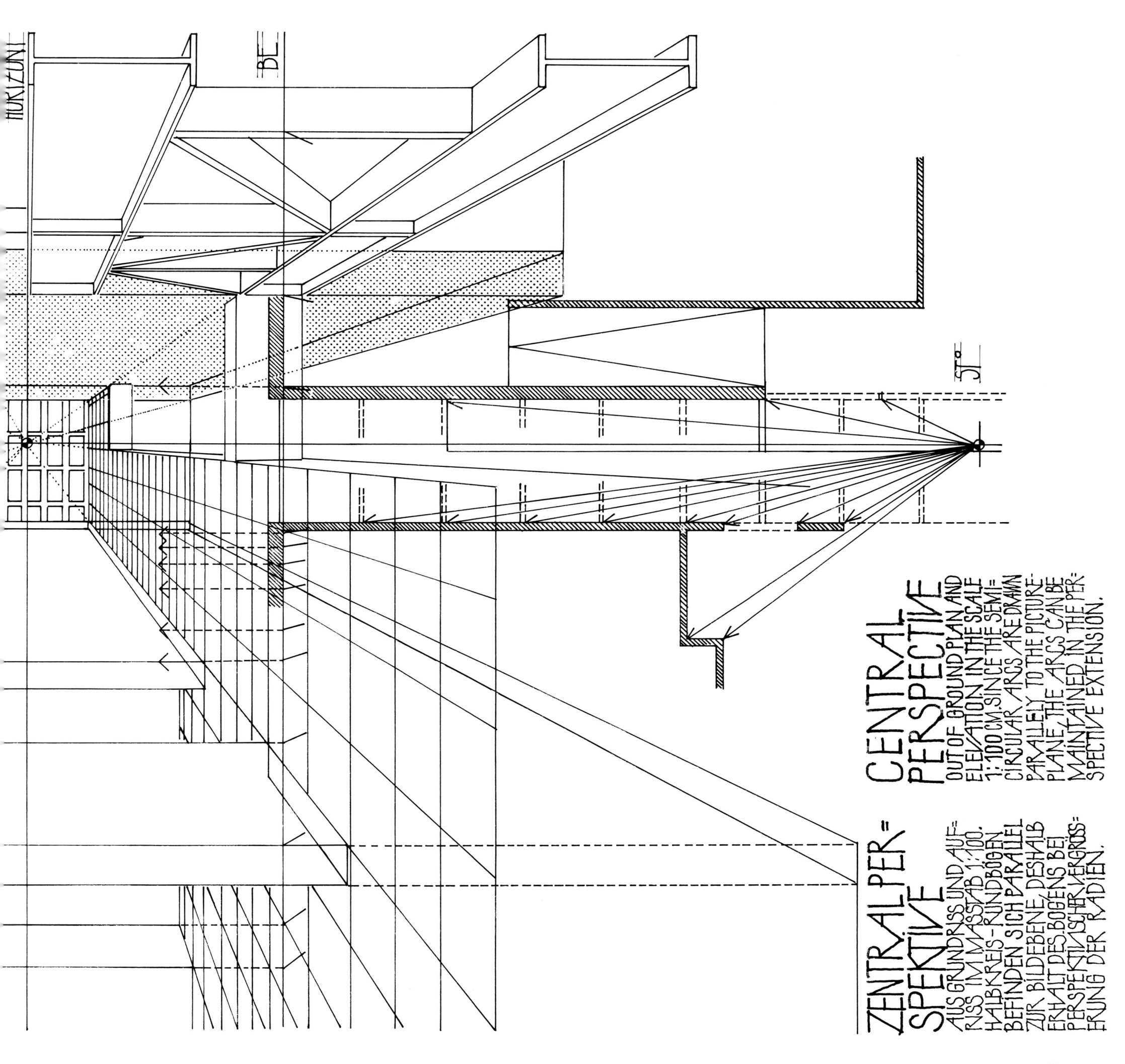

AUS GRUNDRISS UND AUF=
RISS IM MASSTAB 1:100.
HALBKREIS-RUNDBÖGEN
BEFINDEN SICH PARALLEL
ZUR BILDEBENE, DESHALB
ERHALT DES BOGENS BEI
PERSPEKTIVISCHER VERGRÖSS=
ERUNG DER RADIEN.

CENTRAL PERSPECTIVE

OUT OF GROUND PLAN AND
ELEVATION IN THE SCALE
1:100 CM. SINCE THE SEMI=
CIRCULAR ARCS ARE DRAWN
PARALLELY TO THE PICTURE
PLANE THE ARCS CAN BE
MAINTAINED IN THE PER=
SPECTIVE EXTENSION.

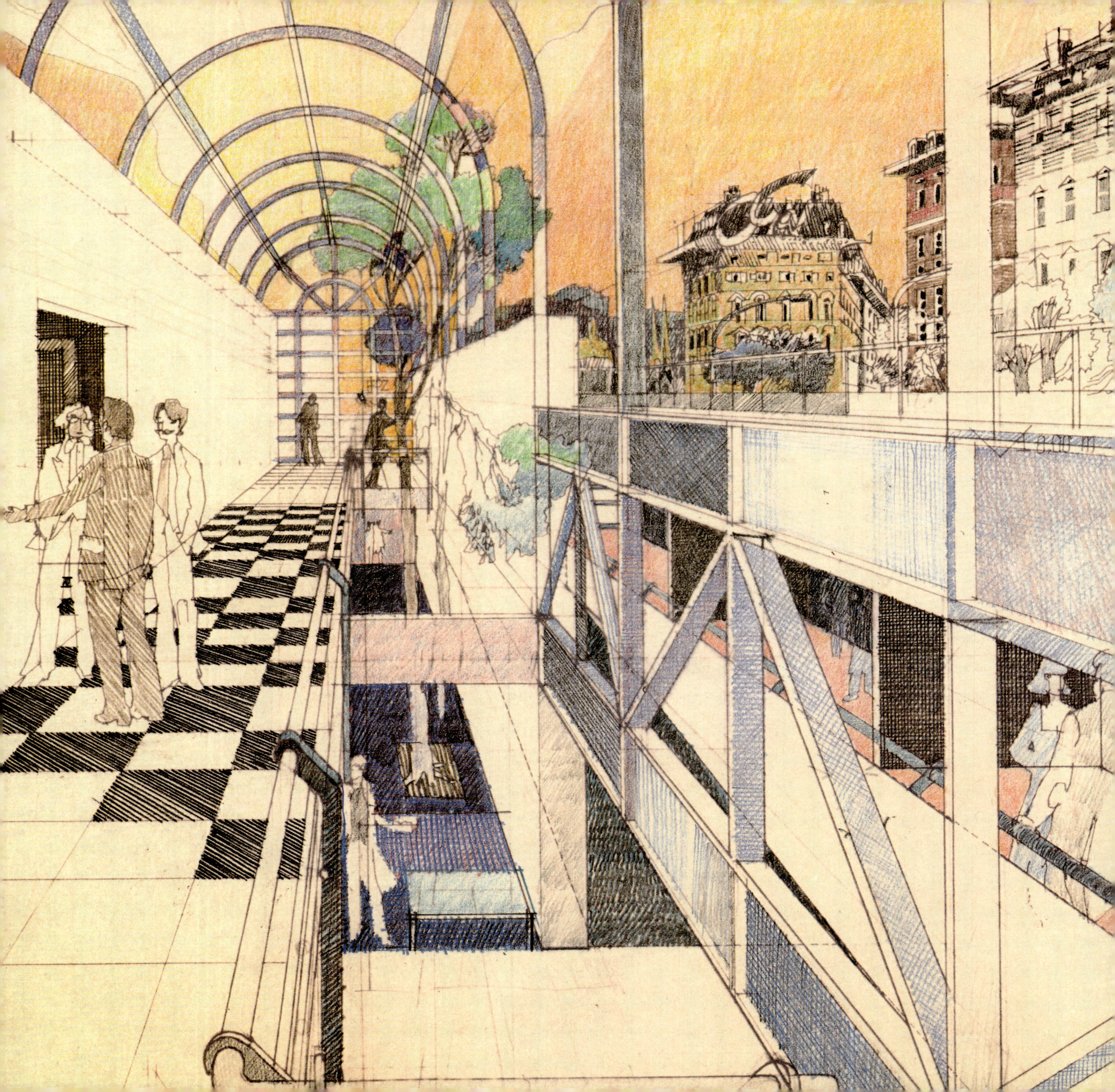

17

AUDITORIUM MIT SITZPLÄTZEN FÜR 2700 MENSCHEN

AUDITORIUM WITH SEATING FOR 2700 PERSONS

DIE DOMINANZ DES "GEBÄUDEKEILS" INMITTEN DER VORWIEGEND FLACHEN VORSTADT=
BEBAUUNG IST UNÜBERSEHBAR. ES IST EIGENTLICH MEHR EIN TURMBAU JEDOCH MIT
EINER SEHR QUALITÄTVOLLEN ARCHITEKTONISCHEN AUSSAGE.

THE DOMINANT, WEDGE-LIKE FORM OF THE BUILDING IS A CONSPICUOUS
LANDMARK IN THE MIDST OF MAINLY LOW-RISE SUBURBAN DEVELOP=
MENTS. MORE AKIN TO A TOWER BLOCK IN NATURE, THE STRUCTURE,
NEVERTHELESS MAKES AN **ARCHITECTURAL STATEMENT** OF VERY HIGH QUALITY.

YOUTH-CENTER
»SUN PLAZA« TOKYO
ARCH. NIKKEN SEKKEI

Das Gebäude liegt in einem der zahlreichen Vororte von Tokio mit einer überwiegend flachen Bebauung. Die Architekten Nikken Sekkei beabsichtigten mit dem 21 Geschosse hohen, in Dreiecksform ausgebildeten Gebäude ein Zeichen zu setzen. In dem Gebäude befindet sich ein Auditorium für 2700 Menschen, ein Hotel, Konferenzräume und Büros. Die großflächigen bzw. großvolumigen Räume sind in den unteren Gebäudebereichen untergebracht, während die kleinteiligeren Räume (Büros) in den oberen Bereichen liegen.

Eine der interessantesten Standorte für eine Zeichnung dieses Hauses bietet die Vogelperspektive. Von hier aus läßt sich die spezifische Großform des Gebäudes mit seiner stufenförmigen Abtreppung auf der abgeschrägten Seite am wirkungsvollsten darstellen. Außerdem kann von dem hochgelegenen Standort aus die räumliche Situation zur umgebenden Bebauung, die nahezu dramatische Gestik des hohen Dreieckgebäudes in bezug auf den Straßenraum am besten verdeutlicht werden.

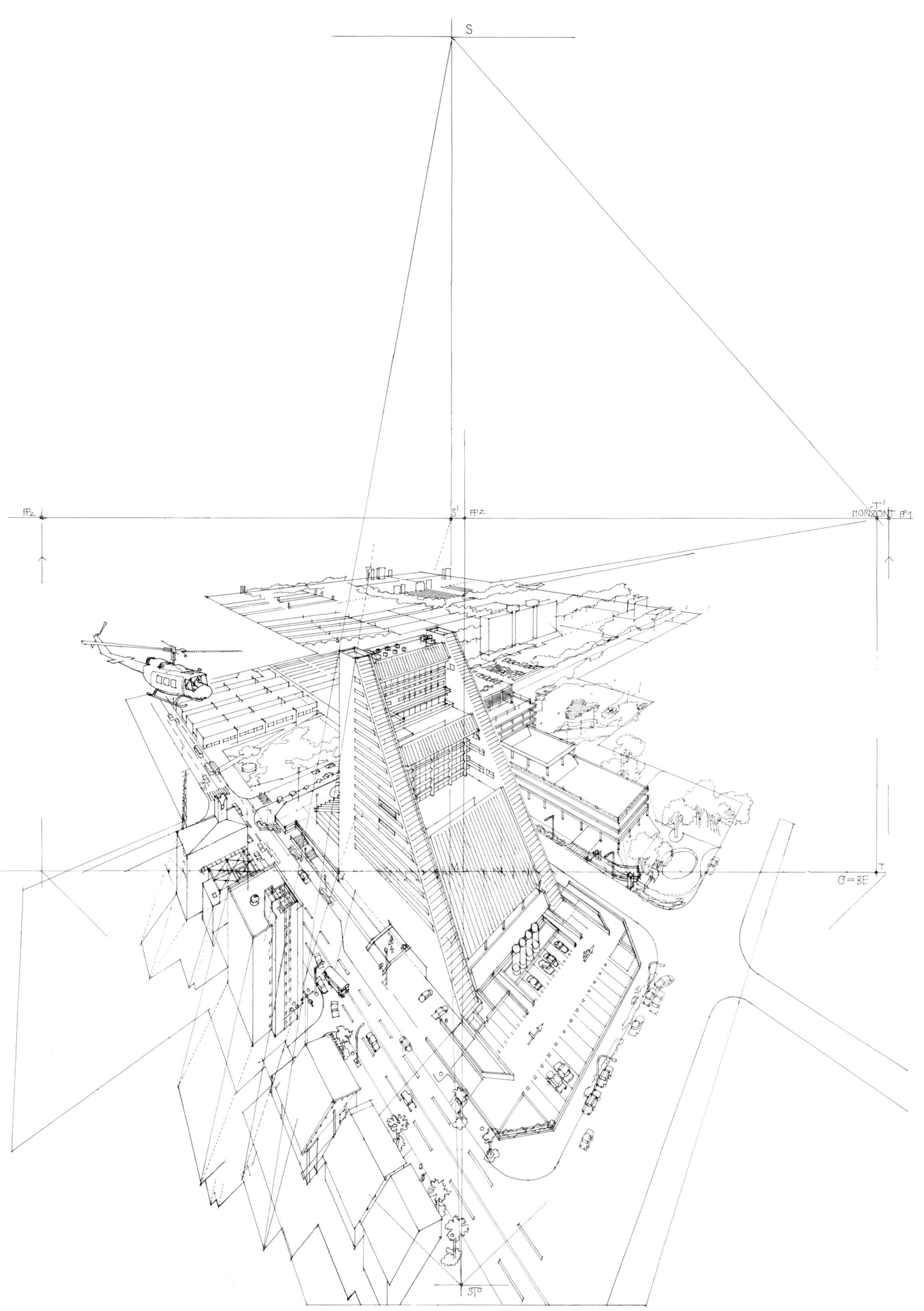

Die Abbildungen auf der rechten Seite dienen als Übersichtszeichnungen, um die nachfolgenden, ausführlicheren Konstruktionsschritte vorzuklären. Die Abbildung oben gibt den Überblick über die Zweifluchtungs-Konstruktion für den Baukörper. Die Abbildung unten erklärt die Vorgehensweise, mit der die Fassadenflächen zeichnerisch ermittelt werden.

Diese Abbildung sollen den »Rohling« der Konstruktionszeichnung zeigen; sie zeigt die Phase, nachdem die Standortfestlegung erfolgt ist und darüberhinaus weitere Entscheidungen getroffen wurden, so, in welcher Form die Umgebung des »Youth-Centre« im Detail erfaßt werden soll, um »atmosphärische Aussagen« am besten zu vermitteln.

The illustrations on the right serve as general layouts to clarify the next, more detailed stages of the construction. The figure at the top provides an overall view of the two-point perspective construction for the actual building structure. The lower figure illustrates the procedure for determining the details of the façades.

This illustration shows the construction drawing in its rough, unpolished state, after the viewpoint has been fixed and various other decisions have been taken: for example, the way in which the areas surrounding the youth centre should be depicted in detail to obtain the best »atmospheric expression«.

KONSTRUKTION

Die Konstruktion erfolgt in Form einer Zweifluchtungsperspektive mit hochliegendem Horizont. Der Grundriß wird in bezug auf die Bildebene in eine Übereck-Lage gedreht. Der Winkel der Längsseite des Baukörpers wird in diesem Fall mit 46° Neigung zur horizontalen Bildebene relativ steil gewählt, um die beiden Fluchtpunkte noch in gut erreichbarer Nähe auf dem Konstruktionsfeld des Zeichenblatts anordnen zu können.

Bei der Wahl der Höhenlage der Grundlinie oberhalb der Bildebene wird der Abstand deshalb so groß gewählt, um eine Überlappung von Grundrißzeichnungen und Bild weitgehend zu vermeiden. Die Abtragung der wichtigsten Höhenmaße auf der sogenannten Meßlatte kann am leichtesten mit Hilfe des Schnittes A – A erfolgen. Er wird zuvor im rechten Bildbereich so auf der Grundlinie angeordnet, daß die Höhenantragung auf der senkrechten Gebäudekante im Punkt C unproblematisch durch ein horizontales Projizieren aus der Schnittfigur auf die Höhen-Meßlatte erfolgt. Ergänzende Angaben für die Fassadenausbildung liefert die Frontansicht, die im Blattbereich angetragen wurde.

Die Konstruktion der Achsmaße der Fassade vollzieht sich nach den Regeln der Zweifluchtung, indem die Tiefenteilung der Achsen mit Sehstrahlprojektionen im Grundrißbereich auf der Bildebene festgelegt wird. Die dort vorhandenen Anschnitte projiziert man senkrecht nach oben auf die zum Fluchtpunkt R fluchtenden Kanten der Geschoßdecken. Die konstruktive Ergänzung durch die Fluchtlinien zum Fluchtpunkt L vervollständigt das dreidimensionale Bild.

Für die nach dem gleichen Prinzip durchgeführte Konstruktion der Gebäude der näheren Umgebung wird die Lage von Grundriß und perspektivischem Bild so verändert, daß die für eine Schattenkonstruktion notwendige größere vertikale Ausdehnung auf dem Zeichenblatt möglich ist. Das bedeutet, es erfolgt die Anordnung des Grundrisses im oberen Blattbereich, was außerdem der besseren Übersichtlichkeit entgegenkommt, die Lage der Bildebene im Punkt C wird dabei beibehalten. Die Bildebene 2 dient im vorliegenden Fall der Konstruktion der Umgebungsbaukörper. Um die gleichen perspektivischen Verhältnisse wie die des Hochhauses zu gewährleisten, wird derselbe Abstand des Standorts zur Bildebene eingehalten wie dies bei der Konstruktion des Hochhauses der Fall war. Dabei wird er lediglich auf der Standortachse nach oben verschoben.

SCHATTENKONSTRUKTION

Für die Konstruktion der Schatten, die von den Gebäuden ausgehen, benutzt man infolge der Bildfestlegung im unteren Blattbereich den alten Standort und die ursprüngliche Lage der Bildebene, die für die Schattenkonstruktion gleichzeitig auch die Grundlinie darstellt; auch die Höhenlage des Horizonts bleibt erhalten.

Man unterscheidet beim Sonnenlicht im Gegensatz zur Kunstlichtbeleuchtung drei Arten des Lichteinfalls: 1. Licht von vorn, 2. Licht von hinten und 3. Licht von der Seite. Im vorliegenden Fall erscheint, auch aus Gründen der Bildgestaltung, die Lichtannahme vor dem Beschauer am geeignetsten. Die ersten Konstruktionsschritte für die Schattenkonstruktion setzen sowohl die Festlegung des

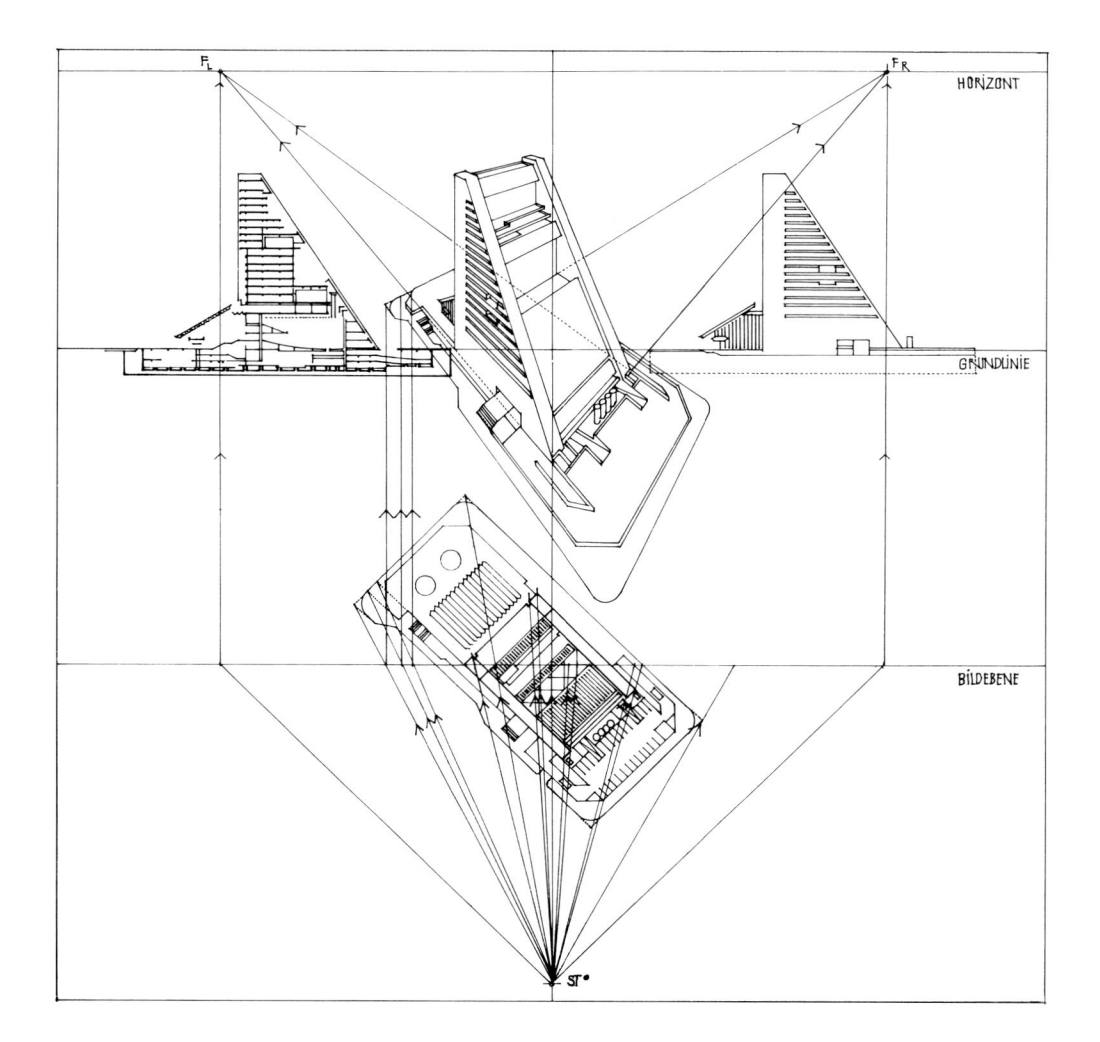

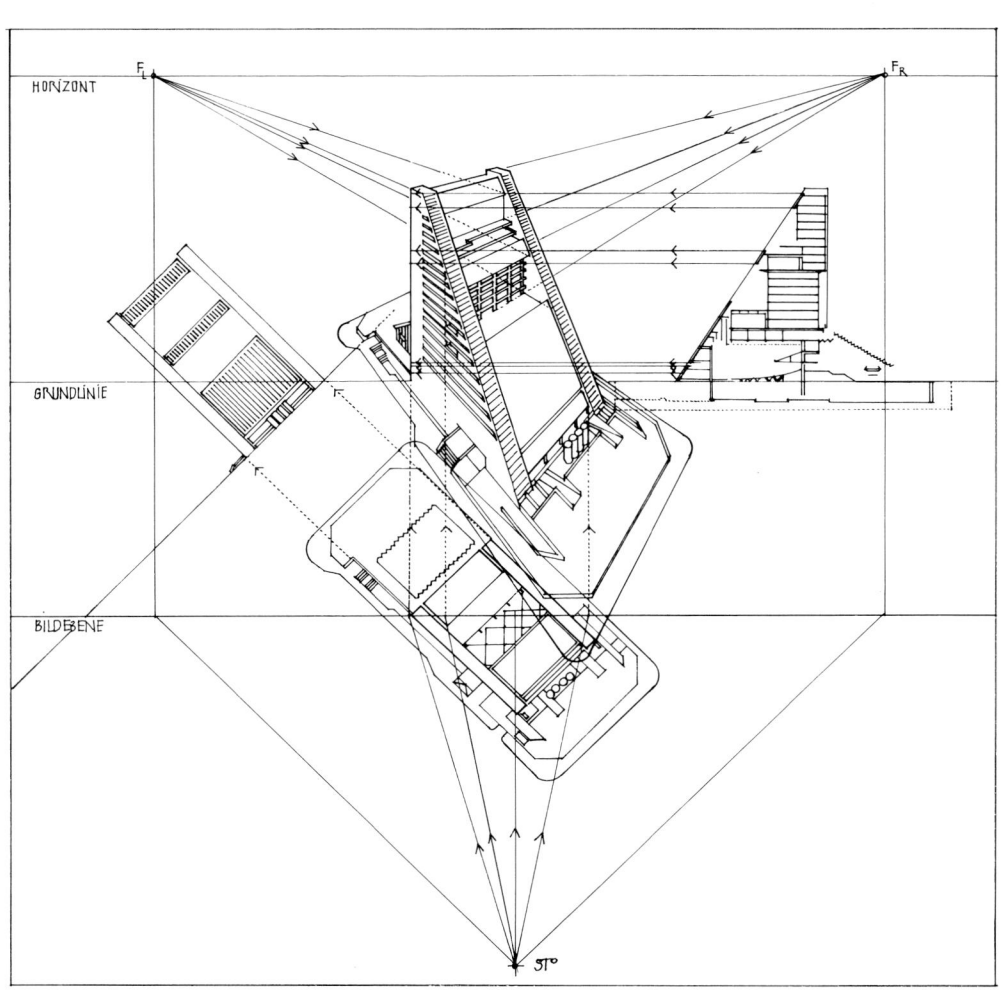

Lichtrichtungswinkels α als auch die des Lichtneigungswinkels β voraus. Der Winkel α wird im Standort so angetragen, daß sein freier Schenkel die Bildebene 1 schneidet. Die senkrechte Projektion des Schnittpunkts auf den Horizont trifft denselben im Punkt S', dem Fluchtpunkt für die Sonnenrichtung. Der Lichtneigungswinkel β kann nur dargestellt werden, indem die zugehörige Lichtebene in die Bildebene hineingedreht wird. Im Punkt M1 erfolgt dann die senkrechte Projektion auf den Horizont. Im Punkt M1' wird dann der Sonnenneigungswinkel β angetragen; der freie Schenkel dieses Winkels schneidet die senkrechte Standortachse im Punkt S, dem Fluchtpunkt für den Sonnenneigungswinkel.

Die Schattenpunkte und damit auch die Schattenbegrenzungslinien werden durch Lichtebenen bestimmt, die durch die schattenwerfenden Kanten des Gebäudes hindurchgelegt werden. Die Schnittpunkte dieser Ebenen mit der Bodenfläche lieferten sowohl die einzelnen Schattenpunkte als auch die Schattenbegrenzungslinien. Am Beispiel der Gebäudekante des Hochhauses P, P' stellt sich die Konstruktion wie folgt dar: Zunächst bezeichnen wir den Kopfpunkt der Strecke, die mit der Gebäudekante gleichzusetzen ist, mit P, den Fußpunkt mit P'. Durch P' wird eine Fluchtlinie zum Sonnenrichtungsfluchtpunkt S' gezogen. Diese Linie verlängert man in Richtung des anzunehmenden Schatteneinfalls, also in den Vordergrundbereich der Bodenfläche hinein. Vom Kopfpunkt P aus erfolgt dann eine Fluchtlinie zum Sonnenfluchtpunkt S, die ihrerseits wiederum so verlängert wird, bis sie die zuvor konstruierte Fluchtlinie (Lichtrichtung) schneidet. Der Schnittpunkt stellt den ersten Schattenpunkt auf der Bodenplatte dar. Die weiteren Schattenpunkte erhält man nach dem gleichen Prinzip.

Zur besseren räumlichen Vorstellung des Konstruktionsprinzips sollte man ganz bewußt von einem Lichtebenen-Dreieck sprechen, das gebildet wird von Kopf- und Fußpunkt an der Gebäudekante und dem Schattenpunkt auf der Bodenfläche. Die Lichtebenen, die von dem angenommenen Sonnenpunkt ausgehen und sich über die verschiedenen Gebäudekanten legen, werden von einer Vielzahl solcher Lichtdreiecke gebildet. Mit ihren Begrenzungslinien stellen diese Ebenen in Form von Durchdringungen oder auch Spuren die Schlagschattenfläche des sonnenbeschienenen Gegenstands dar. Im vorliegenden Falle, dem einer dreieckigen Gebäudefläche, ist lediglich für die horizontale obere Kante des Gebäudes ein weiterer Schattenpunkt zu bestimmen. Die Schattenbegrenzungslinie aus dieser Kante erhält man durch die Verbindung zum zugehörigen Fluchtpunkt dieser Kante, nämlich Fl. Der polygonale Zug der Schattenbegrenzungslinien schließt sich dann durch die Verbindung des zuletzt konstruierten Schattenpunkts mit dem Ansatzpunkt der Gebäudeschräge auf der Bodenplatte.

Die Schlagschatten der vorgelagerten Gebäude sind nach dem gleichen Schema zu bestimmen. Die mit geneigten Dächern ausgebildeten Häuser werden dagegen teilweise von der Lichtebene, die von der abgeschrägten Gebäudekante ausgeht, angeschnitten. Die Schattenbildung ist in diesem Fall als Durchdringung der Lichtebene mit den im Schlagschattenbereich stehenden Gebäuden anzugeben.

Die Konstruktion erfolgt, indem man die Anschnitte der schattenwerfenden Lichtebene an die senkrechten Seitenflächen des Hauses ermittelt. Ausgangspunkt ist dabei die Schattenbegrenzungslinie des Schlagschattens des Hochhauses. Diese stellt, anders ausgedrückt, die Durchdringungsspur der Lichtebene mit der Bodenplatte dar. Die Verlängerung der nach Fl fluchtenden Grundrißkanten auf diese Linie bringt mit ihren Anschnitten die Ansatzpunkte für die Anschnittlinie der Lichtebene an die Seitenfläche des Hauses. Dabei wird der Ausgangspunkt A mit dem Fluchtpunkt für die Neigungsgeraden Fp Lichtebene verbunden, die Anschnitte dieser Linien mit den Dachtraufen bilden die ersten wichtigen Schattenpunkte. Den Schattenpunkt auf der Firstlinie erhält man durch die Verlängerung der Firstlinienprojektion auf der Bodenfläche bis zur Schattenbegrenzungslinie der Lichtebene. Die Verbindung dieses Punktes mit dem Fluchtpunkt Lichtebene schneidet die Firstlinie. Verbindet man die drei soeben konstruierten Punkte miteinander, so erhält man den Schattenverlauf auf dem Satteldach.

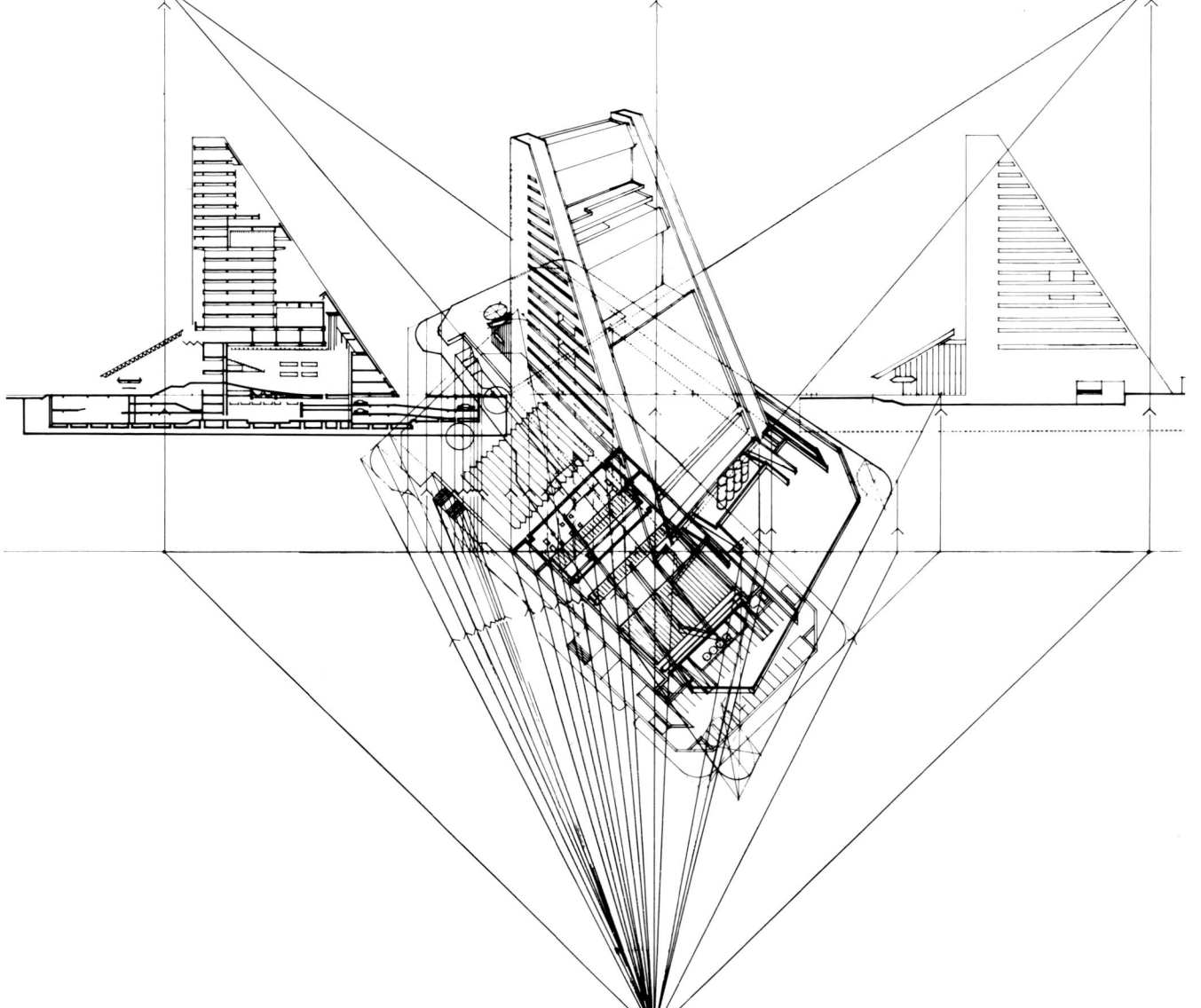

DARSTELLUNG

Die Kompositionsüberlegung beginnt mit der Entscheidung für eine Vogelperspektive, um das Spezifische des vorliegenden Gebäudes herauszuarbeiten. Dann erst reihen sich die Überlegungen für die grafische Behandlung an, bei denen die Entscheidung für eine deutliche Schattendarstellung im Rahmen der Dunkel-Helligkeitswertungen einer Zeichnung eine wichtige Rolle spielt. Beim genaueren Betrachten der Zeichnung fallen die Variationen und Möglichkeiten auf, die es in grafisch-gestalterischer Hinsicht mit der einfachen Linie gibt. Man könnte das ganze unter die Überschrift: »Differenzierung von Grautönen mit Hilfe der Linie« setzen. Ein wichtiger Aspekt im Rahmen der Schwarzweißdarstellung ist ganz sicher die relativ dicke Strichstärke. Sie vereinfacht das Zeichnen, da mit dem dickeren Strich gleichzeitig mehr Kraft und damit mehr Ausdruck erreicht wird. Die Verschiedenartigkeit der Herstellung von Grautönen mit der Linie reicht von der unterbrochenen Linie, der gepunkteten Linie bis zur Überlagerung verschieden gerichteter Strichlagen, den sogenannten Schraffuren. Daneben besteht auch die Möglichkeit, eine ganze Fläche zu »punkteln« bzw. mit kurzen Strichlagen zu versehen.

Ein wichtiger Punkt für die Bildwirkung ist die Akzentuierung einzelner Bildteile, auf die der Betrachter besonders hingelenkt werden soll. Sie wird erreicht durch einen besonders massiven Einsatz von dunklen Tönen bzw. durch die Einbringung von Kontrasten von dunklen und hellen Tonflächen, die dann zu den Rändern der

23

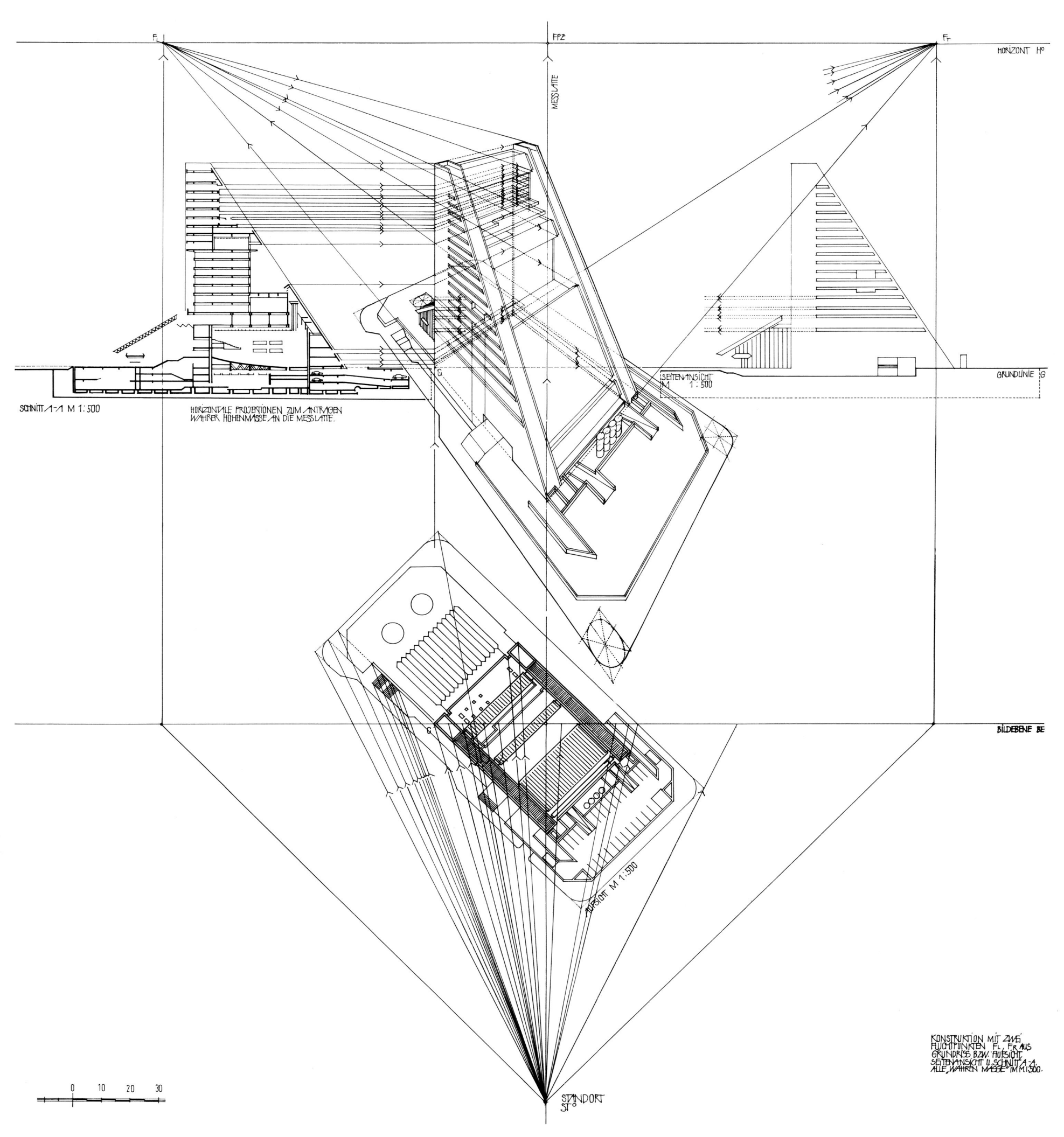

24

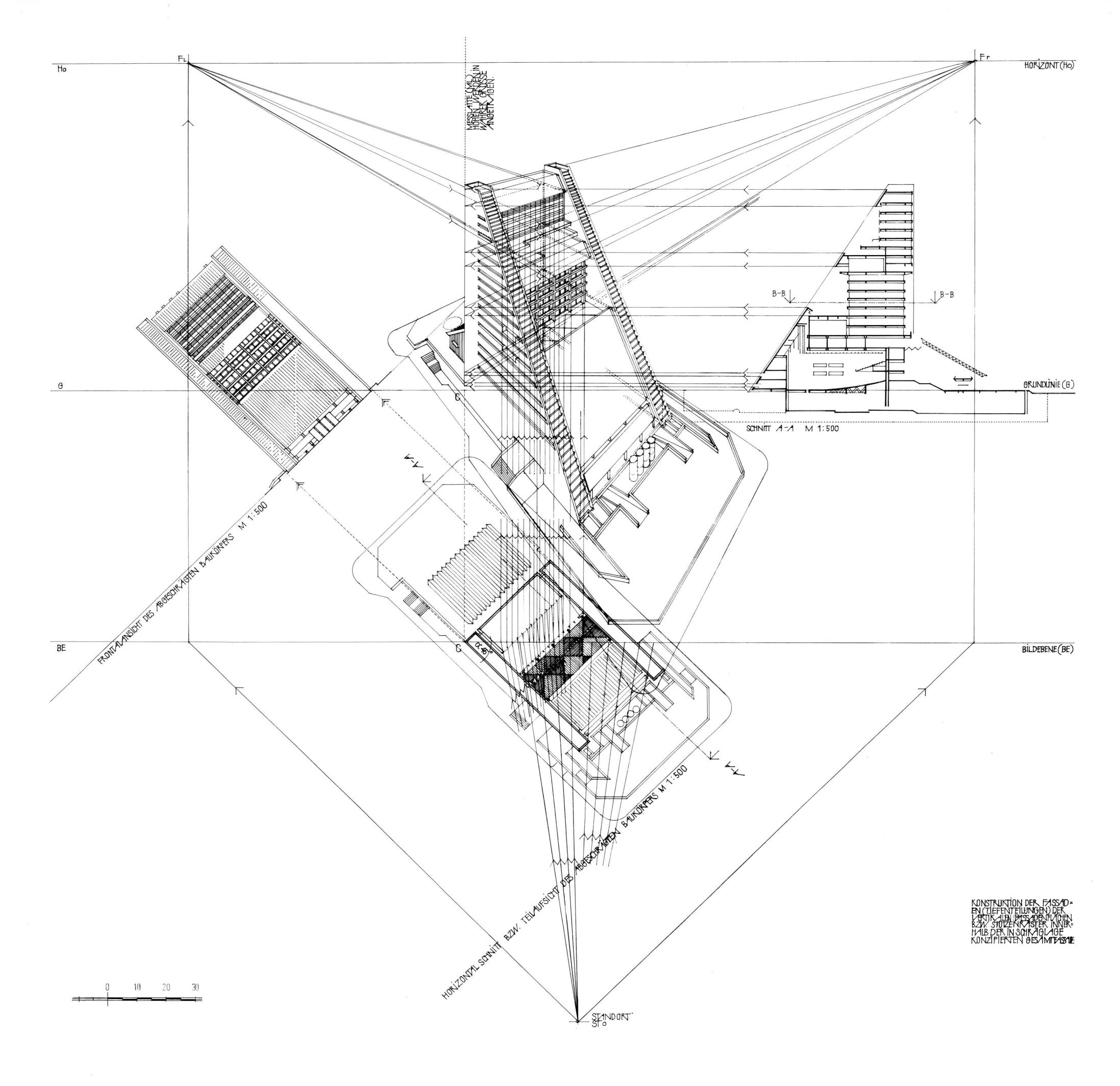

Zeichnung hin mehr verblassen, bis sie sich schließlich ganz auflösen.

Ein ganz anderes Kapitel ist das Einanderzuordnen von hellen und dunklen Flächen, um die Plastizität, die Dreidimensionalität eines Architekturbilds, bei dem das räumliche Element eine entscheidende Rolle spielt, entsprechend zu erhöhen.

Zum Herstellen der differenzierten Grauwerte dienen zum einen die verschiedenen Schraffurlagen, bei denen die Aufnahme eines Fluchtpunkts angezeigt sein kann, zum anderen besteht die Möglichkeit, eine Grauwertdifferenzierung mit Hilfe von Punktstrukturen bzw. »kurzfaserigen« Strichen mit gleichgerichteten oder verschiedenen Richtungen (Eisenspäne in einem Magnetfeld) herzustellen.

Bei den in einem architektonischen Bild vorwiegend vorhandenen geometrischen Körpern und Strukturen ist die Zuordnung organischer Lineaturen, wie Bäume, Büsche und deren Schattenstrukturen, die aus verdichteten, meist gerundeten Strichlagen bestehen, für den Reiz einer Zeichnung eine wichtige Abwechslung.

Bei der Zeichnung des Hochhauses ist das Augenmerk des Betrachters noch auf folgende Bereiche zu lenken:

1. Auf die Ausbildung der im Eigenschatten, also im Bildzentrum liegenden Dreiecksfläche. Ein stures Anlegen der Fläche mit einer gleichmäßigen Grautonstruktur wäre langweilig und für die Gesamtwirkung des Bildes abträglich. Durch das Herausarbeiten von vertikalen Flächen, die sich in Beziehung zu den zum Fluchtpunkt L fluchtenden Linien befinden, und durch das Einblenden ganz heller Flächen wird eine strukturelle Lebendigkeit erreicht.

2. Statt des Einblendens heller Flächen könnte man auch ganz einfach vom Weglassen reden, ein für die Gestaltung von Zeichnungen immer wieder wichtiger Punkt. Im vorliegenden Motiv ist die Verwendung dieses Mittels insbesondere auf den Schrägflächen der Hauptfassade festzustellen. Die Durchzeichnung der Rippung der Oberfläche wäre gleichfalls nicht überzeugend und würde die Nachbarstrukturen entwerten.

Durch den überlegten Einsatz solcher Weglaß-Zonen wird der Vorteil einer gestalteten Freihandzeichnung gegenüber einer Fotografie erkennbar. Im Rahmen dieses Aussparens von Flächen ist ein von mir gerne angewandtes Mittel, eine Grautonzone mit einer gekurvten Linie zu beenden, wie das bei der Parkfläche vor der abgeschrägten Fassade der Fall ist, um dann im Anschluß an diese Fläche lediglich noch mit Linien zu arbeiten und keine Grauwerte mehr zuzulassen. Man muß allerdings im Sinne einer klaren und straffen Bildaussage vorsichtig mit solchen Elementen umgehen.

Die grafische Behandlung des Straßenzugs längs der Fassadendreiecksfläche erfolgte unter dem Gesichtspunkt eines allmählich in der Ferne-Auslaufens von Grautonwerten, dies ganz auch im Sinne einer perspektivischen Tiefenwirkung. Die stärkste Stelle ist der Vordergrund mit seiner dunklen Schlagschattenfläche. Die Größe dieser Fläche ist mit dem vorgesehenen Dunkelwert nur aufgrund der grafischen Auflösung mit dem Einzeichnen von hellen Baumkonturen, weißen Straßenmarkierungslinien und den Objekten des Straßenverkehrs wie Autos, Busse, Straßenbeleuchtungsmaste etc. möglich. Bei einer entsprechenden Detailgestaltung kann eine solche Fläche für die Bildaussage eine zentrale Bedeutung bekommen.

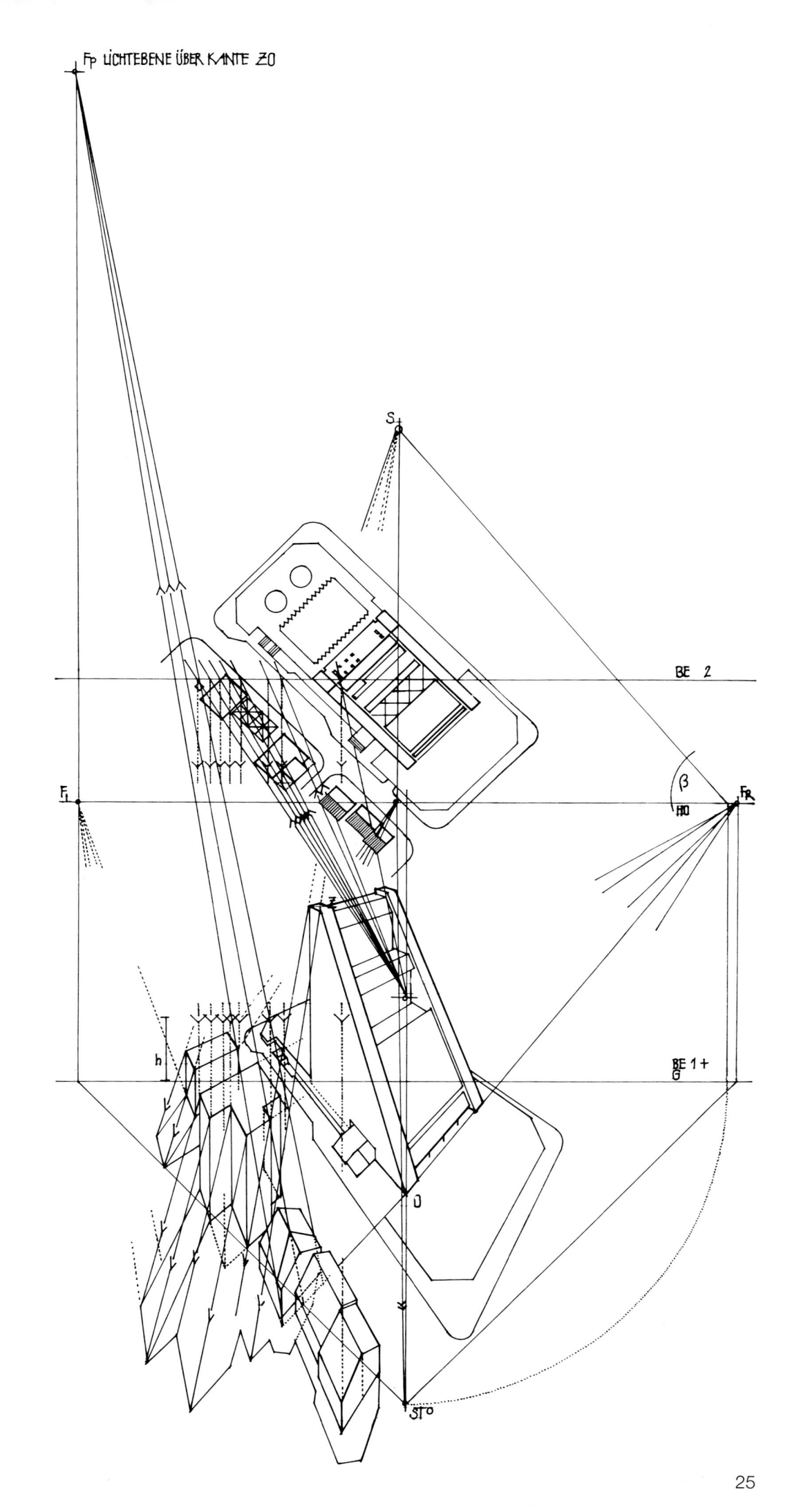

LICHT RICHTUNG

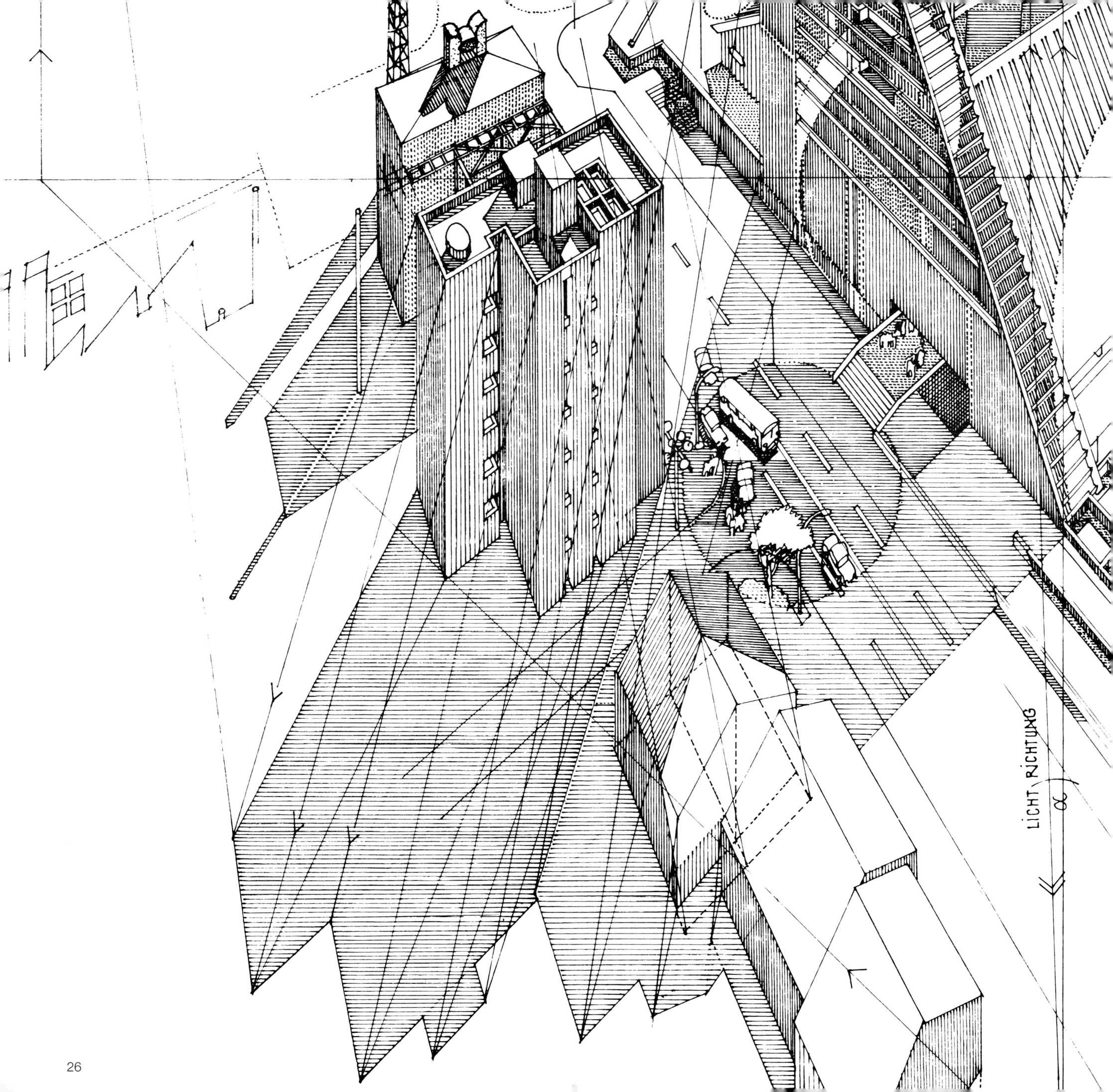

The building is situated in an area of predominantly low-rise developments in one of the many suburbs of Tokyo. It was the aim of the architects, Nikken Sekkei, to set an accent with this 21-storey triangular-shaped building.
Housed within it are an auditorium for 2700 persons, a hotel, conference rooms, and offices. The large-area, large-volume spaces are situated in the lower part; the smaller-scale rooms (offices) are located on the upper floors of the structure.
One of the most interesting angles from which to draw this building is a bird's-eye view. The specific large-scale form, with its stepped section down the sloping side, can most effectively be depicted from above. In addition, the spatial relationships with the surrounding developments, the almost dramatic gesture of the triangular shape of the building overtowering the street space, can best be shown from a high vantage point.

CONSTRUCTION

The construction takes the form of a two-point perspective with the horizon set at high level. The ground plan is turned at an angle to the picture plane. In this case, the longer face of the building is set at a relatively large angle (46°) to the horizontal line of the picture plane, in order to keep the two vanishing points for the construction within easy reach on the sheet of drawing paper.
In fixing the height of the base line above the picture plane a greater distance is chosen to avoid as far as possible any overlapping of the ground plan and the perspective image. Marking off the main levels on the height line, or »measuring staff« as it is sometimes known, is best achieved with the aid of section A-A. This should be drawn on the right-hand side and set on the base line in such a position that the plotting of heights horizontally onto the vertical edge of the building (C) can be carried out without difficulty. Additonal details of the façade are obtained from the front elevation, which is also drawn in on the sheet.
The construction of the axial divisons of the façade is carried out in accordance with the rules of two-point perspective. The distances between axes in the depth of the façade are determined by projecting visual rays through the appropriate points on the plan to the picture plane. From the points of intersection between the visual rays and the picture plane, lines are extended vertically upwards to the sloping edge of the building. Vanishing lines drawn from these points of intersection to the vanishing point FR markt the edges of the floor slabs, etc. in perspective. The further construction of vanishing lines to vanishing point FL completes the three-dimensional perspective image.
The perspective construction of the surrounding buildings follows the same principles. Here, however, the position of the plan and the perspective image are changed to create more vertical space on the sheet of paper for shadow construction. The ground plan is placed in the upper part of the drawing. This also provides for greater clarity. The position of the picture plane at C remains unchanged. In the present example picture plane 2 serves the construction of the surrounding buildings. In order to maintain the same perspective relationships as for the high-rise block, the distance between standpoint and image should remain unchanged. The length (distance) is merely shifted upwards on the axis through the standpoint.

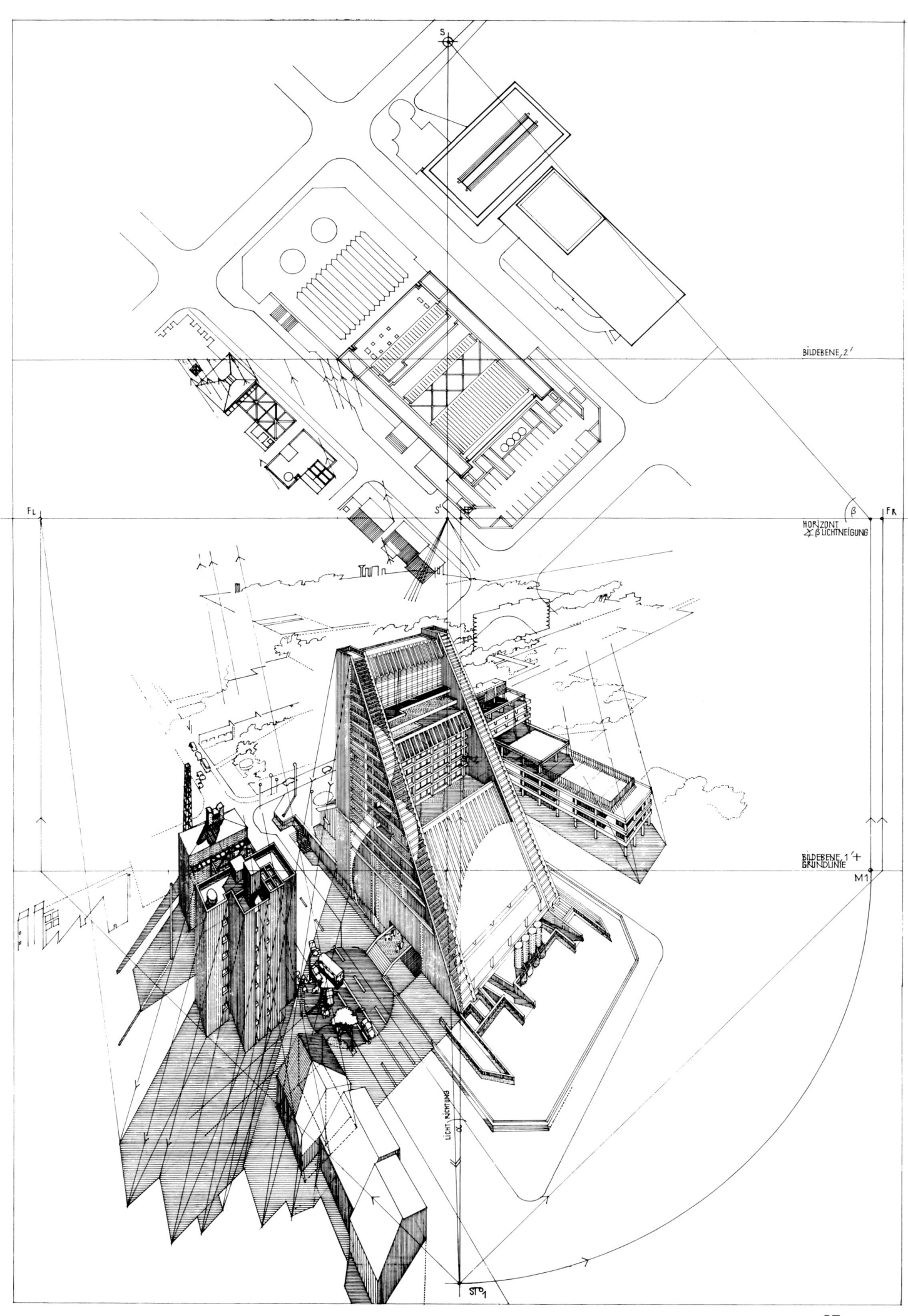

Zeichnung des Autors nach einer Vorlage von Gordon Collen.

Drawing of the author from the original copy of Gordon Collen.

SHADOW CONSTRUCTION

In constructing the shadows cast by the buildings, with the perspective image in the lower half of the sheet, the old standpoint, the original position of the picture plane and the height of the horizon are retained. The picture plane also represents the base line in the shadow construction. In the case of sunlight – as opposed to artificial lighting – one distinguishes between three different directions of light: 1. from the front, 2. from the rear, and 3. from the side. In the present example, it is best to assume a light source in front of the viewer – also for reasons of pictorial effect. The first steps in the construction of shadows involve the determination of the directional angle of light α, and the angle of inclination of light β. A line is subtended at angle α through the standpoint to intersect the picture plane BE 1. From this point of intersection a vertical line is drawn to point S on the horizon line. This forms the vanishing point for the direction of sunlight. The angle of inclination of light, β, can only be represented by turning the relevant light plane to coincide with the picture plane. From point M 1 a line is then extended vertically to the horizon line at M 1'. The angle of inclination of the sun β is dawn through point M 1' to intersect the vertical axis through the standpoint at S, thus determining the vanishing point for the angle of inclination of the sun.

The shadow points, and thus the boundary lines of the shadows, are determined by means of light planes projected through the shadow-casting edges of the building. The points of intersection of these planes with the surface of the ground (ground plane) mark the shadow points and thus the edges of the shadows. Taking the edge of the high-rise block (P, P') as an example, the shadow points are constructed as follows. The top of the line marking the edge of the building is referred to as P, the foot of the line as P'. Draw a line through P' to intersect the vanishing point of the direction of the sun at S'. This line is then extended in the direction of the assumed shadow; i.e. into the foreground area towards the ground plane. From the top of the building P a line is then drawn through the vanishing point for the angle of inclination of the sun at S and extended towards the previously constructed line (directional ray). At the point of intersection of these two lines lies the first shadow point on the ground plane. The other shadow points can be constructed in the same way. For a better spatial understanding of the principle of construction it is useful to think in terms of a triangular light plane formed by the top and bottom points of the vertical edge of the building and the shadow point on the surface of the ground. The light planes extending from the assumed sun point through the various edges of the building take the form of a series of such light triangles. The edges of these planes and their points of intersection define the area of shadow cast by the sunlit object.

For the triangular face of the building in the present example it is necessary to determine only one further shadow point – that for the horizontal top edge of the structure. The line defining the shadow cast by this top edge is obtained by joining the shadow point with the appropriate vanishing point (Fl) for this edge. The polygonal shape formed by the edges of the shadow is closed by the line joining the last constructed shadow point with the point of contact between the sloping edge of the building and the base plane.

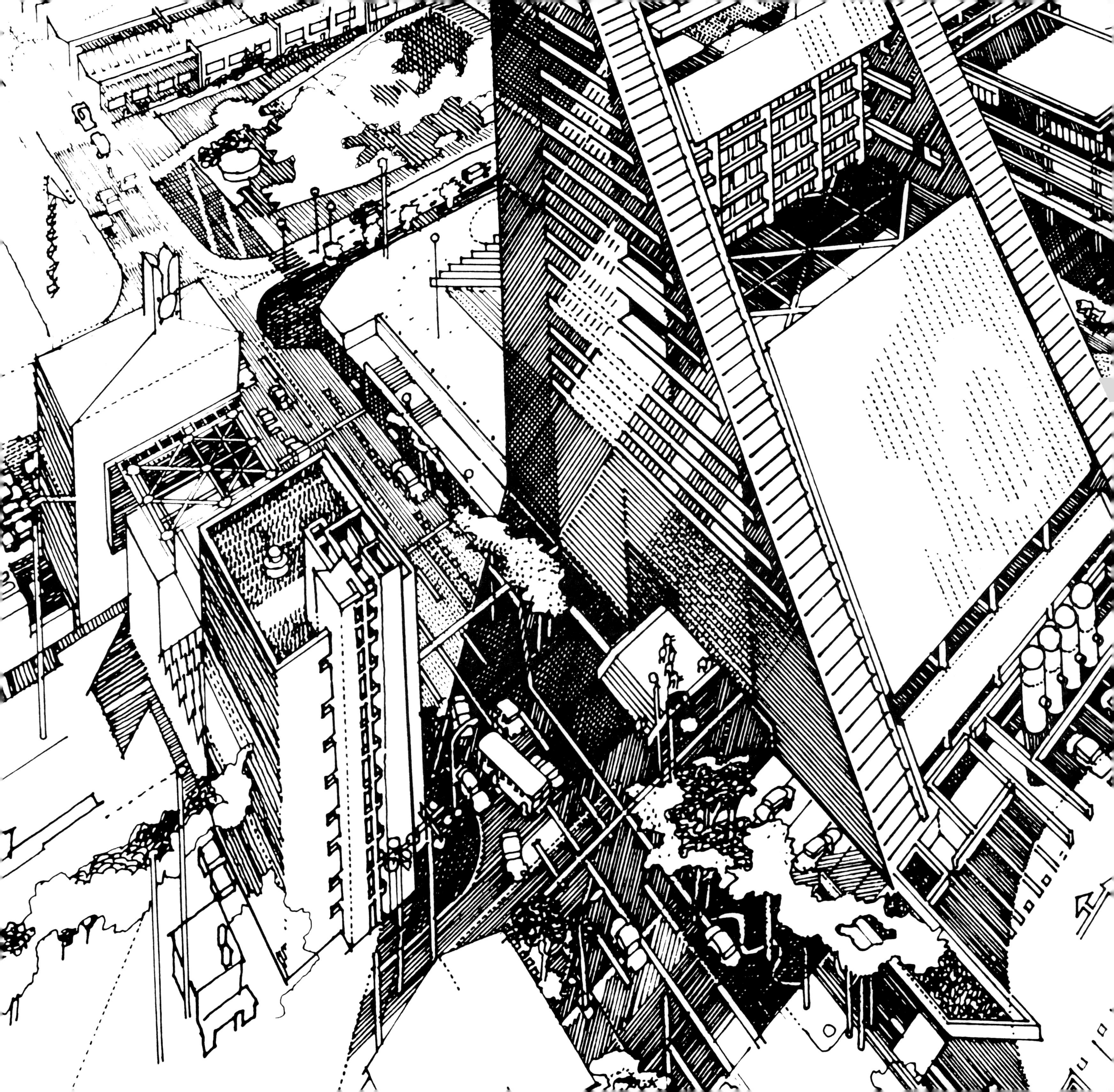

The shadows cast by the buildings immediately in front of the main structure can be determined in a similar way. The buildings with pitched roofs will be cut at a certain point by the light plane extending from the sloping edge of the high-rise building. In this case the edge of the shadow should be constructed from the line of penetration of the light plane through the building.

The construction is made by determining the points of intersection of the shadow line/light plane with the vertical sides of the house. The starting point is the boundary line of the shadow cast by the high-rise block. In other words, this represents the line along which the light plane intersects the surface of the ground. The points of intersection between this line and the lines of the ground plan extended towards vanishing point F1 mark the edge points of the intersection of the light plane with the side of the house. From the starting point (A) a line is drawn to the vanishing point for the inclined lines (Fp light plane). The points of intersection of these lines with the eaves lines determine the first important shadow points. The shadow point on the ridge is obtained by extending the projection of the ridge line on the ground plane to intersect the shadow boundary line/light plane. A line drawn from here to the light plane vanishing point (FP light plane) intersects the ridge at the point where it is crossed by the shadow line. By joining the three points now constructed one obtains the edge of the shadow cast on the pitched roof.

FORM OF REPRESENTATION

The compositional considerations begin with the choice of a bird's-eye view to bring out the specific qualities of the building. This is followed by a decision on the type of graphic treatment, in which the bold depiction of shadows plays an important role.

A close study of the drawing will reveal the scope and variation afforded by a line drawing in graphic creative terms. The discussion might equally well be entitled: »the differentiation of grey tones through the use of lines«. One important factor in this black and white depiction is, without doubt, the relative thickness of the lines used. This simplifies the process of drawing, for, with a bolder stroke, more forcefulness and expression is achieved. The different ways of creating grey tones with linear structures ranges from the use of broken or dotted lines to overlapping layers of hatching in different directions. In addition, it is also possible to cover whole areas of the drawing with a series of small dots or short dashes.

A significant aspect of the effect of a drawing is the accentuation of those parts to which the observer's attention is to be attracted. This is achieved by a massing of dark tones, or the arrangement of contrasting dark and light areas that fade away towards the edges of the drawing until they dissolve altogether.

A completely different aspect is the interrelationship of dark and light areas to enhance the plasticity, the three-dimensional quality of an architectural study, particularly where the spatial element plays an important role.

Among the techniques available for creating different grey values are, on the one hand, various layers of hatching – in which the adoption of a vanishing point can be recommended – or, on the other hand, differentiations of tone by means of dotted textures or a concentration of short dashes, either all in the same direction or in different directions (like steel filings in a magnetic field). Geometric forms and structures can be set off to advantage with the contours of organic objects such as trees and bushes and their shadows. These will consist of dense and usually curving lines and shading, providing a welcome source of relief and a point that catches the eye in a drawing.

In the case of the high-rise block in the present example, the attention of the observer is to be drawn to the following aspects.

1. The articulation of the triangular face of the building lying in shadow, i.e. at the centre of the drawing. Here, an even, grey-toned texture would be dull and not particularly advantageous for the overall effect. By accentuating the vertical surfaces, in relation to the lines radiating from the vanishing point FL, and by introducing contrasting lighter areas (highlights) a state of structural liveliness is achieved.
2. Instead of speaking in terms of introducing lighter areas, one could describe the process as an omission of shading – an important consideration in the composition of drawings. In the present example the use of this technique is particularly noticeable in the sloping surfaces of the main façade. An unbroken depiction of the ribbed surface would not be convincing and would reduce the impact of the adjoining textures.

The considered use of such »areas of omission« will reveal the advantages of a carefully composed freehand drawing over a photograph. As an example of this technique of omission, a method I am fond of using is to terminate grey-toned areas with a curving line. This can be seen in the parking area in front of the sloping façade. The treatment beyound this area is restricted to line drawing, avoiding any further use of hatching or grey toning. In order to achieve a clear, taut pictorial expression, however, it is necessary to use such techniques with great care.

The graphic treatment of the road area along the triangular façade of the building follows a concept of allowing the grey tones to dissolve gradually into the distance, thus enhancing the sense of perspective depth. The most boldly treated section is in the foreground with the dark area of cast shadow.

An area of this size can only be shaded as darkly as this, if it is broken up graphically; in other words, if it is interspersed with light outlines of trees, white road markings, cars, buses, lampposts, etc. If adequate attention is paid to details, an area such as this can be of central importance for the visual expression of a drawing.

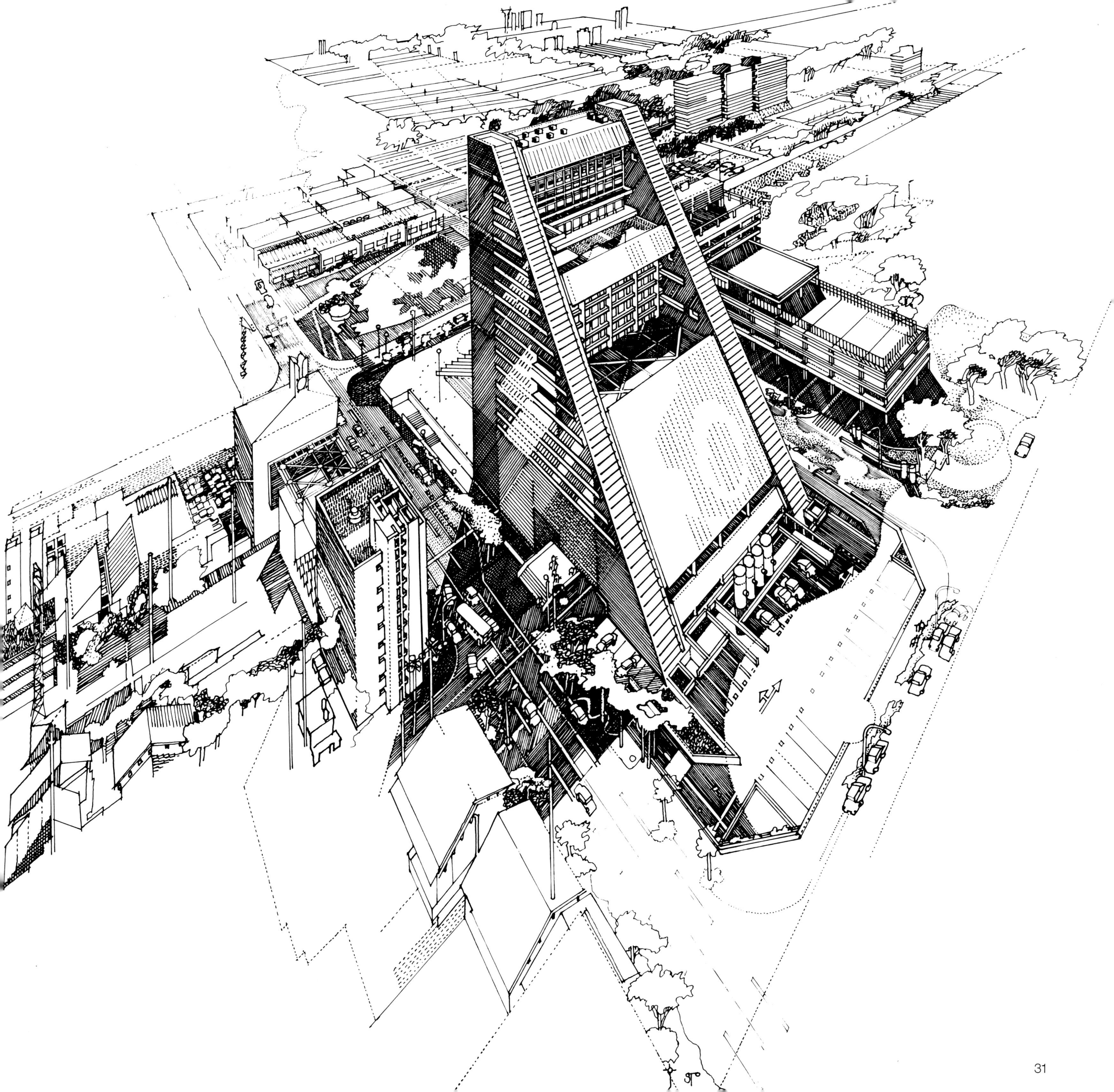

Über den Schweizer Architekten Mario Botta ist schon so vieles an architekturphilosophisch ausgerichteten Zeilen geschrieben worden, daß jegliche Weiterung einer Wiederholung gleichkäme. Botta ist nun einmal ein unverwechselbarer starker Gestalter, dessen Werke ohne weitere Interpretationsnotwendigkeiten bereits alles aussagen. Sein »Palazzo« in Lugano hat es mir wegen seiner dynamischen Aussage in Verbindung mit einer präzisen, klassischen, in die Nähe der Renaissance zu rückenden Linie besonders angetan.

Ein Bau von solcher Klasse hat es verdient, daß sich verschiedene Perspektivezeichner an ihm messen, denn das perfekt durchdetaillierte Gebäude verlangt die gleiche Präzision auch in der perspektivischen Konstruktion. Aus dem Büro des Architekten Botta gibt es mehrere Perspektiven zu diesem Bau, unter anderem auch eine Axonometrie mit dem Blick »unter« den Grundriß, eine Darstellungsart, die der Dreidimensionalität des Gebäudes sicherlich am besten gerecht wird.

Der eigene darstellerische Versuch geht nun davon aus, das Haus zwar in seiner städtebaulich typischen Ecksituation zu zeigen, dabei jedoch eine symmetrische Fluchtungsanordnung der beiden Fassaden, wie sie eine 45°-Anordnung des Gebäudes zur Bildebene zur Folge hat, zu vermeiden; die symmetrische Fluchtung führt leicht zu Proportionsverzerrungen sowohl im Baukörper als auch im Fassadenbild.

Bei einer nahezu Paralleldrehung der einen Fassadenfläche zur Bildebene entsteht eine relativ wenig fluchtungsverzerrte Fassadenzeichnung.

Im vorliegenden Fall gäbe es jedoch einen Grund für das Belassen der 45°-Drehung des Grundrisses zur Bildebene: Auf diese Weise wird der Eckresalit vor der räumlich wirksamen geschoßweisen Fassadenabtreppung besonders gut herausgestellt, wie eine Perspektivezeichnung von Mario Botta gut ausweist. Jedoch gaben einmal didaktische Überlegungen, den zweifluchtenden Konstruktionsprozeß mit Hilfe **eines** Fluchtpunkts vorzuführen, zusammen mit einer Bevorzugung eines nicht so fluchtsteilen Fassadenbildes den Ausschlag für den im folgenden dargestellten Drehungswinkel.

KONSTRUKTION

Für das bessere Nachvollziehen der Konstruktion werden auch hier verschiedene Bearbeitungsschritte klar voneinander getrennt. Zunächst erfolgt die Darstellung der Übereckfluchtung mit Hilfe **eines** Fluchtpunkts:

Für die im Grundriß mit steilerem Winkel zur Bildebene liegende Fassadenseite und deren parallelliegende Sichtebene, die durch den Standort gezogen wird, gibt es keine Anschnittschwierigkeiten mit der Bildebene. Hingegen ist der Fluchtpunkt für die flache geneigte Fassadenseite schon schwieriger darzustellen; es empfiehlt sich deshalb folgendes Verfahren:

Man verlängert die den Bau begrenzende Giebelscheibe mit einer Tiefenlinie bis zum Schnitt mit der Bildebene. Der Anschnitt A wird nach oben auf die Grundlinie projiziert und hier auf einer senkrechten Achse errichtet. Auf ihr werden aus dem Gebäudeschnitt die verschiedenen Höhenmaße angetragen. Alsdann wird im Grundriß der Endpunkt (G) mit einem Sehstrahl anvisiert, der Schnittpunkt mit BE nach oben projiziert und hier eine weitere senkrechte Achse errichtet.

Die Verbindungslinien der einzelnen Höhenknotenpunkte mit dem FPL erzeugen auf der zuletzt errichteten senkrechten Achse perspektivisch verkleinerte Anschnitte. Die wahren Höhen auf der senkrechten Meßachse in B werden nunmehr durch Verbindungen der zuständigen Höhenpunkte mit FPL auf die vordere Hausecke geflutet. Verbindet man nun diese Höhenanschnitte mit den zuzuordnenden, auf der Hilfsachse liegenden Höhepunkten, so erhält man die nach rechts verlaufende Flucht ohne Benutzung eines entsprechenden Fluchtpunkts.

Die Fluchtpunkte für die schräg nach oben und unten verlaufenden Laibungsebenen innerhalb der flacheren Hausseite werden ermittelt, indem man eine Sichtebene durch den Standort legt und diese im Punkt M mit der Grundlinie schneidet. Die Sichtebenenstrecke M-STO wird in die Bildebene hineingedreht; durch Projektion nach oben auf den Horizont erhalten wir den Punkt F, in dem die wahren Größen der Laibungswinkel nach oben und unten angetragen werden; deren freie Schenkel treffen die senkrechte Achse durch FPL in den Punkten FPL$_1$ und FPL$_2$. Diese bisher beschriebenen Konstruktionsschritte werden der größeren Übersichtlichkeit wegen im Maßstab 1:100 gezeichnet. Dabei wird zunächst lediglich der Mauerwerkskörper erfaßt, während die Einzeichnung der treppenförmig vorspringenden Metallfassade in einem größeren Maßstab (M 1:50) erfolgt.

Für die Konstruktion der Metallfassade wird der größere Maßstab gewählt, nicht nur wegen der exakten Voraussetzungen für die komplizierte Form der metallenen Außenwände, sondern auch wegen der genaueren Darstellung der treppenförmig abgesetzten, gemauerten Fensterstürze und der entsprechenden Fensterbankausbildungen; der groß herausgezeichnete Fassadenschnitt ist dafür ganz wichtig.

Da auch in dieser Phase des Konstruierens nur der linke Fluchtpunkt zugänglich ist, bedarf es des Einsatzes mehrerer Meßlatten (Hilfsachsen), auf denen die wahren Höhenmaße angetragen werden und die dann, entsprechend der mit Pfeilen gekennzeichneten Projektionslinien in perspektivisch verkleinerter Form an die gewünschte Stelle im Bild gebracht werden.

Wichtig für das Gelingen dieser Projektionsvorgänge ist die genaue Berücksichtigung der Grundrißform der Metallfassade. Sie liegt nämlich mit den zur Außenfassade parallelen Elementen in »Laubengangbreite« zurück und schließt aus dieser Ebene unter dem Winkel von 45° an die abgetreppten Mauerwerkspfeiler der Straßenfront an. Die perspektivische Fluchtung dieser 45°-Ebenen ist durch ein Verlängern bis zum Anschnitt mit der Bildebene in B zu bewerkstelligen. Dadurch ist zunächst der Ausgangspunkt der Fluchtung gegeben, ein zweiter Hilfspunkt für die genaue Festlegung der Flucht wird durch Anvisierung des Schnittpunkts der 45°-Linie mit der Ebene der zurückliegenden Metallfassade im Grundriß festgelegt. Diese Konstruktionsschritte sind für die Errichtung der jeweils zugehörigen Meßlatten wichtig.

Auf einem anderen Konstruktionsbogen werden die Sonnenfluchtpunkte für die Schattenbildung bei »Sonne von rückwärts« festgelegt. Dadurch können Schattenbegrenzungslinien auf der Bodenplatte und auf den Laibungsflächen im Bereich der abgetreppten Mauerwerksfassade dargestellt werden, eine nicht unerhebliche Unterstützung bei der Darstellung des Gesamtbilds.

DARSTELLUNG

Bei einer großformatigen Zeichnung beschränkt sich im allgemeinen die Darstellung auf das Gebäude, für Umgebendes wie ein Nachbargebäude, Straßenszenerien und Vegetation bleibt in der Regel wenig Spielraum. Andererseits bietet das Haus selbst, die Fassade mit ihrer »Landschaft« und Plastizität viele Möglichkeiten des visionellen Erzählens, Hauptthemen neben der Form sind dabei die Materialien und deren Struktur.

Selbst bei der Darstellung sollte man nicht ohne gewisse Systematik operieren. Grundlage für die darstellerische Bearbeitung ist eine genaue Zweifluchtungsperspektive innerhalb der alle Details bis hin zum Muster des Klinkerverbands erarbeitet werden.

VERWALTUNGS = UND
BANKGEBÄUDE ARCH.
MARIO BOTTA
RANSILA
LUGANO

Die weitere grundsätzliche Überlegung betrifft die Komposition, die in diesem Fall zu einem quadratischen Bildformat führt. Die Konstruktionslinien des Bilds werden durch die beiden Fluchtpunkte bestimmt. Für die Tuschezeichnung selbst gibt es folgende Gesichtspunkte zu beachten:
1. Die Zeichnung ist sehr groß und damit entsteht ein Problem der Bewältigung der Fläche. Nicht zu dünne rapidographische Stärken sind deshalb angeraten (der Verfasser hat mit den Strichstärken 0.5, 0.7 oder 1.0 gezeichnet).
2. Die Materialstrukturen dürfen nicht schematisch durch ein ständiges Wiederholen verbraucht werden, eine gewisse Phantasie in der Vielfalt ist hier gefordert.
3. Zum vorherigen Punkt gehört auch das Freilassen von Flächen (Weißlassen).
4. Das Atmosphärische des Hauses kann nur in seiner Einbettung in das Straßenbild erreicht werden. Mithin gehören Menschen, Autos, Bäume, Verkehrsampeln oder Straßenspuren, -linien-, -pfeile mit dazu. Zur Architektur gehört der Ort, der genius loci, der die wechselseitige Beziehung zwischen Architektur und Umgebung bedeutet.

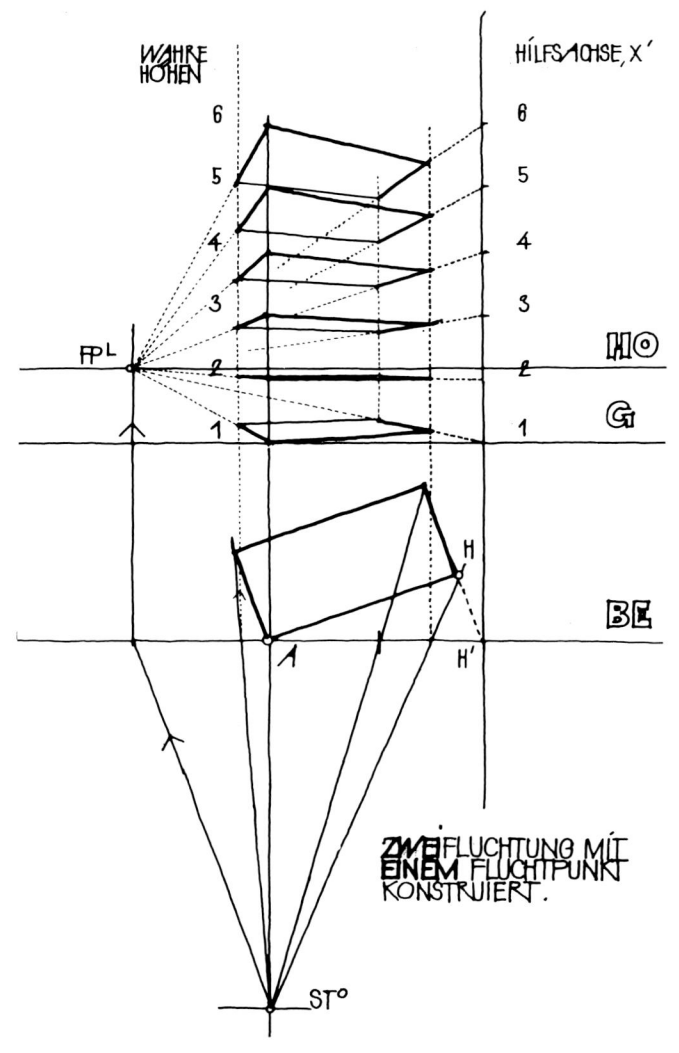

So many words of an architectural-philosophical nature have been written about the Swiss architect Mario Botta that any further discussion must amount to something of a repetition. Botta is a unique designer, whose works really need no further interpretation. They speak for themselves. His »Palazzo« in Lugano interested me in particular for its dynamic expression in combination with a precise classical line that establishes a certain relationship with the Renaissance.

This perfectly detailed structure demands the same precision of a perspective drawing. Botta's office produced a large number of perspectives for the building, including an axonometric with the viewpoint »beneath« the ground plane – a manner of depiction that is certainly ideally suited to the three-dimensional quality of the structure.

My own depiction here attempts to show the building in its typical urban corner situation, at the same time avoiding a symmetrical arrangement of the two façades in the perspective view, as would be the case, if the building were set at 45° on plan to the picture plane. A symmetrical perspective layout can easily lead to proportional distortions – both in the volume of the building and in the representation of the façades. By turning one side at a relatively small angle to the picture plane, the façades can be depicted with only slight perspective distortions.

In the present example there would be a good reason for setting the ground plan at 45° to the picture plane. It would bring out in striking manner the solid corner structure of the building against the spatially effective storey-by-storey stepped back indentations of the adjoining areas of the façade – as one of Mario Botta's own perspective drawings illustrates. But the didactic consideration of demonstrating an oblique perspective construction using only one vanishing point, together with a wish not to show the front face in such extreme perspective, resulted in a decision in favour of the present angle.

CONSTRUCTION

To facilitate a better understanding of the constructional process, the various stages involved will again be separated. The first stage is the drawing of the oblique perspective with a single vanishing point.

The side face of the building (set at the greater angle to the picture plane) and the visual plane parallel to it, drawn through the standpoint, present no problems of intersection with the picture plane.

The vanishing point for the face set at the smaller acute angle to the picture plane, on the other hand, is more problematic. The following procedure is therefore recommended.

Extend the line of the flanking party wall on plan to intersect the picture plane at A. From A draw a line vertically upwards to intersect the base line. From this point of intersection construct a vertical axis and mark off along this axis the various heights/levels from the cross-section of the building drawn on the right. A visual ray should then be drawn to the end point of the building G, and from the intersection of this line with the picture plane BE a further vertical axis extended upwards. Join the various heights of the façade marked off on the first vertical axis (height line) with the vanishing point FPL. The points of intersection of

35

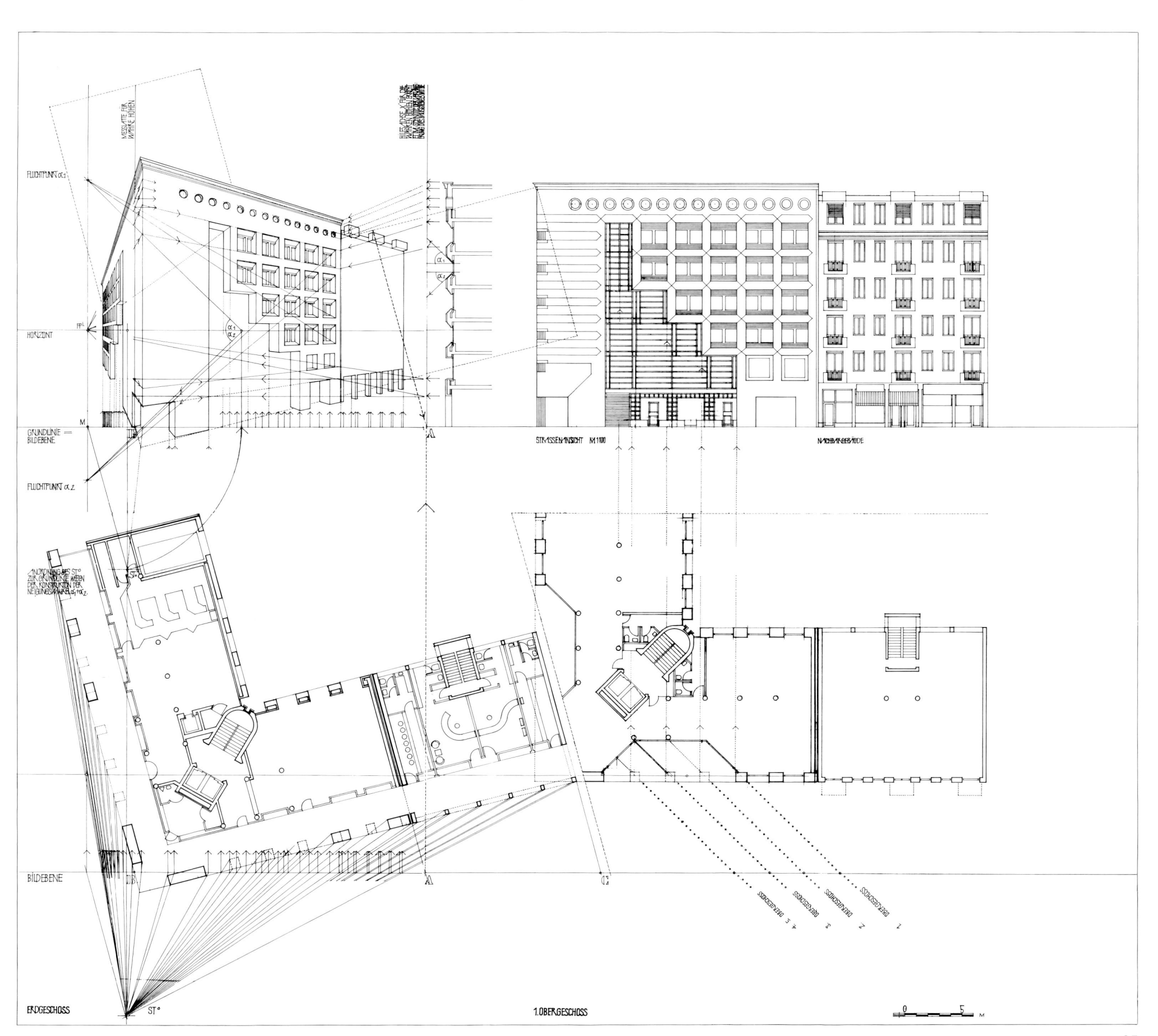

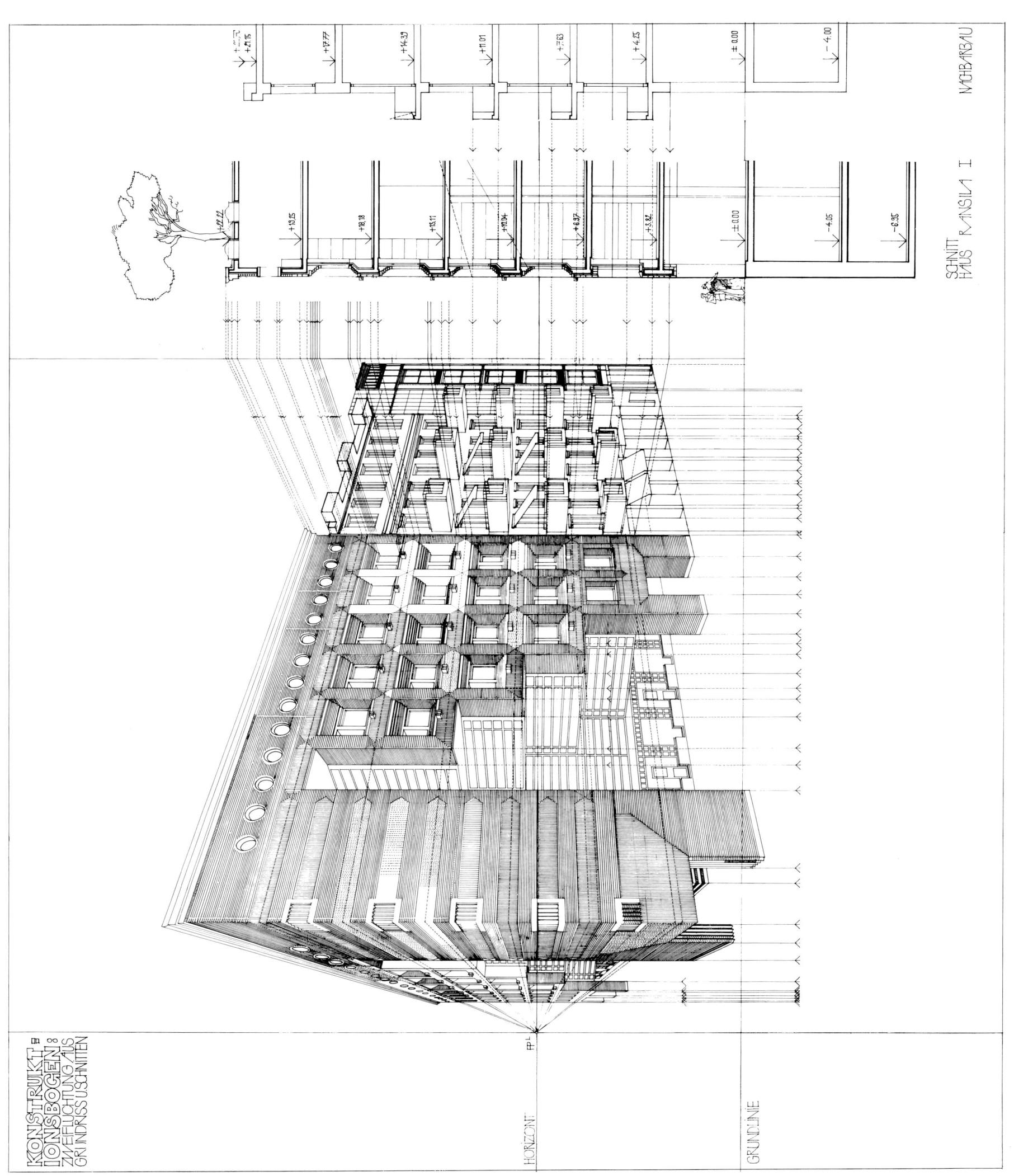

KONSTRUKTIONSBOGEN: ZWEIFLUCHTUNG AUS GRUNDRISS U. SCHNITTEN

SCHNITT HAUS RANSILA I

NEUBAU

HORIZONT

GRUNDLINIE

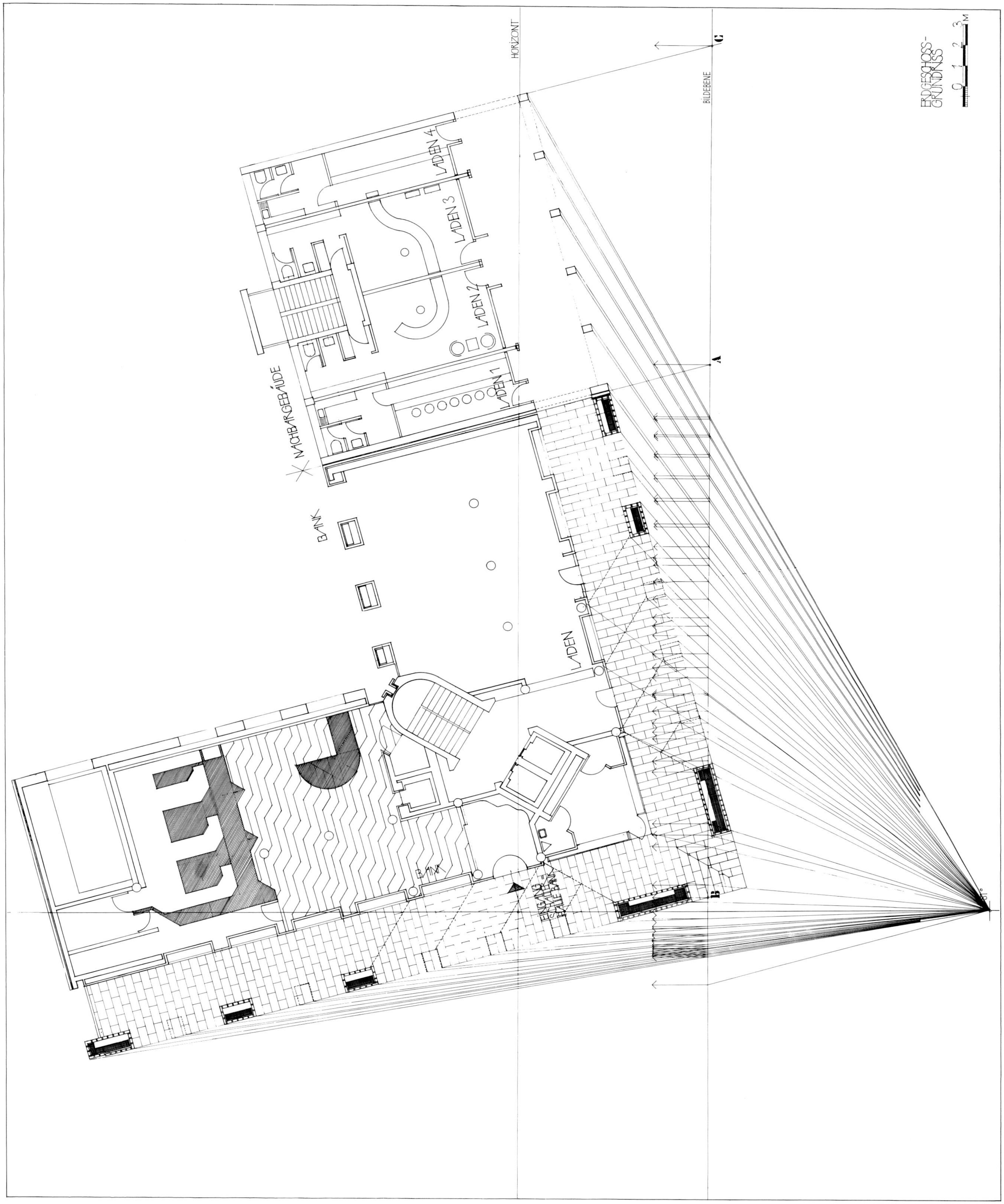
ERDGESCHOSS-GRUNDRISS
0 1 2 3 M
HORIZONT
BILDEBENE
C
A
B
LADEN 4
LADEN 3
LADEN 2
LADEN 1
NACHBARGEBÄUDE
BANK
LADEN
BANK
EINGANG SCHALTERHALLE

KONSTRUKTIONS-BOGEN:
SCHATTENKONSTRUKTION BEI LICHTEINFALL: SONNE VON RÜCKWÄRTS + DARSTELLUNG DER VERKLINKERUNG (ZIEGELTAPETE)

STANDORT/ACHSE

HORIZONT
BILDEBENE
GRUNDLINIE

LICHTRICHTUNG

S* SONNEN-RICHTUNGS-FLUCHTPUNKT
S** SONNENFLUCHTPUNKT (NEIGUNGS- BZW. LICHTEINFALLSWINKEL)

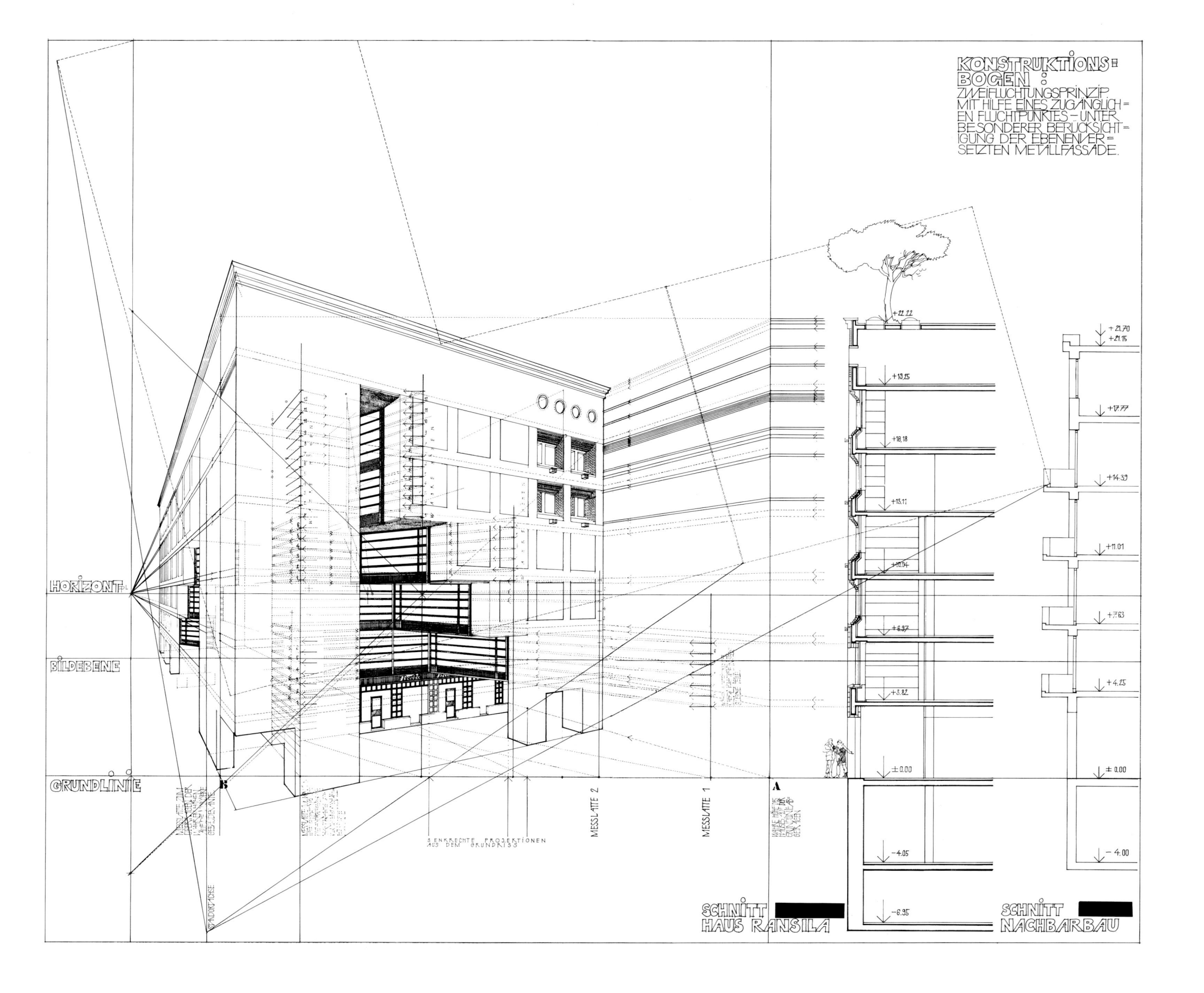

KONSTRUKTIONS=
BOGEN :
ZWEIFLUCHTUNGSPRINZIP
MIT HILFE EINES ZUGÄNGLICH=
EN FLUCHTPUNKTES — UNTER
BESONDERER BERÜCKSICHT=
IGUNG DER EBENENVER=
SETZTEN METALLFASSADE.

HORIZONT

BILDEBENE

GRUNDLINIE

MESSLATTE 2   MESSLATTE 1   A

SENKRECHTE PROJEKTIONEN
AUS DEM GRUNDRISS

SCHNITT
HAUS RANSILA

SCHNITT
NACHBARBAU

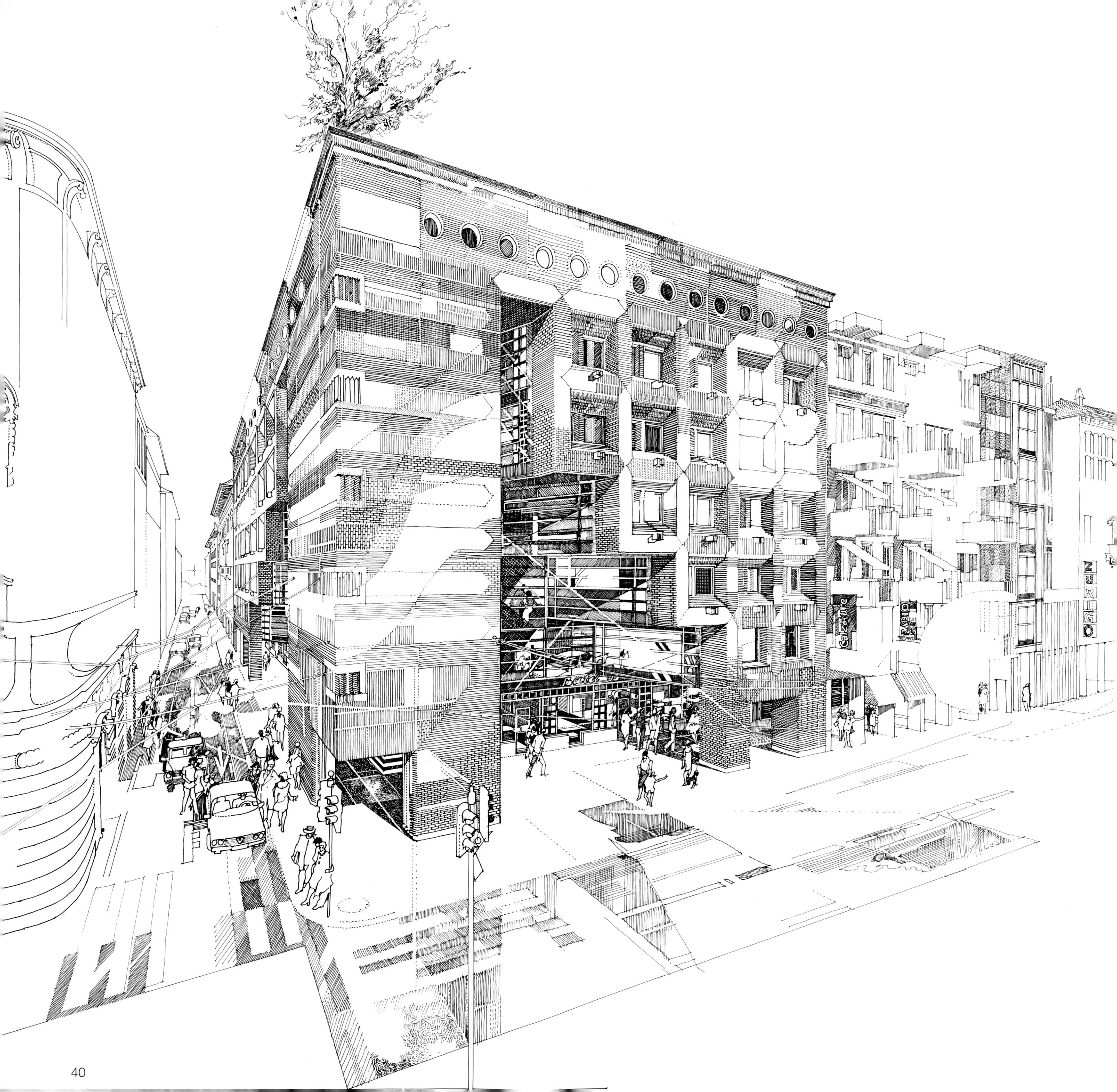
ZURIGO

these vanishing lines with the second vertical axis (edge of flank wall) determine the heights of the sections of the façade reduced to perspective scale. The »true heights« marked on the vertical height line at B should then be connected to vanishing point FPL and extended to the front corner of the building. If these height markings are now connected with their counterparts on the construction axis at the other end of the façade, the vanishing lines of the perspective for this right-hand façade can be obtained without constructing a second vanishing point. The vanishing points for the splayed sides of the openings in the front face of the building are determined by drawing a visual plane through the standpoint to M on the base line. The visual plane M-STO is rotated to coincide with the picture plane, from where a line is extended vertically upwards to intersect the horizon line at F. Through F, lines are drawn above and below the horizon line at the actual angle of slope of the sides of the window openings α. These lines are extended to intersect the vertical axis through FPL, at FPL_1 and FPL_2.

The steps of the construction described up to now are drawn to a scale of 1:100 in order to retain a greater overall view. At first, only the main sections of the wall are drawn. The articulation of the stepped back areas of the metal façade should be drawn to a larger scale (1:50).

The larger scale is chosen not simply for reasons of clarity in drawing the complicated form of the metal sections of the façade, but to facilitate a more accurate depiction of the stepped back profiles of the brick lintels and sills. The large-scale section through the façade is of great importance in this respect. Since, in this phase of the construction too, only the left-hand vanishing point is accessible, a number of vertical height lines (construction lines) are necessary on which the various true heights are scaled off and then projected along the lines indicated with arrows in reduced perspective form to the appropriate points in the drawing.

A precise treatment of the plan form of the metal façade is important for the successful construction of this projection. These elements are set back parallel to the outer façade by the width of the arcade and are linked at an angle of 45° to the reveals of the brick piers on the street face of the building. The following method is used to construct the metal window elements and their divisions in the wall planes set at 45° to the outer façades. The vanishing point for the 45° wall plane is determined by drawing a visual ray parallel to it through the standpoint. From the point of intersection of this visual ray with the picture plane a line is projected vertically up to the horizon line, to give the vanishing point »FP 45°« for all lines set at the same angle to the picture plane. The lines of the planes set 45° on plan should be extended to intersect the picture plane.

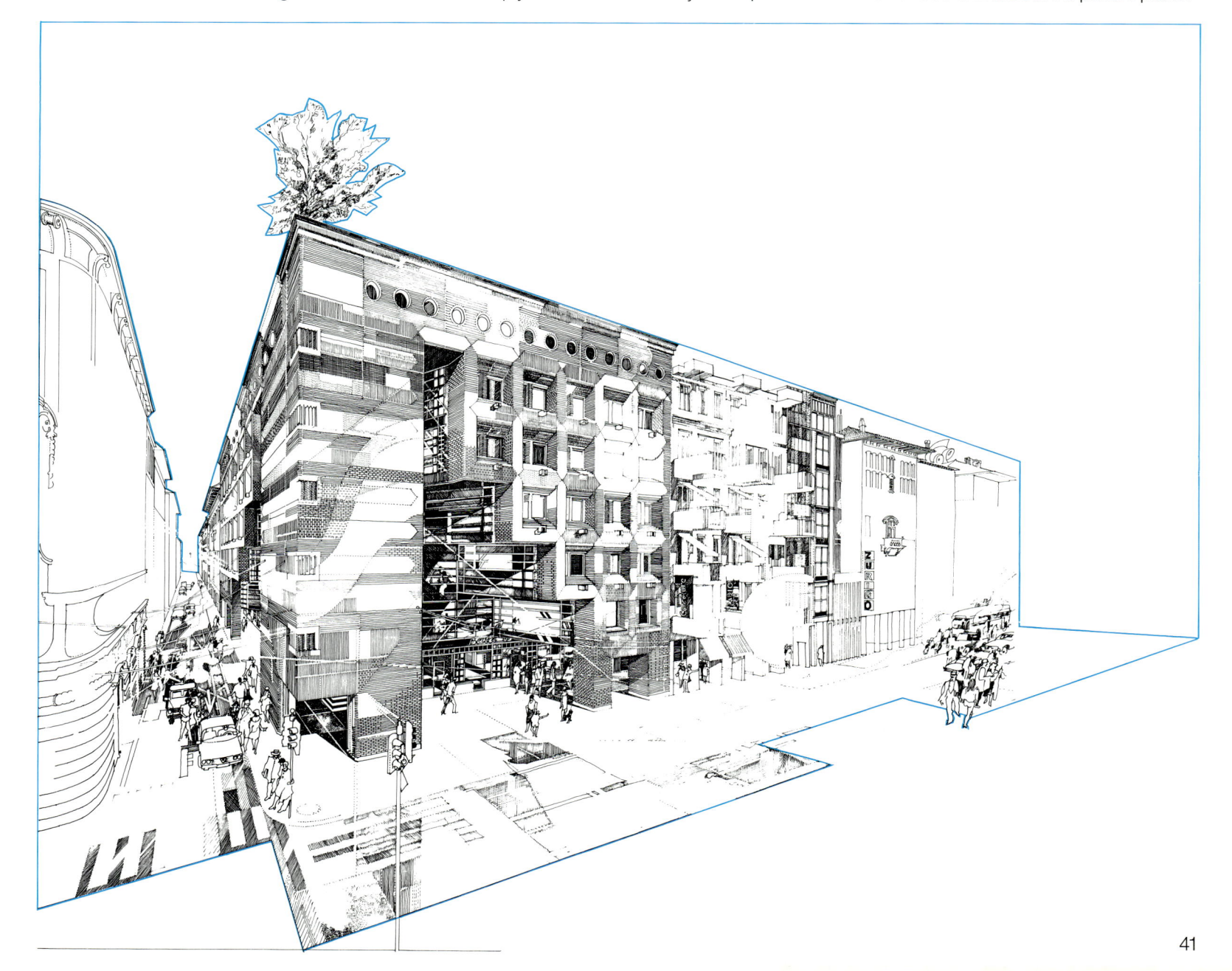

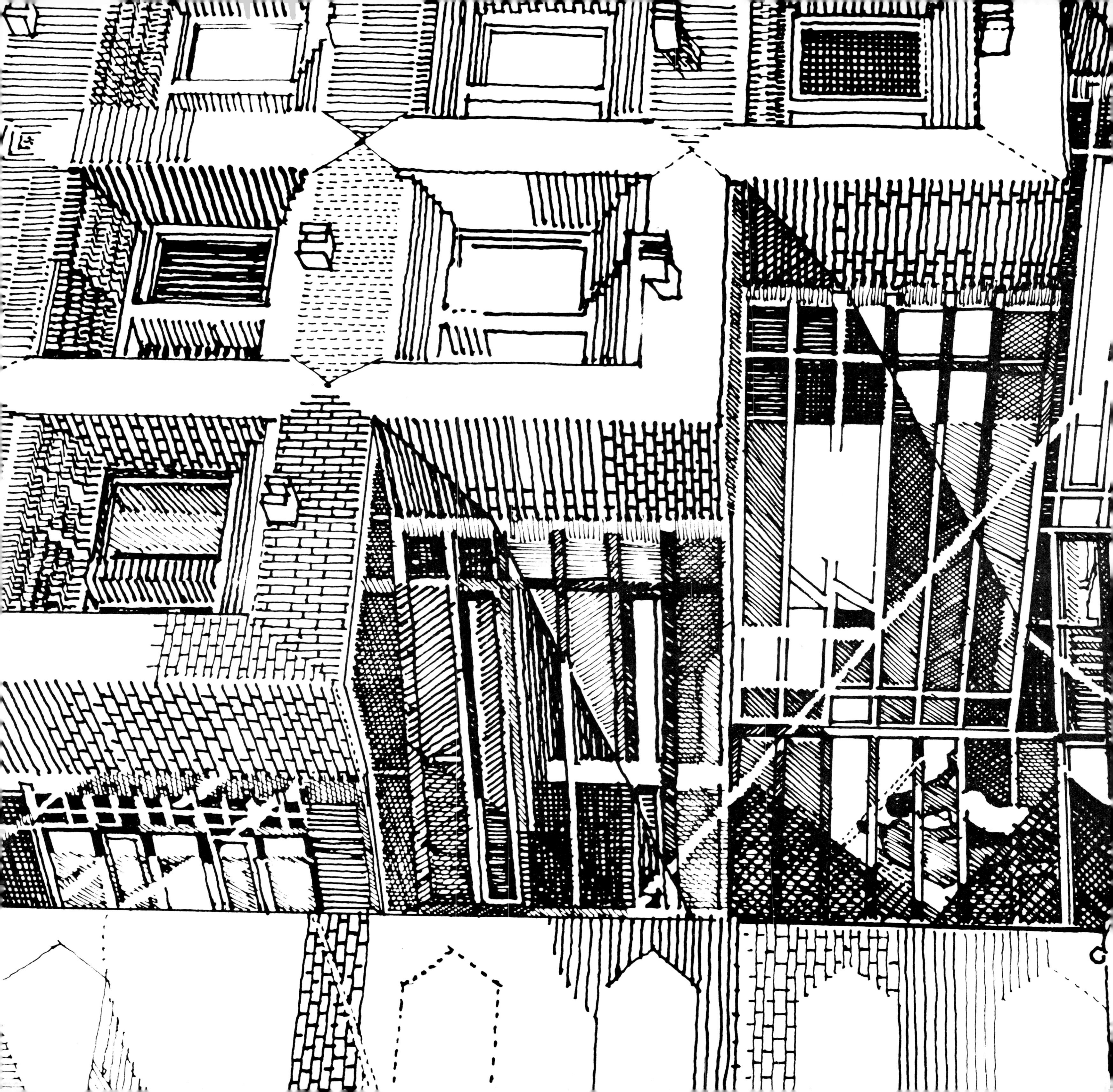

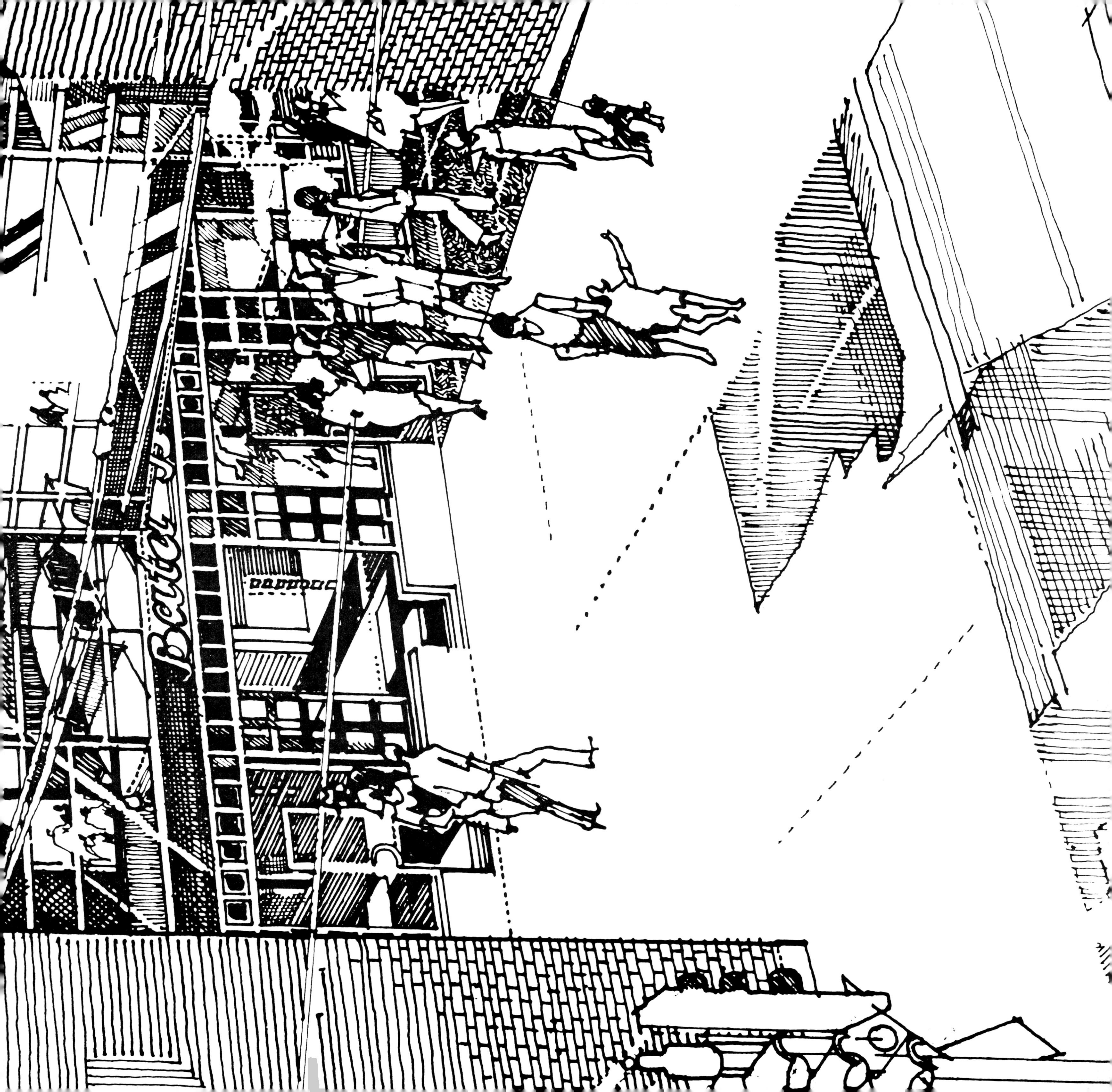

From these points of intersection with the picture plane perpendicular height lines are projected upwards on which the »true heights« of the window divisions (transoms) are scaled off. These divisions on the height lines are joined to the new vanishing point FP 45° to form the perspective vanishing lines for the horizontal divisions of the 45° window planes. The lines of the transoms in the window planes parallel to the outer façade are constructed by means of the vertical height line 1a. This construction axis is obtained by extending the line of the outer wall that is set back an arcade width from the façade and that is a the greater angle to the base line. Here, again, the »true height« measurements of the window divisions are scaled off. The vanishing lines from the relevant vanishing point FPL intersect the vertical line of the corner of the building (set back by the width of the arcade) to give the heights in their perspective reduction. These points can then be joined to the previously constructed window divisions of the diagonal (45°) planes.

On a separate sheet, the vanishing points for the direction and angle of inclination of the sun are determined for the construction of shadows. In this example the position of the sun is assumed to be behind the observer. The edges of shadows can then be plotted on the ground plane and on the reveals of the stepped back areas of brickwork in the façade. This represents a considerable strengthening of the overall impression made by the perspective drawing.

FORM OF REPRESENTATION

In a large drawing of this kind the representation will usually be limited to the building itself. As a rule, there will not be much scope for depicting surrounding elements such as nearby buildings, the street scene or vegetation. On the other hand, the block itself, with its landscape-like façade and pronouncedly three-dimensional effect, affords a great deal of scope for visual narrative. The main themes, apart from the form itself, are the materials and their different textures.

Even in this aspect of the presentation a systematic approach is advisable. The basis of the treatment is an accurate dual perspective construction, within the framework of which all details should be worked out — even down to the bond of the brickwork.

Another important consideration is the composition, which in this case has a roughly square format. The construction lines are determined by the two vanishing points. In executing the ink drawing, the following points should be taken into account.

1. The drawing is extremely large and poses the problem of finding a convincing treatment of the surface area. The drawing pen used should not be too fine. (In this case the author-draughtsman used line thicknesses of 0.5, 0.7 and 1.0.)

2. The structure and texture of the materials should not exhaust themselves in mechanical repetition. A certain fantasy for diversity is called for here.

3. In this respect, one should not forget the technique of leaving certain areas white or untreated.

4. The atmospheric quality of the building can only be evoked in the street context in which it is set. This includes people, cars, trees, traffic lights and road markings – lines, arrows, etc. The location is also part of the architecture – the genius loci, which implies the interaction of the architecture with its surroundings.

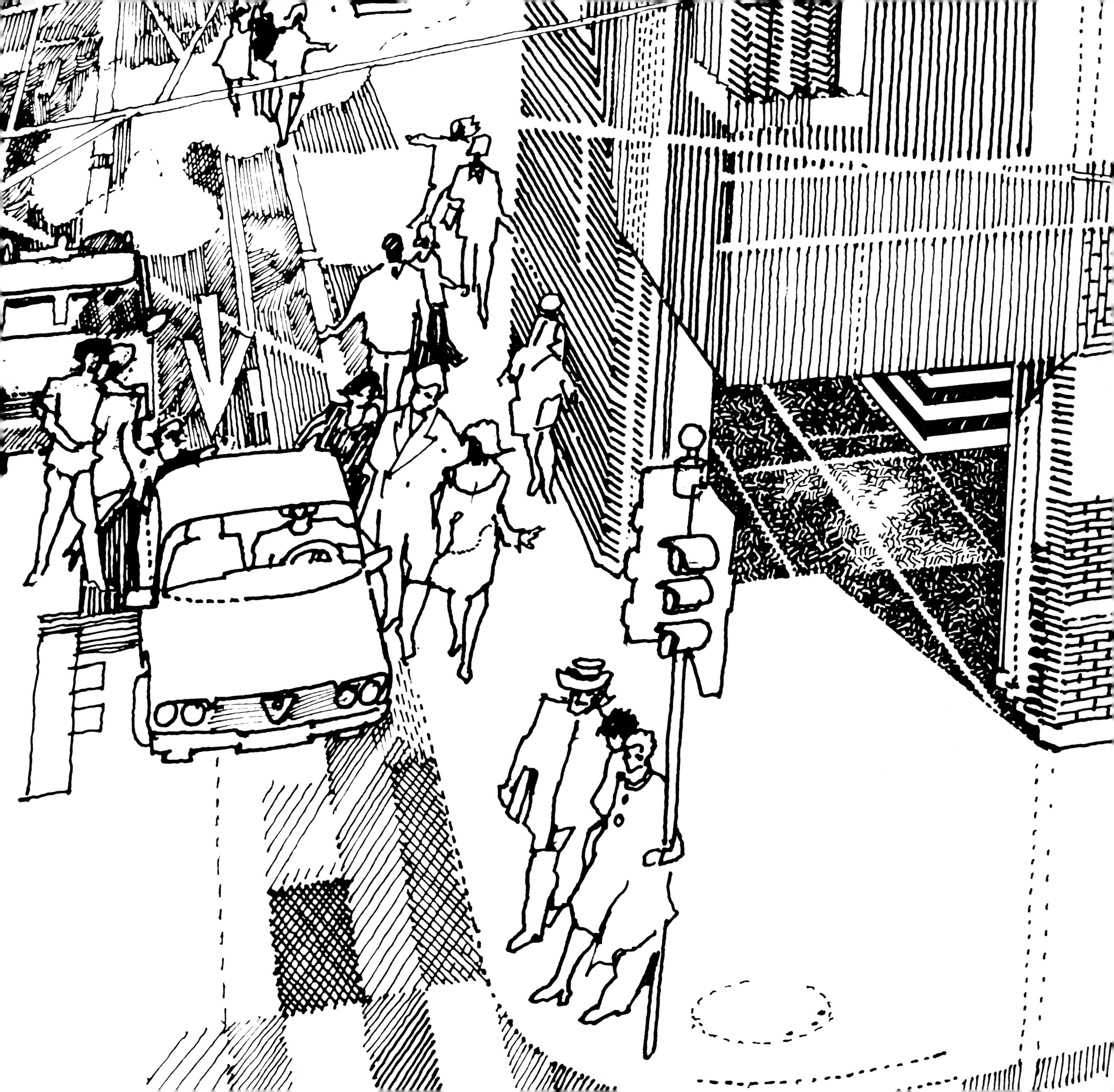

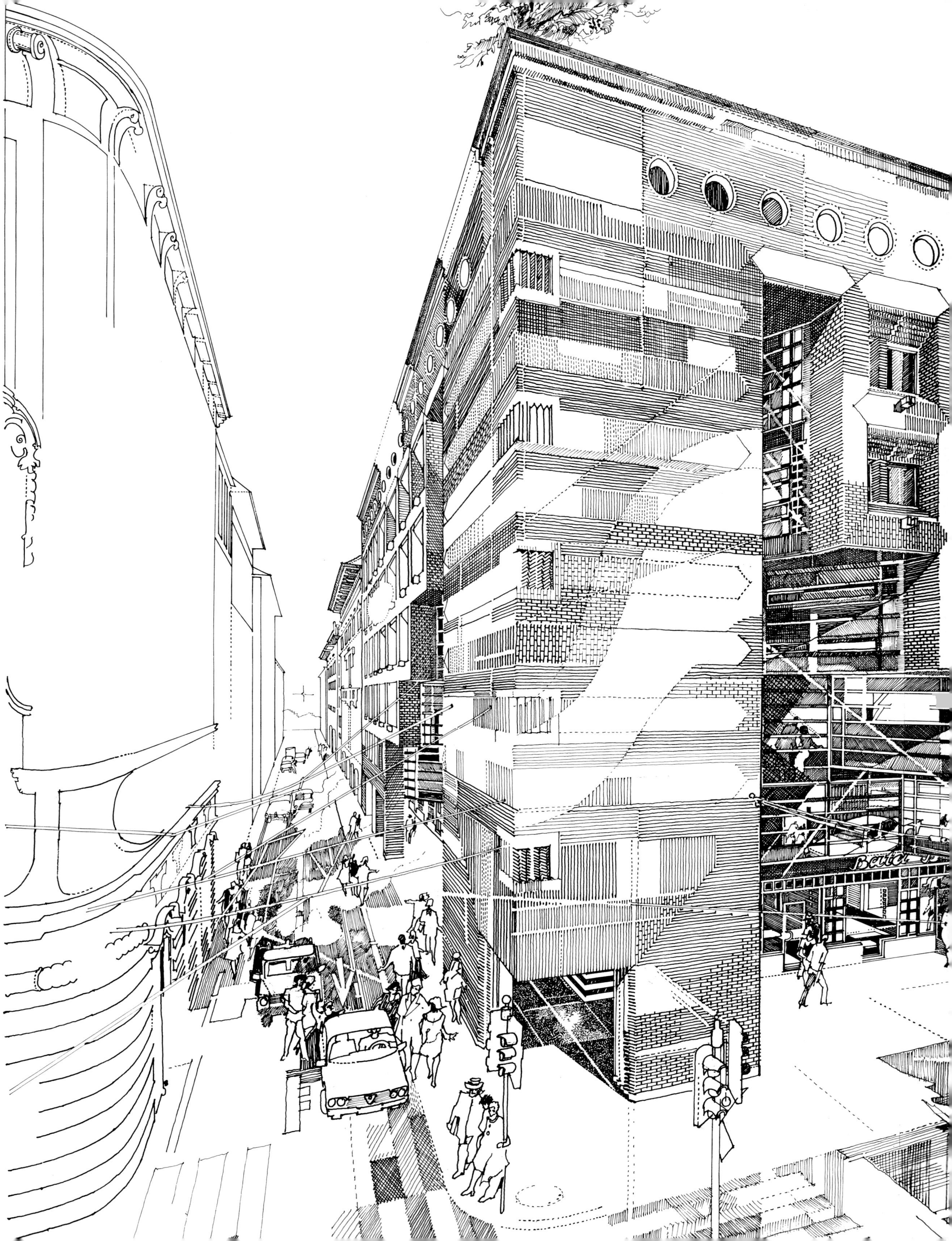

47

BOTTA IN LUGANO

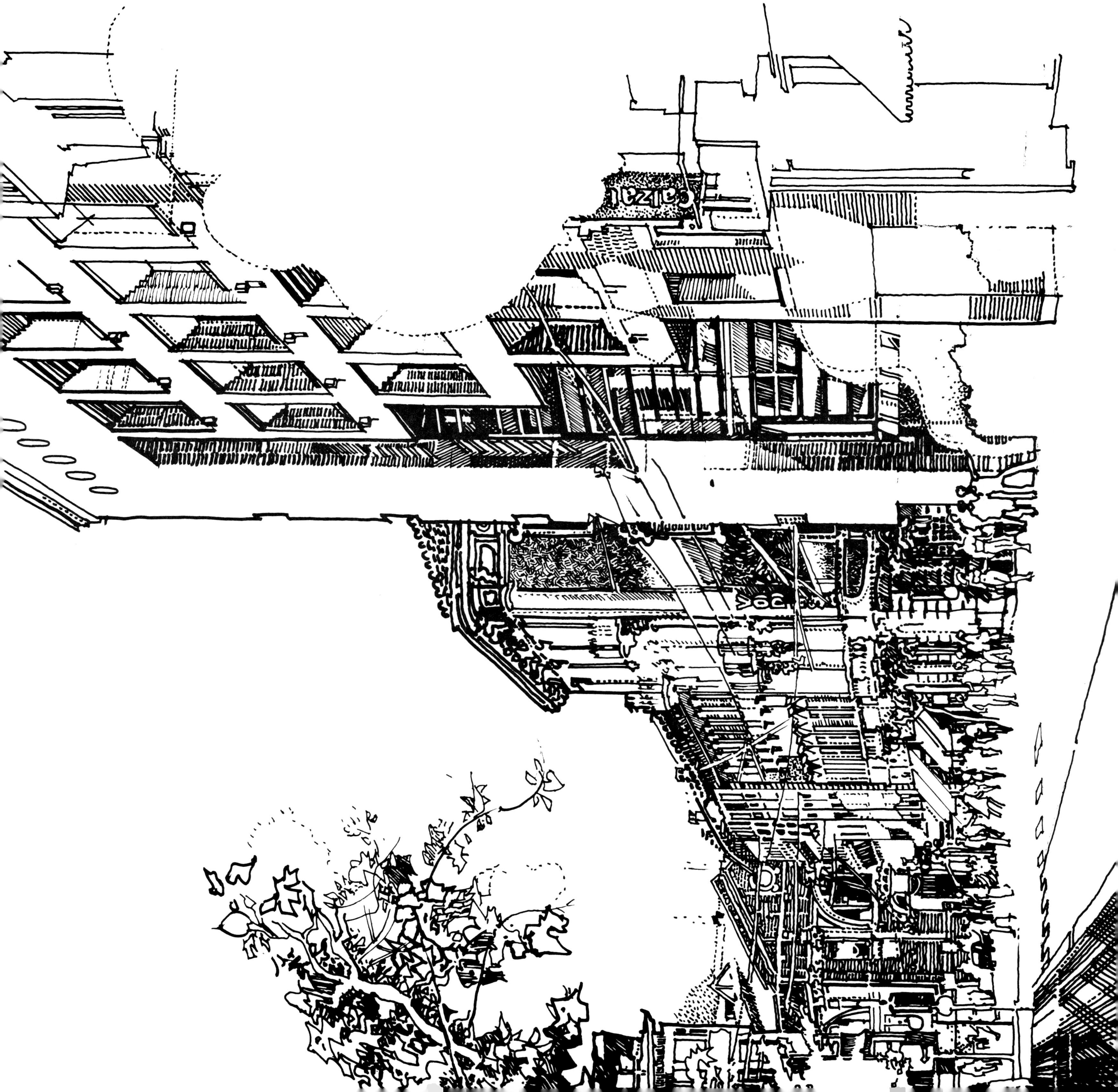

FLIMS SKIZZE DES ORTES, IN DEM
SELBST UND IN DESSEN UMGEBUNG ZAHL=
REICHE BAUTEN, VOR ALLEM WOHNHÄUSER
DES ARCHITEKTEN OLGIATI ENTSTANDEN
SIND.

HAUS G. SCHAEFER
FLIMS-DORF 1974-75

WOHNHAUS IN FLIMS/DORF IN DER SCHWEIZ

ARCH. RUDOLF OLGIATTI

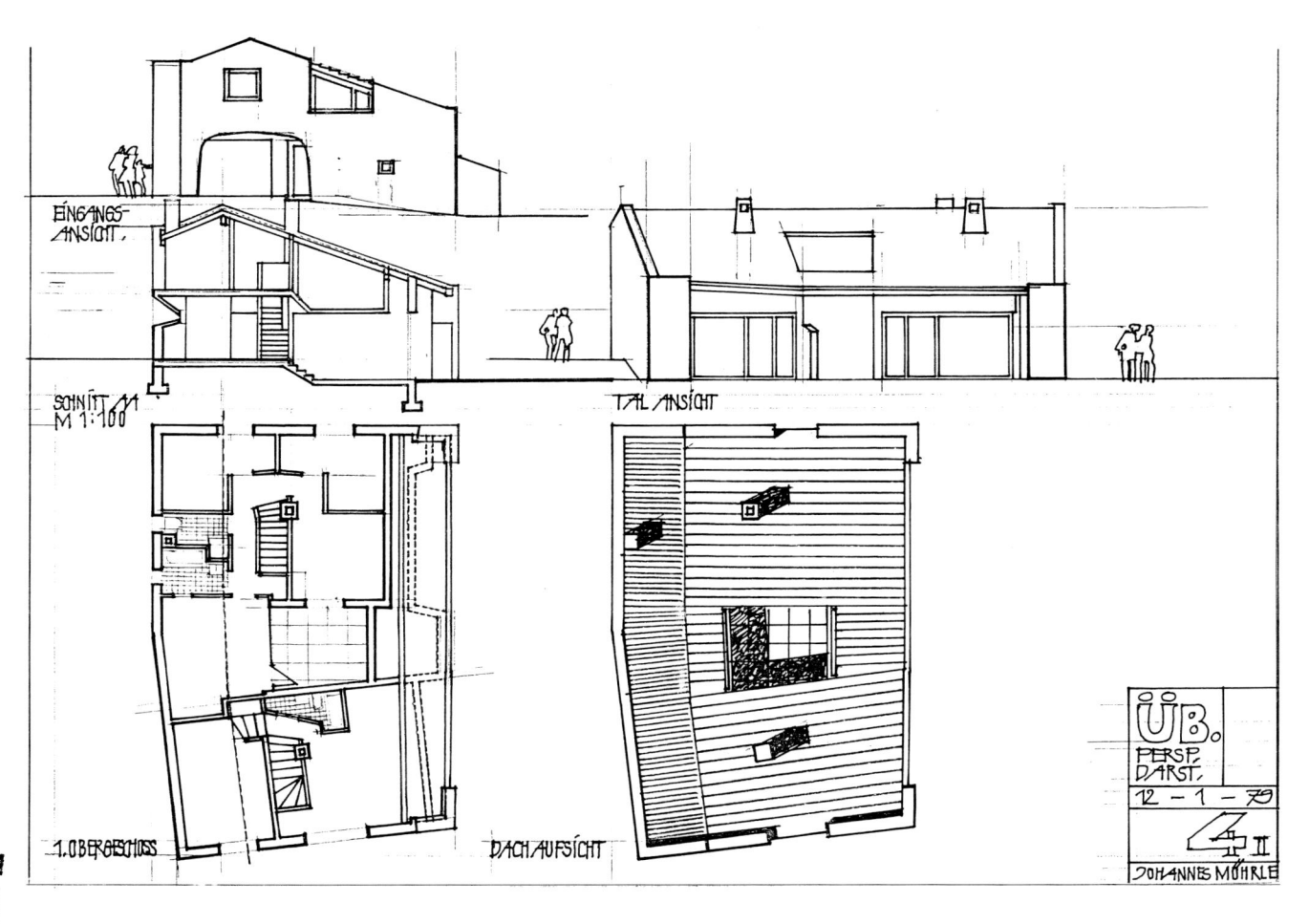

DWELLING HOUSE IN FLIMS / SWITZERLAND

Das Haus Schäfer ist eines der unverwechselbaren Häuser des Schweizer Architekten Rudolf Olgiatti in Flims-Dorf. In der Architektursprache gelingt es dem Architekten, Gestaltungsprinzipien der griechischen Antike mit der alten heimischen Bauweise zu einer Einheit zu verschmelzen.

Die Wiedergabe des Hauses erfolgt, wie das bei Außenperspektiven üblich ist, als eine Übereckperspektive. Die erforderlichen Angaben für die Anfertigung der Konstruktion gehen aus dem Grundriß, dem Schnitt und den bei der Übereckzeichnung sichtbaren Ansichten hervor. Da die Außenform des Hauses kein reines Rechteck darstellt – durch eine Abknickung befinden sich die beiden Giebelseiten nicht in Parallellage zueinander – wurde hilfsweise ein Rechteck um die Grundrißkontur gelegt, dessen eine Ecke im Punkt T die Bildebene schneidet. Auf Grund der Tatsache, daß für die verschieden fluchtenden Seiten des Hauses zumindest 3 Fluchtpunkte mit teilweise großer Entfernung zur Standortachse notwendig sind, wurde der Standort StO relativ nahe an die Vorderkante des Objekts herangerückt, ohne daß sich unangenehme Verzerrungen in der Perspektive ergeben.

Nicht nur aus Gründen einer besseren Nachvollziehbarkeit, vielmehr als Empfehlung für die Vorgehensweise bei einem komplizierteren Sachverhalt wurden die einzelnen Konstruktionsschritte in einer getrennten Behandlung dargestellt. So geht es zunächst um die Ermittlung der Großform des Hauses, wobei sich die Mauerscheiben auf den Giebelseiten als erstes Ziel für die Durchführung der Konstruktion anbieten.

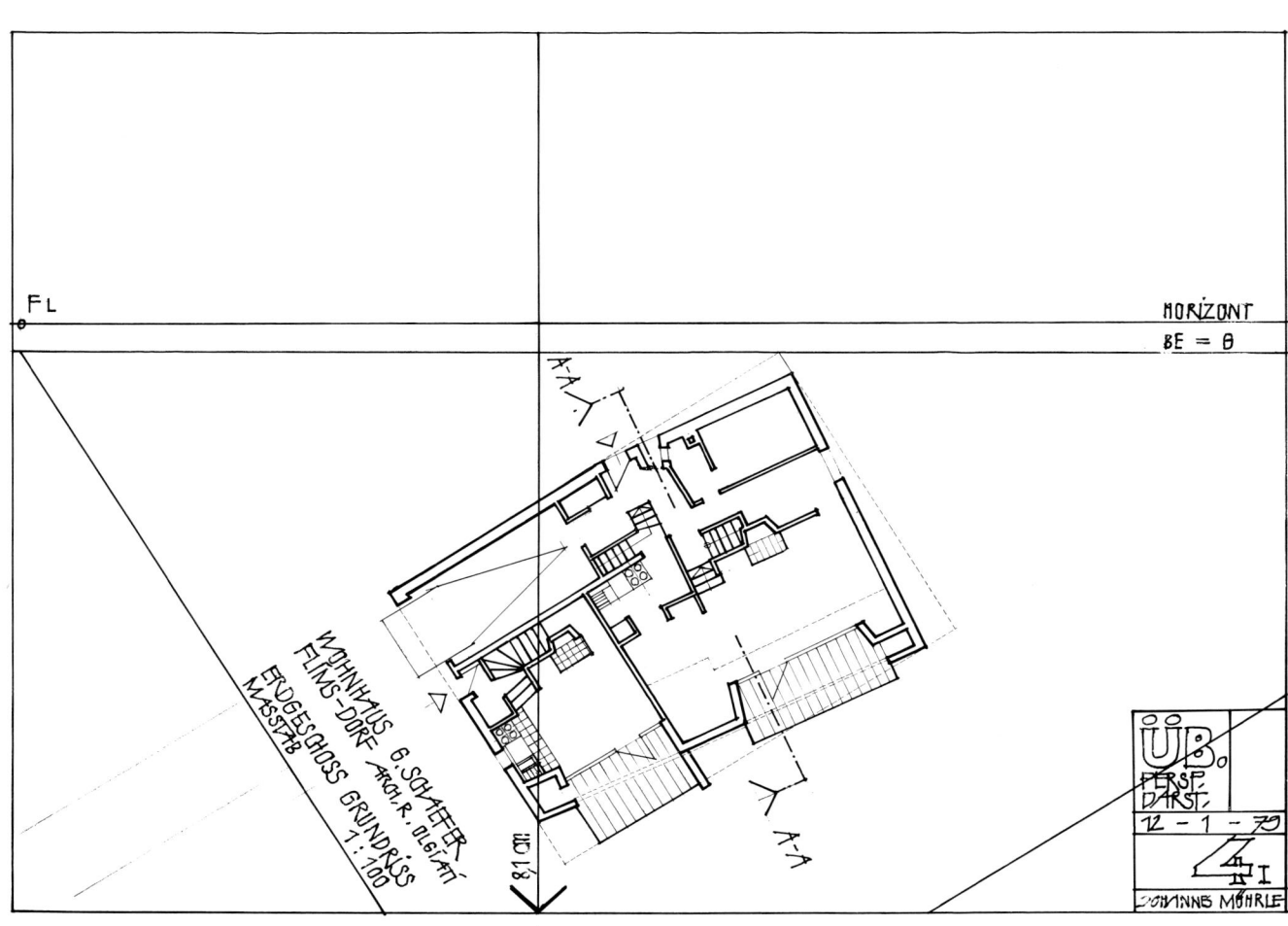

52

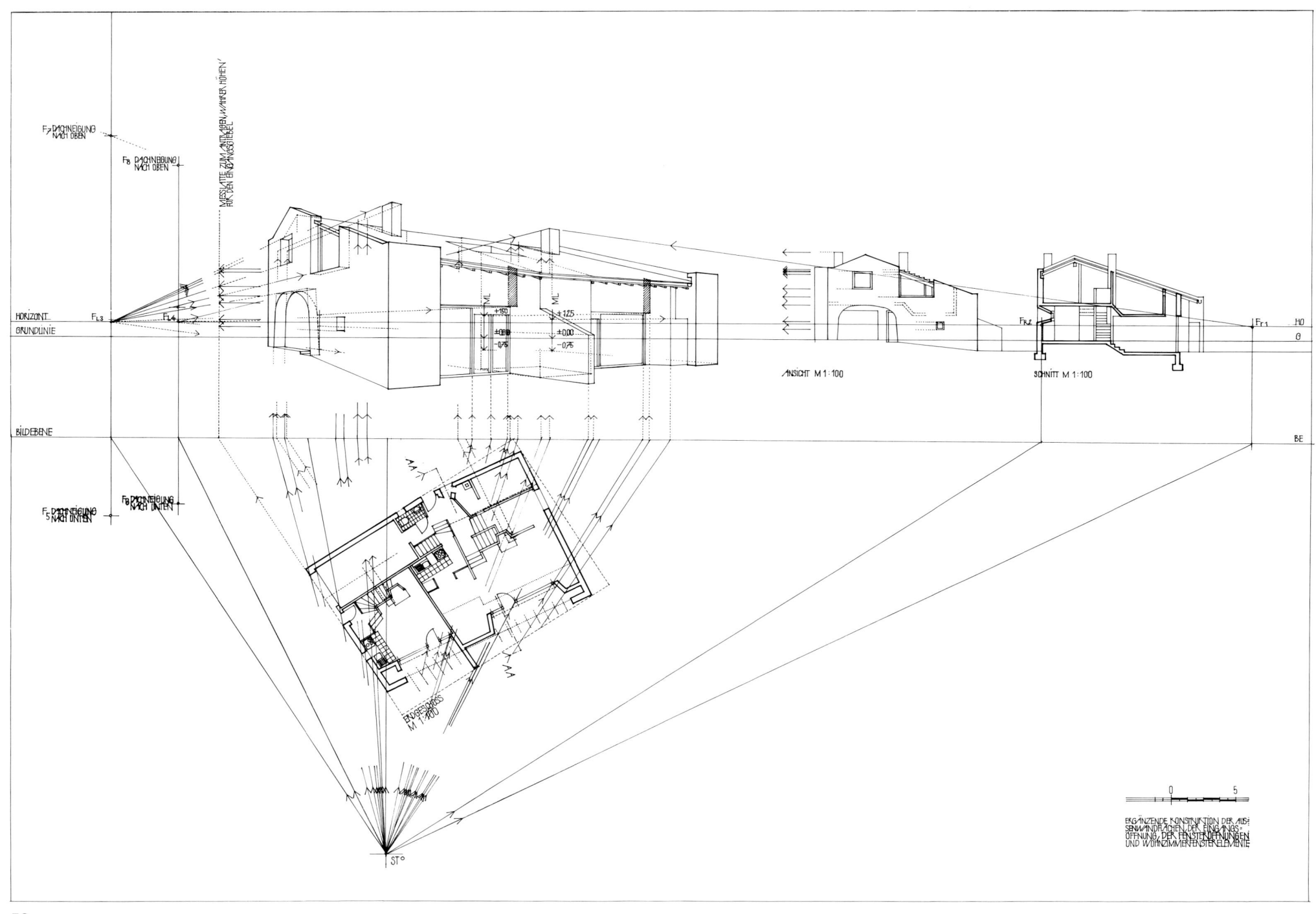

53

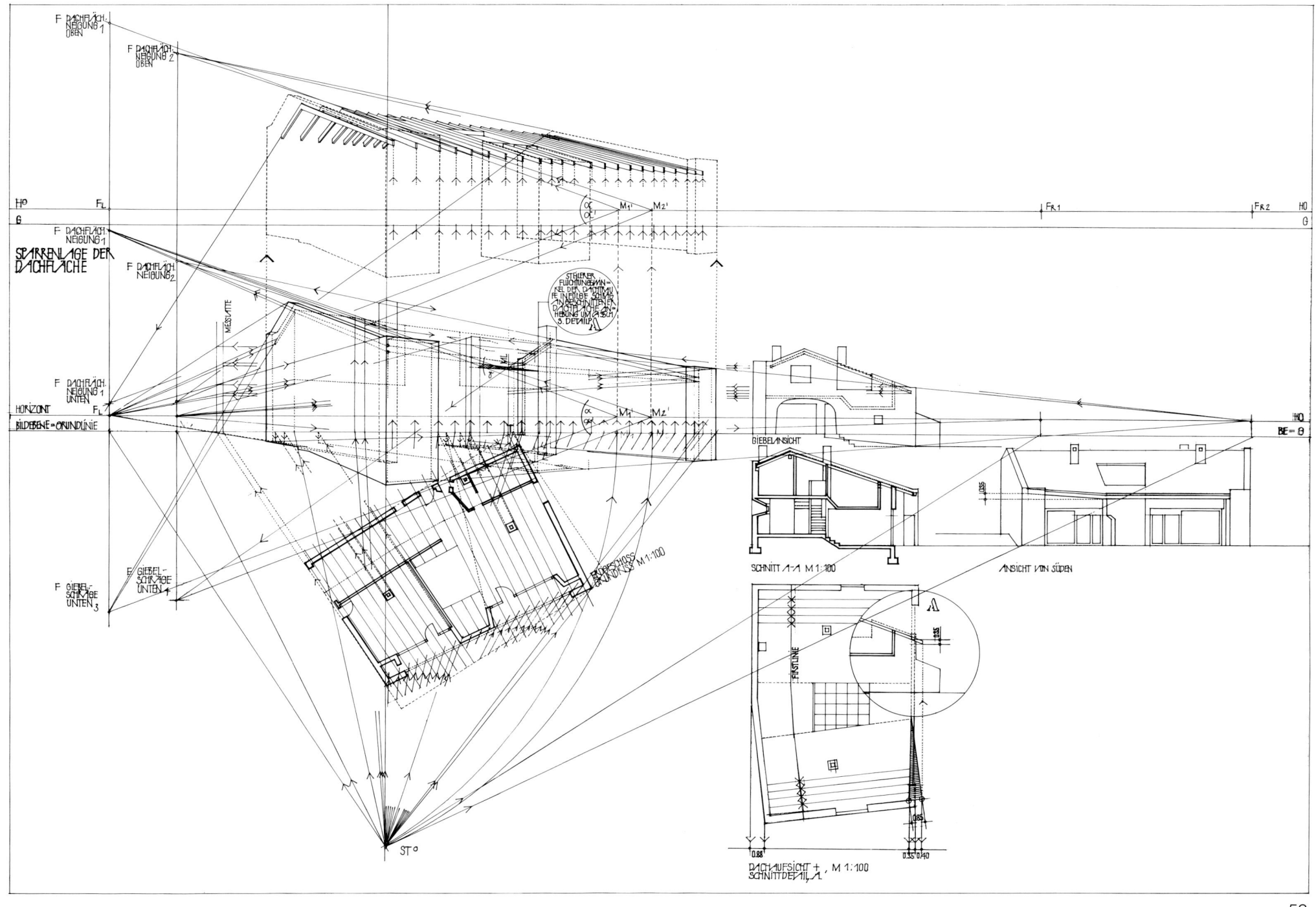

KONSTRUKTION

Wie bei allen Perspektiven wird zuerst der »perspektivische Grundriß« entwickelt. Zu beachten ist bei dem Herstellen der Fluchten die Wahl der jeweils zuzuordnenden Fluchtpunkte (Fl, Fr, 1, 2,), sodann werden, ohne zunächst weitere Grundrißdetails zu verfolgen, die Giebelscheiben komplett dreidimensional gezeichnet. Zum Ermitteln »wahrer Höhen« sind an allen für die Konstruktion erforderlichen Punkten sogenannte »Meßlatten« anzulegen. Dies geschieht, da der Grundriß *vor* der Bildebene liegt, durch Verlängern der jeweiligen Fluchtlinie bis zu ihrem Anschnitt mit der Bildebene. Auf dieser Höhenmeßlinie werden die maßstabsgerechten Höhen, die für die perspektivische Abbildung gebraucht werden, angetragen. Dieses Antragen kann auch durch ein horizontales Projizieren aus dem auf gleicher Höhe angeordneten Schnitt bzw. Ansicht erfolgen. Zu beachten ist die Differenz zwischen Eingangsniveau und dem um ca. 75 cm abgesenkten Wohngeschoß (s. Schnitt A-A). Die Höhenpunkte werden dann mit den zugehörigen Fluchtpunkten (Fr bzw. Fl) verbunden und die Verbindungslinien in den Bildbereich hinein verlängert. Die Festlegung der Bildpunkte im Sinne der Tiefenteilung wird unter Zuhilfenahme des Sehstrahlverfahrens im Grundriß durchgeführt. Das heißt der jeweilige Punkt wird über das Anvisieren mit dem Sehstrahl im Grundriß zunächst auf der Bildebene fixiert. Die Projektion dieses Anschnitts auf die zuvor beschriebene Fluchtungslinie legt den gewünschten Bildpunkt fest.

Um die Abschrägung der Giebelwandscheiben im perspektivischen Bild genau zu bestimmen und auch die Voraussetzungen für die Dachflächenkonstruktion zu schaffen, sollten die Fluchtpunkte für die Neigung von Giebelkanten und Dachflächen im Anschluß daran bestimmt werden. Der Neigungswinkel kann in der Zeichenebene nur dargestellt werden, indem man die Ebene, in der er liegt, in die Bildebene hineindreht, den ermittelten Punkt auf die Horizonthöhe projiziert und dort die wahre Größe des Winkels anträgt. Zeichentechnisch bedeutet dies für den vorderen Giebel das Eindrehen der Strecke Mx-StO um Mx in die Bildebene Be. Man erhält M1 durch Projektion auf den Horizont. In M1 wird dann der Winkel angetragen, dessen freier Schenkel die durch Fl errichtete senkrechte Achse (senkrechte Spur der durch den Giebel gedachten Ebene) in Punkt Fr schneidet. Fr ist dann der Fluchtpunkt für alle unter dem Winkel geneigten, nach oben führenden Geraden. Da die rückwärtige Giebelfäche in einem anderen Winkel zur Bildebene steht, ergibt sich hieraus auch eine andere senkrechte Bezugsachse, die durch die Richtungsparallele, gezogen durch StO, fixiert wird. Hieraus leitet sich nach dem zuvor beschriebenen Verfahren M2 ab bzw. im weiteren Verlauf der Fluchtpunkt Fr für die Dachneigungsfläche 2. Da die Satteldachform, bezogen auf die Horizonthöhe, auch nach »unten« sich beziehende Neigungsflächen hat, empfiehlt es sich, sogleich auch in den Punkten M1 bzw. M2 die gleichen Winkelgrößen nach unten abzutragen, um die Fluchtpunkte für die abwärts gerichteten Flächen festzulegen.

Beim Konstruieren der Giebelscheiben ist anzuraten, die nicht sichtbaren Innenkanten der 40 cm starken Mauerscheiben in gestrichelter Form zu zeichnen, um die Anschlüsse an die Dachebenen darstellen zu können. Nach fertiggestellten Giebeln wird die Dachfläche dazwischengespannt. Aus dem abgewinkelten Verlauf der Firstlinie (s. Dachaufsicht) geht hervor, daß das Satteldach aus drei Teilen besteht. Die beiden Hauptflächen orientieren sich, wie die in der Dachaufsicht eingezeichneten Fall-Linien ausweisen, an den zugeordneten Giebelscheiben, während das mittlere Satteldach sozusagen das Koppelungselement zwischen den beiden Dächern darstellt. Aus dem kleinen Detailschnitt A der Dachaufsicht und der Ansicht von Süden geht außerdem hervor, daß die geradlinige Begrenzung der Traufe ein höhenmäßiges Anziehen der Trauflinie bedeutet. Nach Abklärung dieser Einzelheiten kann nunmehr die Dachfläche in Einzelschritten gezeichnet werden. Zunächst werden die Fluchten der Dachflächen an die Innenkanten der Giebelscheiben mit Hilfe der dazugehörigen Neigungsfluchtpunkte konstruiert. Der nächste Schritt ist dann die Einzeichnung der Firstlinie, bei der es sich, aus Gründen der Konstruktionserleichterung empfiehlt, die auf die Giebelscheiben auftreffenden Firstlinien zuerst und dann den mittleren First als Verbindungsstück einzuzeichnen. Der gleiche Weg sollte dann auch für die Trauflinie gewählt werden. Der Höhenabweichungswinkel für den vorderen Traufabschnitt ist im Bild durch eine besondere Schraffur kenntlich gemacht. Um das Thema Dach konstruktiv abschließen zu können, wird anschließend die Sparrenlage in Angriff genommen. Die Achsabstände sind im Erdgeschoßgrundriß eingezeichnet, sie werden mit Sehstrahlen anvisiert und die Anschnitte mit der Bildebene hergestellt. Zur Wahrung einer optischen Übersichtlichkeit wird oberhalb des vorhandenen Bilds ein zweites Bild für die perspektivische Darstellung der Sparrenlage gezeichnet. Dazu sind natürlich die für die Konstruktion notwendigen Hilfslinien und Punkte im oberen Blattbereich neu aufzutragen. Festzuhalten ist, daß außer der Tiefenteilung der Achsabstände noch die einzelnen Neigungsfluchtpunkte für die Konstruktion erforderlich sind.

Die Eintragung der Kaminsäulen erfolgt nach dem bereits dargelegten Prinzip der Sehstrahlenmethode, wobei auch hier zunächst der perspektivische Grundriß darzustellen und erst dann die dreidimensionale Ergänzung vorzunehmen ist.

Auf einem zweiten Zeichenblatt wird schließlich der konstruktive Teil für die Zeichnung des Hauses komplettiert. Dazu gehören zunächst die Schließung der Südfassade durch die Mauerstürze (schraffierter Bereich), die Darstellung der Fenster und das Anlegen der Fensteröffnungen und des Eingangs. Das Einzeichnen der Balken- bzw. Sparrenköpfe geschieht durch ein Überlagern der Sparrenzeichnung mit dem neuentstehenden Bild. Die einzelnen Vorgehensweisen sind aufgrund der bereits beschriebenen Konstruktion der Sehstrahlenmethode sowie durch deren Kenntlichmachung durch Sehstrahlen, Fluchtpunkte und Projektionslinien bereits ausreichend kommentiert.

DARSTELLUNG

Bei der darstellerischen Behandlung des Bilds kommt es zunächst darauf an, das Haus in seiner Charakteristik wiederzugeben. Wichtig dabei ist die Darstellung der Materialien wie Außenputz, Dachziegel und die kräftig dimensionierten Fensterprofile sowie die Plastizität der Fassadensprache, die durch das Zurücksetzen der Fenster- bzw. Türebenen in den rückwärtigen Bereich der Tiefenlaibungen der Mauerwerksöffnungen erreicht wird. Die grafische Herausarbeitung des Baukörpers wird unterstützt durch Grauwerte aus der Zeichnung der Umgebung, die so an den Baukörper geschoben werden, daß helle Flächen des Hauses sich klar abheben. Die Lebhaftigkeit der Südfassade wird zum einen durch das Einzeichnen der Schlagschatten im Bereich der gegenüber der Trauflinie stark zurückspringenden Fensterebenen erreicht, zum anderen durch das dunkle Anlegen der Fensterflächen in Form eines Einblicks in den Innenraum. Dabei sind die exakten senkrechten oder horizontalen Schraffurlagen für die Grautöne wichtig, um dem Haus im Gegensatz zur umgebenden Natur eine gewisse Präzision in der Wirkung zu geben. Eine gewisse Schwierigkeit stellt die Darstellung der alpinen Situation, der Gebirgswelt, dar. In der Beschränkung auf ganz wenige Strukturlinien dürfte die Lösung liegen, um nicht der eigentlichen Hauptsache des Motivs die Show zu stehlen.

Für die gesamte Bildgestaltung bietet sich bei dem gewählten Standort eine exakte lineare Bildbegrenzung oben und auf der linken Seite an, während im Vordergrundbereich das Bild in freier Kontur »ausschwingen« kann.

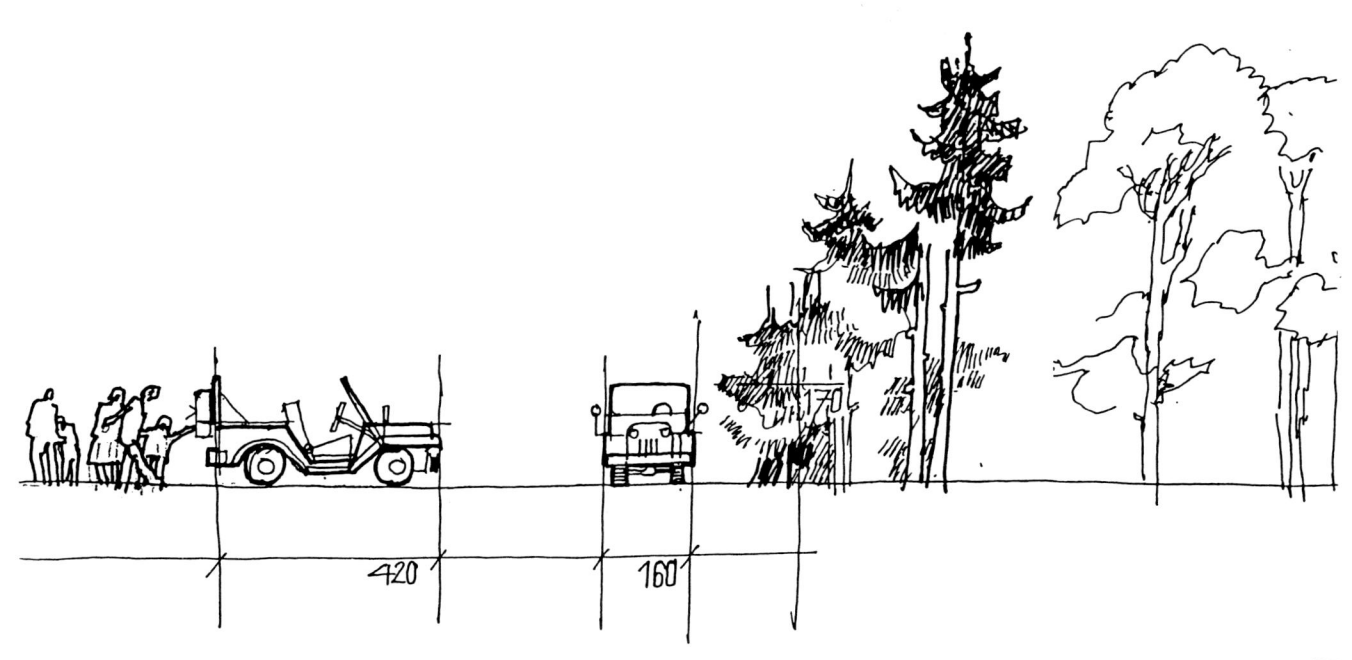

RESIDENCE IN FLIMS/DORF SWITZERLAND

ARCH. RUDOLF OLGIATTI

The Schäfer House is one of the unmistakable houses designed by the Swiss architect Rudolf Olgiatti in the village of Flims. In his architectural language Olgiatti succeeds in unifying the design principles of ancient Greece with a traditional, vernacular form of building. The representation of the house takes the form of an oblique (two-point) perspective, as is usual for external perspective views. The information necessary for the construction is derived from the plan, section and elevations visible in the perspective drawing. Since the house does not have a regular orthogonal shape, but is laid out along a bent axis, the two gable end walls are not parallel to each other. An additional constructional aid is therefore drawn in the form of a rectangle enclosing the plan. One corner of this rectangle is set on the picture plane at T. In view of the fact that the different angles of the sides of the house would necessitate at least three vanishing points (in part at a great distance from the axis through the standpoint), a standpoint STO was chosen relatively close to the front edge of the building. This does not lead to unpleasing distortions in the perspective, however.

The individual stages of the perspective construction are dealt with separately, not just to facilitate a clearer understanding of the procedure, but, perhaps even more importantly, as a recommended method of approach to a complex subject. The first step is the setting out of the overall form of the house. In this respect, the two end walls represent the first goal of the construction.

CONSTRUCTION

As with all perspectives, the »perspective layout« is developed first. In setting out the directional lines for the perspective, consideration should be given to the positions of the respective vanishing points (Fl, Fr, 1, 2). Without paying further attention to layout details, the two gable end walls are then drawn in three-dimensional form. To determine the »true heights« in the perspective drawing, vertical height lines should be constructed at all necessary points. Since the ground plan lies in front of the picture plane, the height lines can be drawn by extending the relevant wall lines to the picture plane and projecting lines vertically upwards from the points of intersection.

Along these height lines the heights or levels necessary for the perspective drawing can be marked off. This process of marking off the heights is facilitated by projecting horizontal lines from a cross-section or elevation drawn next to the perspective image at the same level. It should be noted that the main living area in the house is roughly 75 cm lower than the entrance level (see section A-A). From the vanishing points Fr or Fl lines are drawn to intersect the levels marked on the height lines. By extending these vanishing lines into the perspective drawing the required heights can be obtained. Dimensions of depth are determined using the visual ray method with the ground plan. In other words, visual rays are projected through the respective points in the ground plan to intersect the picture plane. From these points of intersection with the picture plane perpendicular lines are extended up to intersect, in turn, the vanishing lines, thus providing the required points in the perspective depiction.

In order to draw the exact angles of inclination of the tops of the end walls in perspective, and as a basis for the depiction of the pitched roof construction, the vanishing points for the sloping top edges of these walls and for the adjoining roof surfaces should now be determined. The angle of slope can only be shown in the plane of the drawing, however, by rotating the plane in which the slope lies to coincide with the picture plane, projecting a line from the point thus determined to the horizon line, and entering the actual angle of slope there. In terms of drawing technique this means – in the case of the nearer gable wall – rotating the plane Mx-StO about Mx to the picture plane Be. The point M1 is obtained by projecting a vertical line to the horizon line. The actual angle of inclination is then entered at M1 and the hypoteneuse extended to intersect the vertical axis through F1 (the vertical line of the imagined gable wall plane) at Fr. Fr forms the vanishing point for all upward sloping lines of the same angle. Since the rear gable wall is set at a different angle to the picture plane, a different vertical axis will be needed. This is constructed by means of a parallel line drawn through StO. Using the same method as for the front gable wall, M2 can be determined, together with the vanishing point Fr for roof slope 2. The pitched roof also has a »downward« slope in relation to the height of the horizon. One should therefore plot the same angles at points M1 and M2 in a downward direction, in order to determine the vanishing points for the (downward) sloping surfaces. When constructing the end gable walls, the invisible inner edges of the 40 cm thick construction should be drawn with dotted lines. This will facilitate the depiction of the lines of intersection with the roof planes. The same principle applies here as in all perspective drawing: the three-dimensional object should be drawn as if it were made of glass (X-ray view). Having completed the two end walls, one can insert the roof slopes between them. The cranked ridge line (see plan of roof) means that the pitched roof structure consists of three parts. The two main surfaces follow the line of their respective end gable walls (as the hatching showing the direction of falls in the roof plan indicates). The middle section, however, forms a kind of linking element between the other two sections of the roof. The straight line of the edge of the roof means that the eaves rise along their length, as section A-A and the south elevation show. Once these details have been clarified, the roof surface can be constructed in a series of stages. The first of these is to draw the lines of inclination of the roof on the inner faces of the gable walls, using the appropriate vanishing lines for these slopes. The next step is to draw the ridge line. To simplify the construction, it is advisable first to determine the points of intersection of the ridge line with the gable walls and then to draw the linking middle section of the ridge. The same procedure can be adopted for the eaves. The angle of deviation in heigt of the eaves is illustrated in the front section by special shading.

To conclude the perspective construction of the roof, the layout of the rafters has to be considered. The centres are entered in the ground floor plan. Visual rays are projected through the points of intersection of the centres of the rafters with the outer walls and extended to the picture plane. For the sake of visual clarity, a second drawing should be made above the first for the perspective depiction of the rafters. The various points and lines necessary for the construction will, of course, have to be entered in the upper drawing anew. It should be remembered that, in addition to the spacing of the axes in the depth of the perspective, the different vanishing points for the individual slopes form an essential part of the construction.

The chimney stacks are drawn according to the principles already described, using the visual ray method. Here, too, it is necessary to plot the perspective layout on plan before articulating the three-dimensional from.

The construction of the perspective of the house is completed on a second sheet. The final stages include filling in the details of the south face – the wall areas over openings (shaded surfaces), the drawing of doors and windows, and the hatching of the glass surfaces. The detailing of the ends of the rafters can be carried out by superimposing the new drawing on the drawing of the rafter layout. The individual steps have already been adequately described elsewhere in connection with the visual ray method of construction and the general treatment of visual rays, vanishing points and projection lines.

FORM OF REPRESENTATION

The first consideration of the descriptive treatment of the drawing must be to bring out the character of the building. It is important in this respect to communicate an idea of the materials used, such as the external rendering, roof tiles, and the boldly dimensioned window frame elements. Another important characteristic is the three-dimensional quality of the façade, achieved by setting back the wall planes in which windows and doors occur. The graphic articulation of the building is reinforced by drawing up grey tones from the surrounding areas into close proximity with the house itself, creating a bold contrast with the light surfaces of the building. The animated quality of the south face is achieved firstly by drawing the shadows cast on the areas of the deeply set window planes, and secondly by the dark shading of the areas of fenestration, with the suggestion of a glimpse into the interior. The precise layers of shading to create these grey tones – consisting either of verticals or verticals overlaid with horizontal lines – are important in lending a certain precision to the house, in contrast to the natural surroundings. The depiction of the alpine setting, the mountainous background, is more difficult. The solution probably lies in restricting oneself to a few structuring lines, so as not to steal the show from the real motif – the house itself. In view of the standpoint chosen, a linear demarcation of the drawing at the top and on the left-hand side seems appropriate. In contrast to this, the picture is allowed to flow out into the foreground without a hard defining edge.

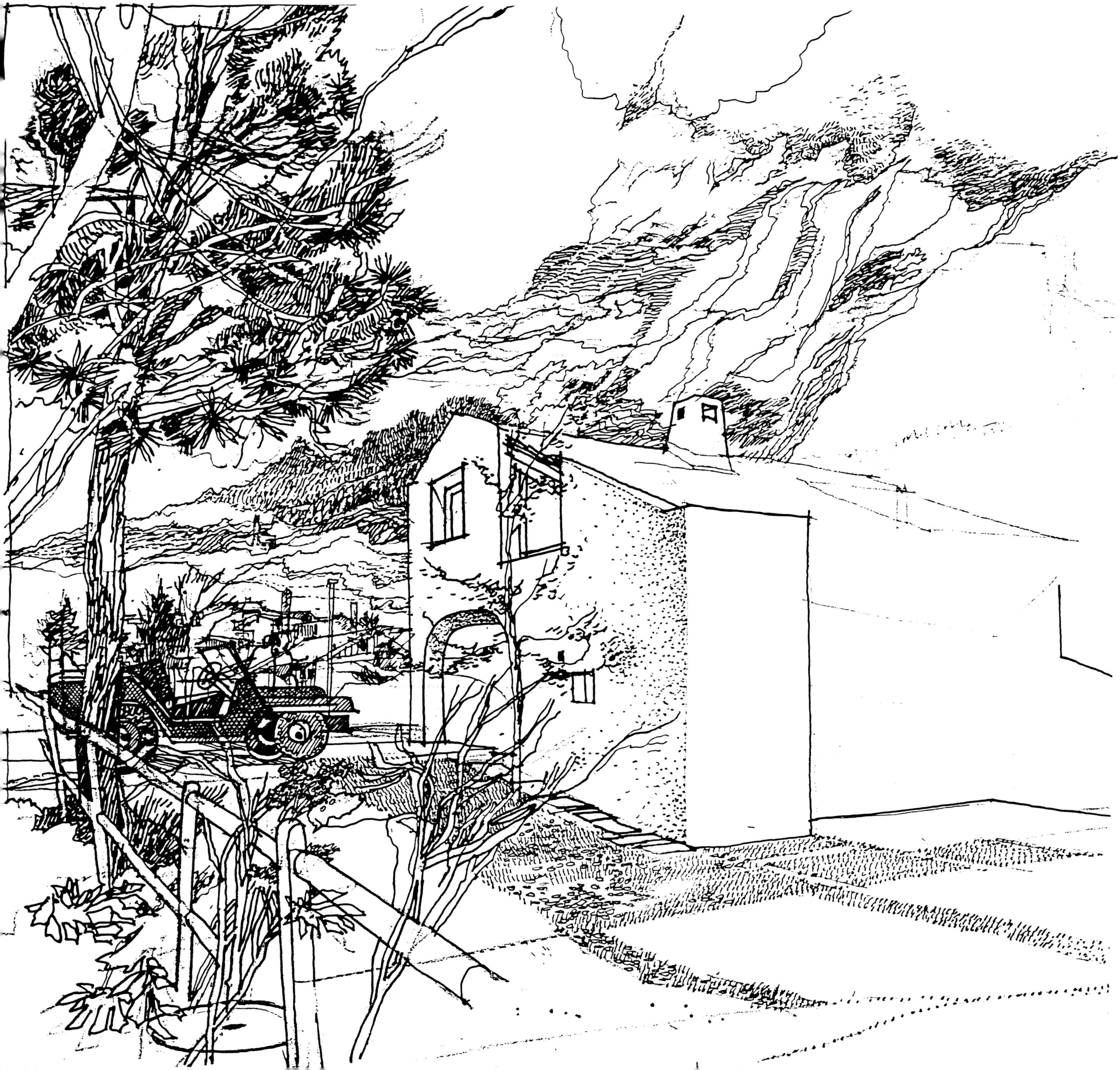

VORSKIZZE ZUR KLÄRUNG DARSTELLERISCHER STRUKTUREN MIT DENEN DIE (VOR-)ALPINE LANDSCHAFT CHARAKTERISIERT WERDEN KANN. DABEI SPIELT IMMER WIEDER DAS UMGEHEN MIT DEN „**GRAUWERTEN**" EINE ROLLE MIT DEM ZIEL, ZU EINER „PLASTISCHEN ZEICHNUNG" ZU KOMMEN. DER BEWALDETE HANG WIRD SOZUSAGEN UM DEN GIEBEL GELEGT, PUTZFLÄCHEN GEPUNKTELT UND DAMIT DIE GEBÄUDEKANTE MARKIERT. (LINKES BILD).
VEGETATION UND BÄUME SIND EIN THEMA FÜR SICH, SCHWIERIG UND WICHTIG ZUGLEICH. **BAUM- UND STRAUCHCHARAKTERISTIK** SIND EBENSO WICHTIG. **F. L. WRIGHT** WAR AUCH IN DIESER BEZIEHUNG WAHRHAFT EIN MEISTER, KOMPOSITIONELL UND IM DETAIL. EIN NICHT UNWESENTLICHER GRAFISCHER TRICK VON IHM WAR ES, DIE UMFAHR- UNGSLINIEN AN DEN KREUZUNGSSTELLEN VON BAUMSTÄMMEN UND ZWEIGEN NICHT DURCHZUZIEHEN. DADURCH ENTSTEHT EINE WÜNSCHENSWERTE GRAF- ISCHE „**AUFLÖSUNG**".

PRELIMINARY SKETCH TO CLARIFY THE LAYOUT OF GRAPHIC STRUCT- URES IN DEPICTING THE LANDSCAPE OF ALPINE FOOTHILLS. HERE TOO, THE HANDLING OF GREY TONES PLAYS AN IMPORTANT ROLE IN ACH- IEVING A THREE-DIMENSIONAL PLASTICITY IN THE DRAWING. THE WOO- DED HILLSIDE IS WRAPPED ROUND THE GABLE, SO TO SPEAK. RENDERED WALL SURFACES ARE SHOWN WITH DOTTED STRUCTURES, AND THE EDGE OF THE BUILDING IS ALSO MARKED IN THIS WAY (PICTURE LEFT).
TREES AND VEGETATION GENERALLY ARE A SUBJECT FOR THEMSELVES. THEIR REPRESENTATION IS BOTH IMPORTANT AND DIFFICULT. THE CHA- RACTERISTICS OF TREES AND BUSHES ARE CRUCIAL. FRANK LLOYD WRIGHT WAS A MASTER IN THIS RESPECT, BOTH IN COMPOSITIONAL TECHNIQUE AND IN DETAILING. ONE VERY EFFECTIVE GRAPHIC DE- VICE HE USED IN HIS DRAWINGS WAS TO INTERRUPT THE OUTLINES OF TREE TRUNKS AND BRANCHES AT THEIR POINTS OF INTERSECTION WITH EACH OTHER. THEY ARE NOT OVERLAID, BUT SEEM TO MELT INTO EACH OTHER, CREATING A SATISFYING STATE OF GRAPHIC DISSOLUTION.

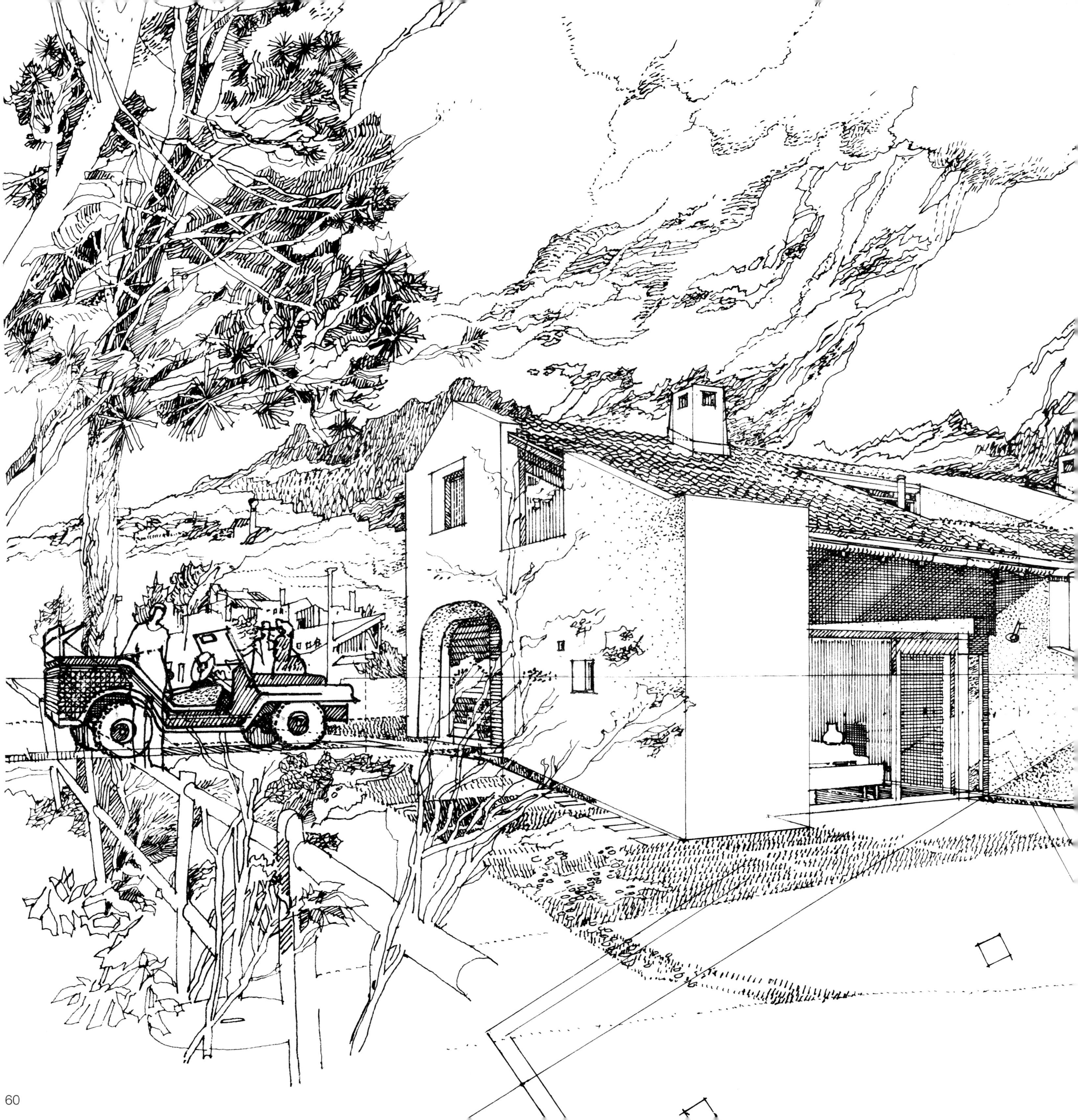

HORIZONT
G = BE

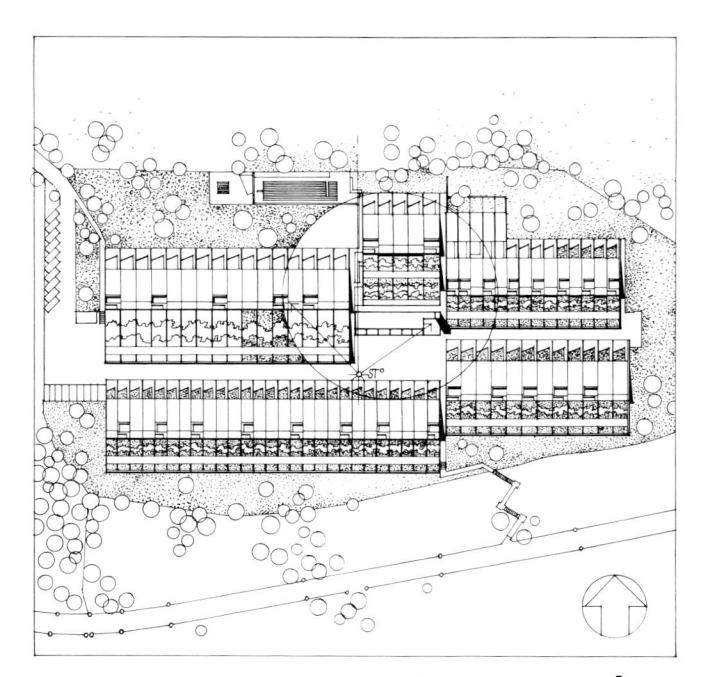

TERRASSENHÄUSER IN HALEN BEI BERN
ARCHIT. ATELIER 5

Die Wohnanlage in Halen ist inzwischen 30 Jahre alt und stellt unter den vielen Terrassenhäusern, die seither gebaut wurden, vom architektonischen Anspruch her nach wie vor einen wichtigen Beitrag dar. Wie alle Bauten aus dem Büro Atelier 5 ist die Gestaltungssprache zwar elegant, jedoch eher knapp zu nennen. Der Sichtbeton herrscht nach Le Corbusier'schem Vorbild vor, wie überhaupt das unverkleidete Material der Primärkonstruktion. Insofern ergibt sich für das Wohnen eine gewisse Robustheit, zugleich aber auch eine von den Bewohnern zu erwartende, nicht zu unterschätzende Sensibilität für die Gesamtkonzeption, die sich in der Art des Lebens in der Wohnanlage und des sich hierin Einrichtens ausdrücken muß. Auch vermag ein Vernachlässigen der Bausubstanz gerade bei dieser Art von Architektur schneller als anderswo ein ästhetisches Kippen zu bewirken.

Aus einer großen Sympathie für die Bauten dieses Büros heraus wollte ich gerne aus der Vielzahl der inzwischen entstandenen Bauten zumindest ein Beispiel in das Spektrum verschiedenartiger Architekturlandschaften hineinnehmen. Die Auswahl des Motivs erfolgte auch wegen der Rampentreppe, die als eine der Erschließungsachsen der stark verdichteten Wohnbebauung einen wesentlichen Bestandteil des Kommunizierens darstellt. Sie ist zu vergleichen mit den engen Gassen in mediterranen Bergdörfern.

KONSTRUKTION

Für die Konstruktion empfiehlt sich der Grundstruktur der Anlage folgend eine Einfluchtung, das heißt die Parallelität der Baukörperfluchten zur Bildebene. Mit Rücksicht auf die immer wieder auftretenden Grenzsituationen von Genauigkeit im Bereich der Treppenkonstruktion wird ein großer Maßstab gewählt, im vorliegenden Fall M 1:50. Der Standort liegt aus zeichentechnischen Gründen sehr nah am abzubildenden Objekt. Dabei kann, wie die Konstruktion zeigt, die Winkelöffnungsbreite des Sehstrahlenkegels die normalerweise einzuhaltenden 50° durchaus überschreiten.

Um den Ablauf des Konstruierens präziser und zugleich übersichtlicher zu gestalten, werden zwei Phasen vorgeschlagen:
1. Die Ermittlung der kombinierten Rampen-Treppen-Konstruktion. Hinzu kommt die Konstruktion des zweigeschossigen Baukörpers, auf den der Blick des Beschauers im Vordergrund gerichtet ist.
2. Ergänzung dieser ersten Konstruktionsschritte auf die Gesamtanlage unter Einbeziehung aller im Blickfeld liegenden Baukörper.

Die unmittelbare Abhängigkeit der Lage von Standort und Bildebene in bezug auf die Größe des zu entwickelnden Bilds ist bekannt. Aus dieser Erkenntnis ergibt sich nach Durchführung einiger Skizzenversuche die Lage der Bildebene, in diesem Fall vor dem abzubildenden Hauptbaukörper liegend: Das bedeutet, daß besondere Achtsamkeiten in bezug auf den Umgang mit den »wahren Größen« notwendig sind.

Noch ein Wort zur Anordnung von Grundriß und Aufriß bzw. Schnitt vor dem Beginn des Verfahrens mit den Sehstrahlen: Im allgemeinen trennt man wegen der besseren Übersicht die einzelnen »Tafeln« (Grundriß, Aufriß etc.). Wegen der Größe des gewählten Maßstabs wird jedoch im Zuge der ersten Arbeitsphase beides, Grundriß und Aufriß (Bildentstehung), »ineinandergeschoben«, so daß der Vorgang des Anvisierens und das Herstellen der Ausschnitte mit der Bildebene noch auf der Fläche eines normalen Zeichentisches (DIN A 0) erfolgen kann.

Für die Treppen- bzw. Rampenkonstruktion ist es zunächst wichtig, die wahren Steigungshöhen (16,5 cm H, 22 Steigungen) auf einer Meßlatte einzutragen und gleichfalls im Meßpunkt M' die Winkel der Rampenneigungen. Dabei handelt es sich um zwei Werte, weil, wie aus dem Detail A hervorgeht, der 1,70 m breite Treppenauftritt unter 6° genutzt ist, während der Neigungswinkel für die auf die Treppenkanten gelegte Rampenhilfsebene 10,5° beträgt. Sind die Fluchtpunkte für die geneigten Ebenen mit ihren Ausschnitten auf der Standortachse festgelegt, werden die Treppensteigungen mit Hilfe der Anschnitte der Rampenfluchten mit denjenigen der angenommenen horizontal verlaufenden Auftrittsebenen gefunden; dabei ist es noch wichtig zu wissen, daß die Neigungshöhe der Auftrittsebene der senkrechten Treppensteigungshöhe entspricht (16,5 cm).

Nach Komplettierung der Treppenkonstruktion werden zunächst drei Achsen des frontal liegenden Baukörpers konstruiert. Die zusätzliche Anordnung eines Seitenrisses vereinfacht die direkte Übertragung der wahren Höhen. Wichtige Punkte sind zunächst die perspektivische Festlegung des auskragenden Flachdachs sowie die Tiefenermittlung der Stützen. Wie aus den punktierten Projektionslinien nachzuvollziehen ist, wird die Auskragungsebene des Flachdachs mit Hilfe zweier Beziehungslinien unter 45° bestimmt.

Die perspektivische Darstellung des zweigeschossigen Traktes erfolgt bei klarer Trennung der Konstruktionsbereiche Grundriß und Bildentwicklung (Aufriß). Durch den nahe am Objekt fixierten Standort entsteht eine Öffnung des Sehstrahlenkegels von circa 110°. Trotzdem sind die Verzerrungen in den Randbereichen der Zeichnung durchaus erträglich.

Als erster Schritt ist allerdings die präzise Konstruktion eines perspektivischen Grundrißbilds erforderlich; dann erst wird über Höhenmeßlatten die Entwicklung zur dritten Dimension hergestellt. In dieser weiteren Konstruktionszeichnung wurde der ganze Gebäudetrakt ermittelt, obwohl nachher in der darstellerischen Bearbeitung des Bilds zunächst nur ein Ausschnitt gewählt wurde.

DARSTELLUNG

Das Treppenmotiv läßt bereits soviel an Tiefe und Bildwirkung entstehen, daß nur noch wenige darstellerische Mittel eingesetzt werden müssen. Der Schwerpunkt liegt bei der Herausarbeitung der Treppengasse. Dabei ist die Verdichtung des Hintergrunds, insbesondere in der durch die Treppe entstehenden Baukörperlücke, wichtig. Hinzu kommt die grafische Betonung der ersten beiden Achsen, indem man Einblicke durch die Fenster in das Innere der Räume vermittelt. Dadurch lassen sich dunkle, akzentuierende Werte erreichen.

Natürlich ist der in der Bildmitte liegende Baum Blickfang und verlangt eine liebevolle Detaillierung. Man beachte dabei die grafische Behandlung des Stamms, sein Aufsetzen auf die Baumscheibe und die Verteilung von Schwärzen in allen organischen Strukturen. Die Personen im Vordergrund sollen sich möglichst in Bewegung befinden und dadurch eine Steifheit des Gesamteindrucks vermeiden helfen. Ihre räumliche Anordnung und die damit verbundene zweidimensionale Ausgestaltung der Platzoberfläche wird so gewählt, daß der zentrale, im Vordergrund liegende Platz weiß bleibt.

Zum Schluß wird die Schwarzweißzeichnung ganz leicht farbig behandelt. Die Farbskala reicht vom Zitronengelb über Rottöne bis zum Dunkelviolett. Die Mischungen sind jedoch so vorzunehmen, daß ein interessanter Grauton mit blauen Präferenzen vorherrscht.

HALEN

SCHNITT M 1:50

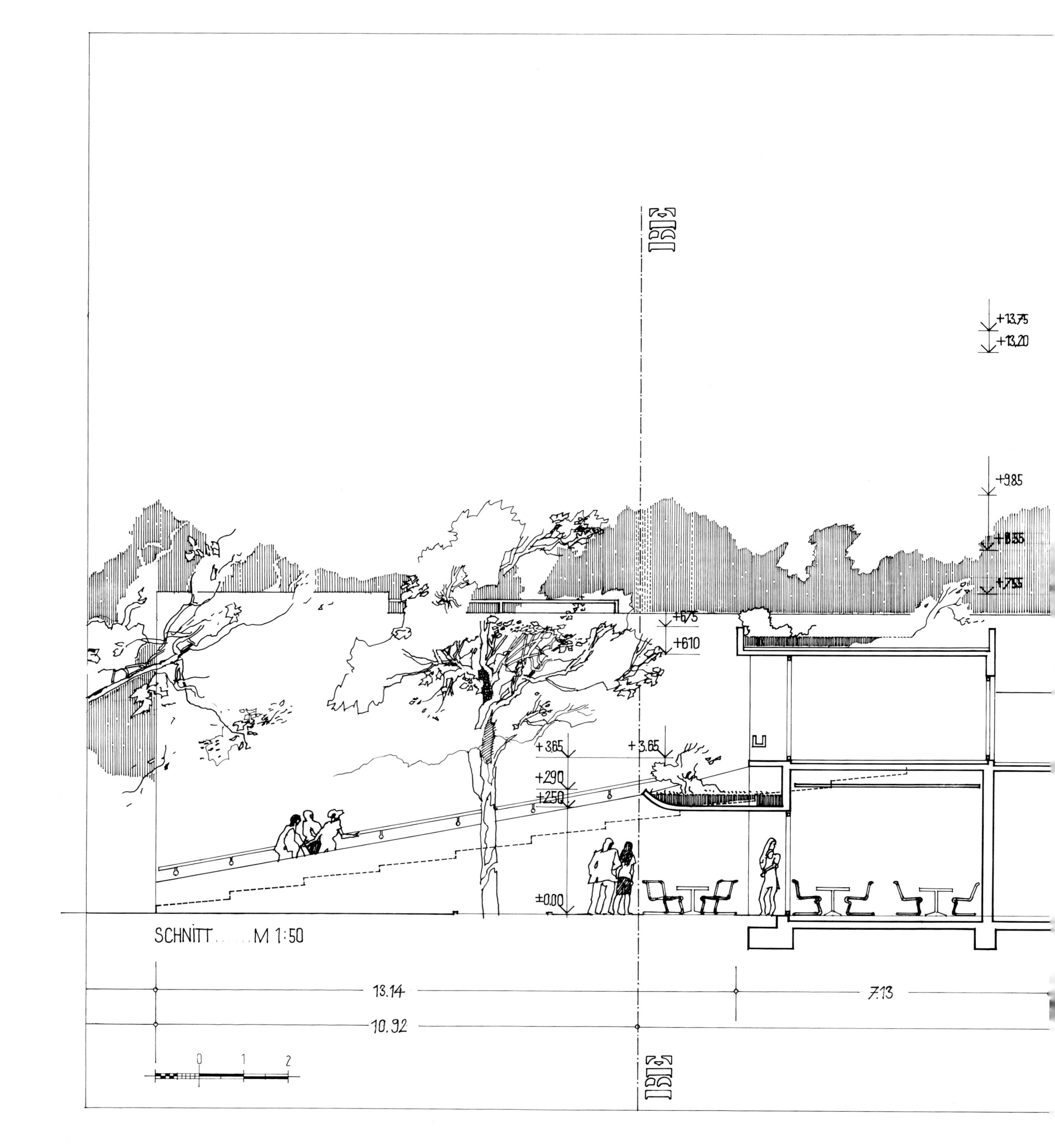

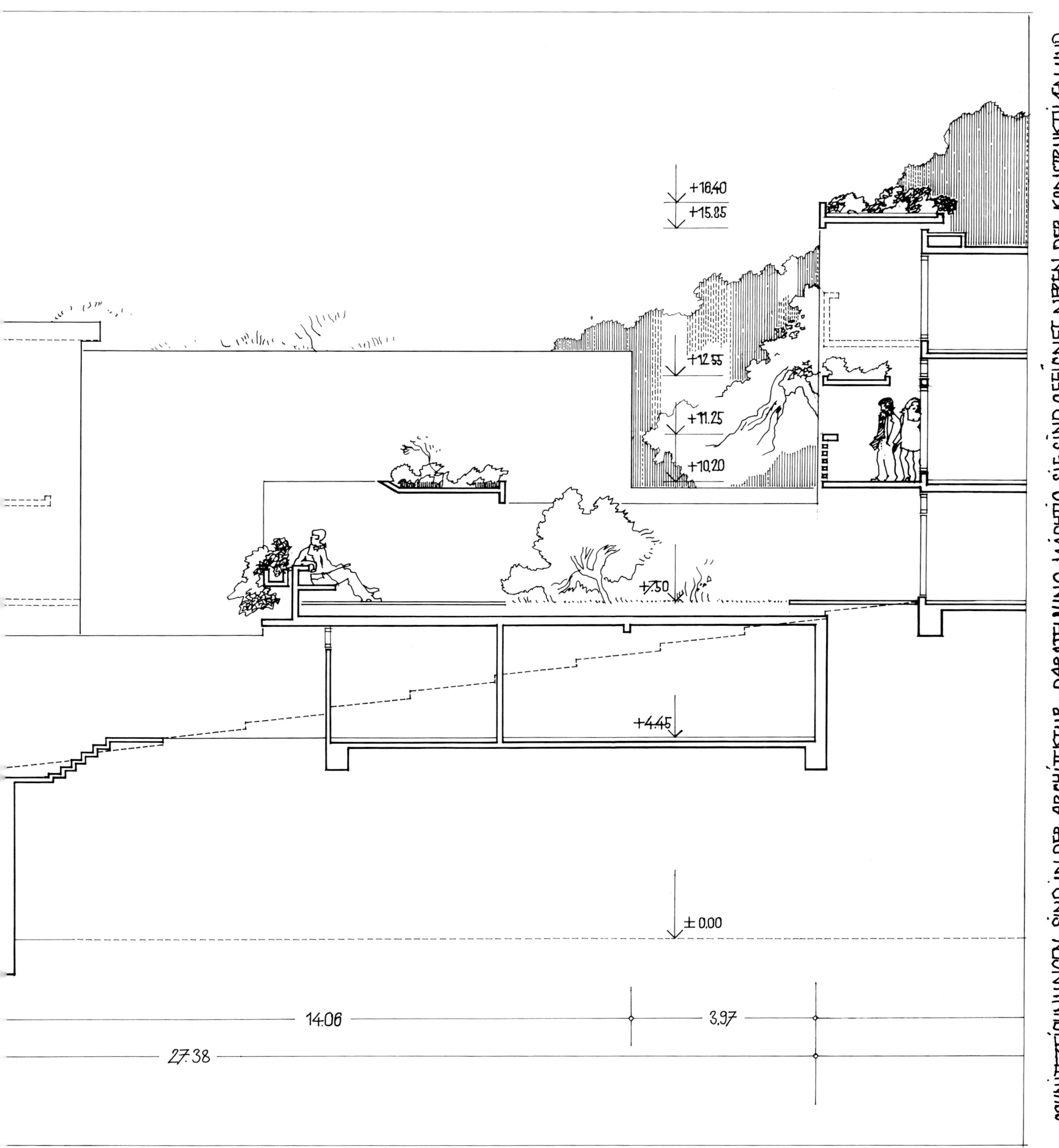

SCHNITTZEICHNUNGEN SIND IN DER ARCHITEKTUR-DARSTELLUNG WICHTIG. SIE SIND GEEIGNET, NEBEN DER KONSTRUKTIVEN UND RÄUMLICHEN KLARSTELLUNG AUCH ETWAS VOM „ATMOSPHÄRISCHEN" EINZUFANGEN. SIEHE NORMAN FOSTER SCHNITTE IM KAPITEL „FIGUREN".

SECTIONS ARE AN IMPORTANT ELEMENT OF **ARCHITECTURAL REPRESENTATION**. IN ADDITION TO CLARIFYING STRUCTURAL AND SPATIAL DETAILS, THEY ARE SUITABLE VEHICLES FOR CAPTURING SOME OF THE ATMOSPHERIC QUALITY OF A SCHEME. (SEE ALSO THE SECTIONS BY NORMAN FOSTER'S OFFICE IN THE CHAPTER ON DRAWING **HUMAN FIGURES**.)

The housing complex in Halen is now 30 years old. Among the many terraced housing schemes built since then, it still represents an important contribution to architectural thinking. As with all buildings by Atelier 5, the design language is elegant but relatively terse. In true Corbusian manner, exposed concrete dominates, as indeed do the unclad materials of the primary structure generally. The result is an element of robustness about the design. At the same time a certain sensibility for the overall concept is expected of the residents – a sensibility that should not be underestimated. This must necessarily manifest itself in the way of life in the estate and in the way people settle in and use it. Neglect of the building fabric can also bring about a loss of aesthetic balance in architecture of this kind.

My great appreciation for the work of this office made me want to choose at least one example from the large number of buildings it has realized. The choice of this object was also made on account of the ramp-like staircase. As one of the main circulation axes of this high-density housing development, it represents a major element of communication. It might be compared with the narrow lanes and alleyways in Mediterranean hill towns.

CONSTRUCTION

An alignment reflecting the basic structure of the complex can be recommended for the construction – with the front of the buildings parallel to the picture plane. In view of the accuracy required in the drawing of the stairway, a large scale should be chosen – in this case 1:50. For technical drafting reasons the viewpoint is fixed close to the object to be depicted. The normal maximum viewing angle of 50° can be exceeded in this case, as the construction shows. To ensure greater accuracy and clarity in the drawing process a two-stage construction is suggested:
1. Plotting the combined stairway-ramp, and the construction of the two-storey building seen in the foreground.
2. Extension of this first stage of construction to take in the complex as a whole, incorporating all buildings within the field of vision.

The direct relationship between the position of the standpoint and the picture plane in terms of the size of the representation is already known. With this in mind, a few exploratory sketches will serve to determine the position of the picture plane in front of the main section of the building to be depicted. This means that one must take particular care in scaling off »true size« dimensions.

A further detail should be noted concerning the layout of the plan and elevation or section, before beginning the construction process with the visual rays. Normally, one tries to keep the individual plans (ground plan, elevation, etc.) apart, in order to maintain a clearer view of the work. But because of the large scale chosen here, both the ground plan and the elevation will be pushed into each other during the first stage of the work, so that the whole process of taking bearings and constructing the details via the picture plane can be carried out on a normal drawing table (size A0).

In constructing the stairway-ramp details it is important at the outset to mark off the »true heights« of the risers (22 risers 16.5 cm high) on a height line and to subtend at M' the anlge of slope of the ramp. There are two values involved here; for, as one can see from detail A, the 1.70 m wide »treads« slope at 6° from the horizontal, whereas the angle of inclination of the construction line drawn through the edges of the steps is 10.5°.

Once the vanishing points for the sloping planes are fixed on the axis through the standpoint, the risers can be determined at the points of intersection of the ramp vanishing lines with those of the treads (which are assumed for the moment to be horizontal).

It is useful to know in this context that the height of rise of the stair treads is the same as the height of the risers – 16.5 cm.

After completing the stairway construction, axes for three bays of the frontally viewed face of the building can be drawn. An additional drawing of the side elevation or section simplifies the direct marking off of true heights.

The most important aspects at the outset are the perspective representation of the cantilevered flat canopy roof and determining the depths of the column elements. As can be seen from the dotted construction lines, the cantilevered surface of the flat roof is determined with the help of two 45° reference lines.

In constructing the perspective representation of the two-storey tract, the plan and elevational view are clearly separated.

The proximity of the standpoint to the object results in an angle of view (visual cone) of approximately 110°. The distortions in the peripheral areas of the perspective drawing are nevertheless not disturbing.

As the first step, however, it is necessary to make an accurate drawing of the ground plan on which the perspective is based. The development of the three-dimensional image then takes place with the help of height lines. In this additional constructional drawing the entire building tract was set out, even though in the subsequent depiction only an extract was shown initially.

FORM OF REPRESENTATION

The stairway-ramp creates such a sense of depth and pictorial effect that very few other depictive elements need to be used. The main focus is on the articulation of the narrow lane of the stairway. Adding density to the background is important, particularly in the gap between the buildings created by the stairway. A further consideration is the graphic emphasis placed on the first two bays of the building by allowing a glimpse through the windows into the interiors of the rooms. In this way, dark accentuated values can be obtained.

The tree in the middle of the picture is, of course, also a centre of attraction and calls for a great deal of loving care in the detailing. Note the graphic treatment of the trunk, the point of emergence from the ground in the circular bed, and the distribution of black tonal values in all organic structures. The figures of people in the foreground should be captured in movement as far as possible, thus helping to avoid any suggestion of stiffness in the overall impression. The spatial arrangement of these figures and the two-dimensional, planar nature of the surface of the open space, which are related to each other, are co-ordinated to leave the central foreground area white. Finally, the black and white drawing is treated to a light coloration. The palette of colours used ranges from lemon yellow, via shades of red to deep violet. The mixing of colours, however, should be handled in such a way that an interesting grey tone with a hint of blue prevails.

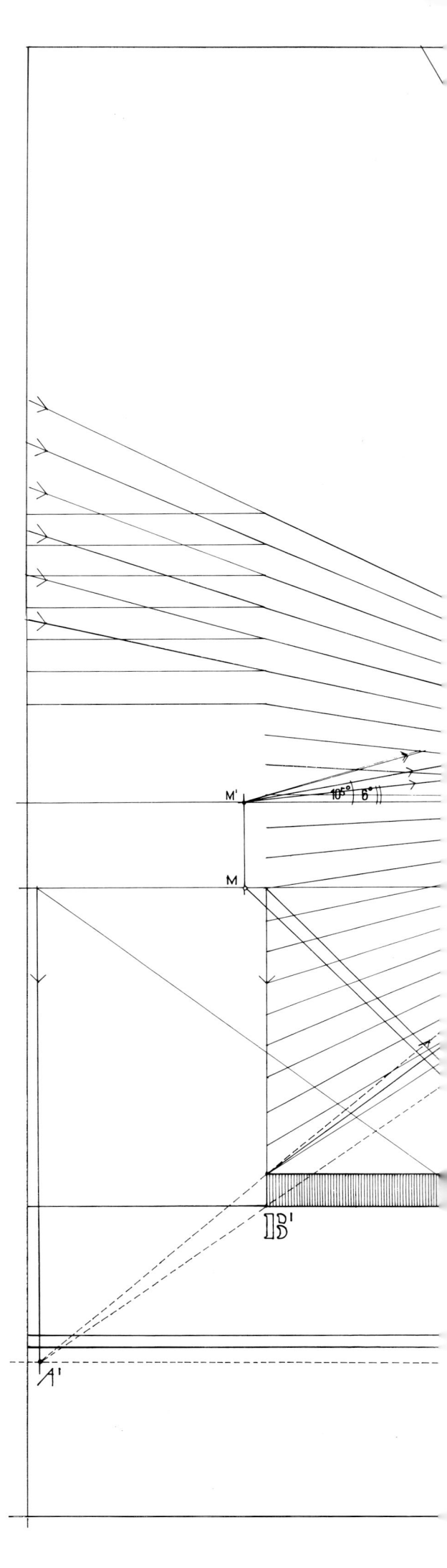

SCHNITT DURCH RAMPEN=
TREPPE IM MASSTAB 1:20

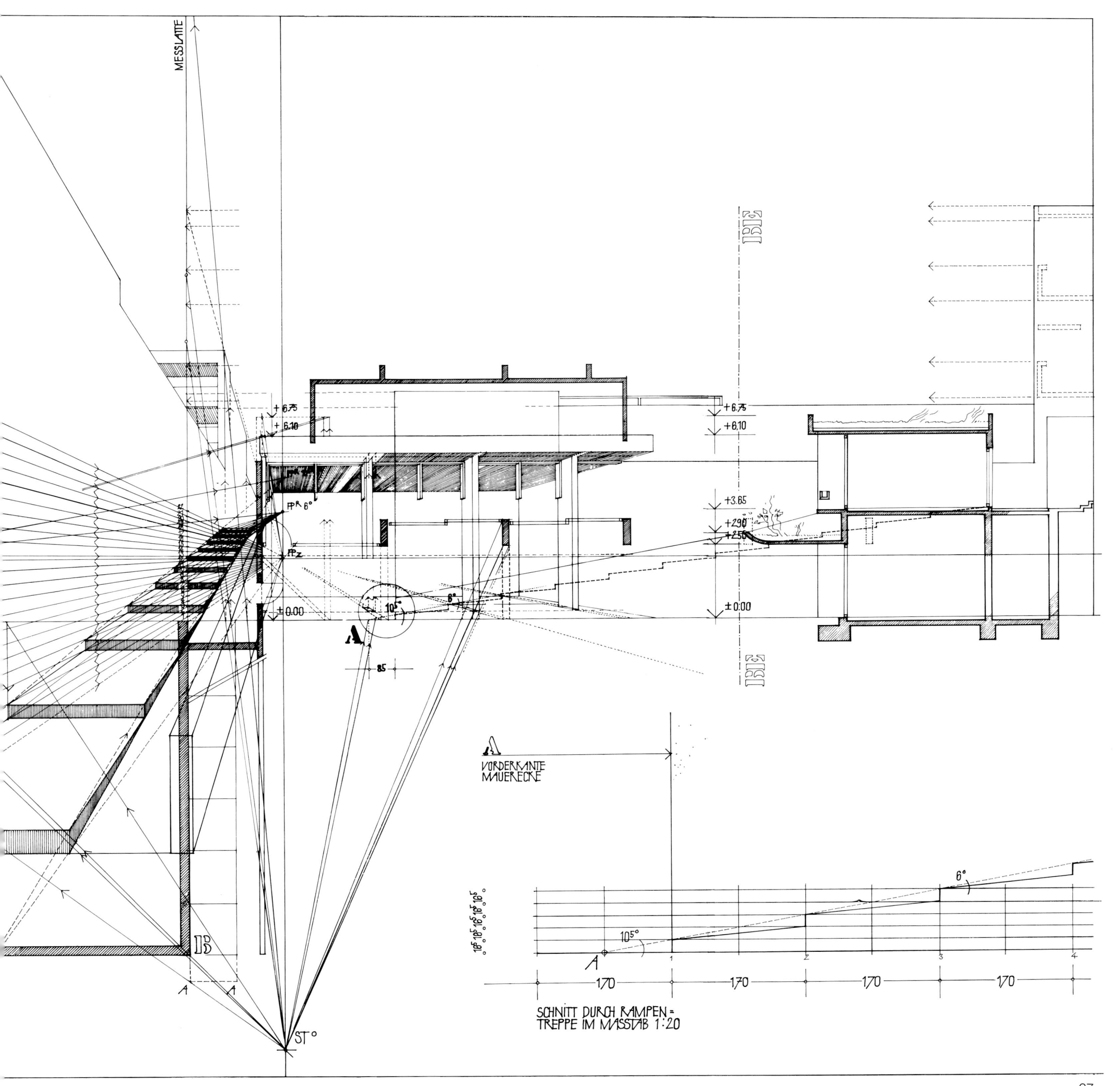

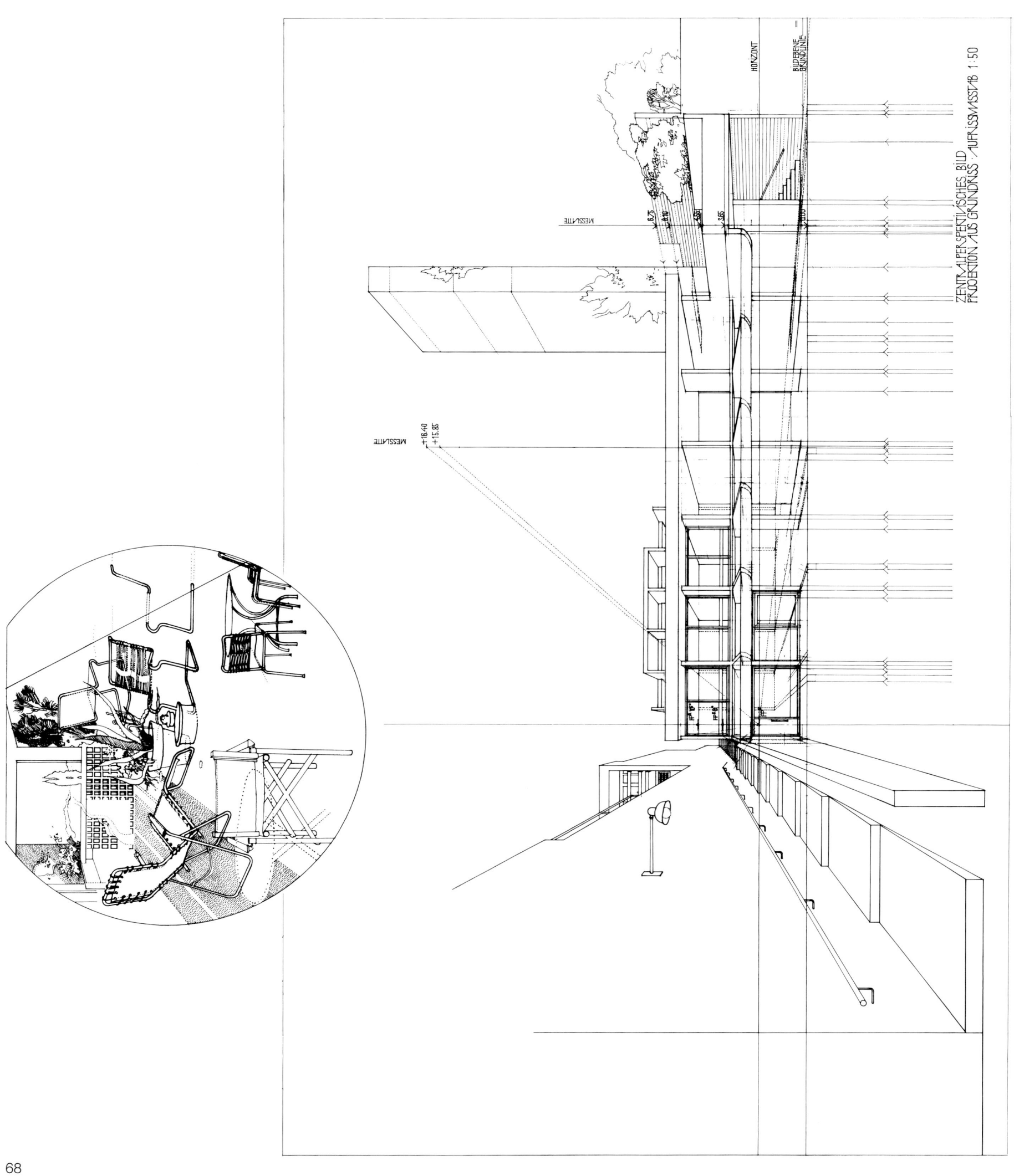

ZENTRALPERSPEKTIVISCHES BILD
PROJEKTION AUS GRUNDRISS / AUFRISS MASSSTAB 1:50

ZP ZENTRAL-PROJEKTION

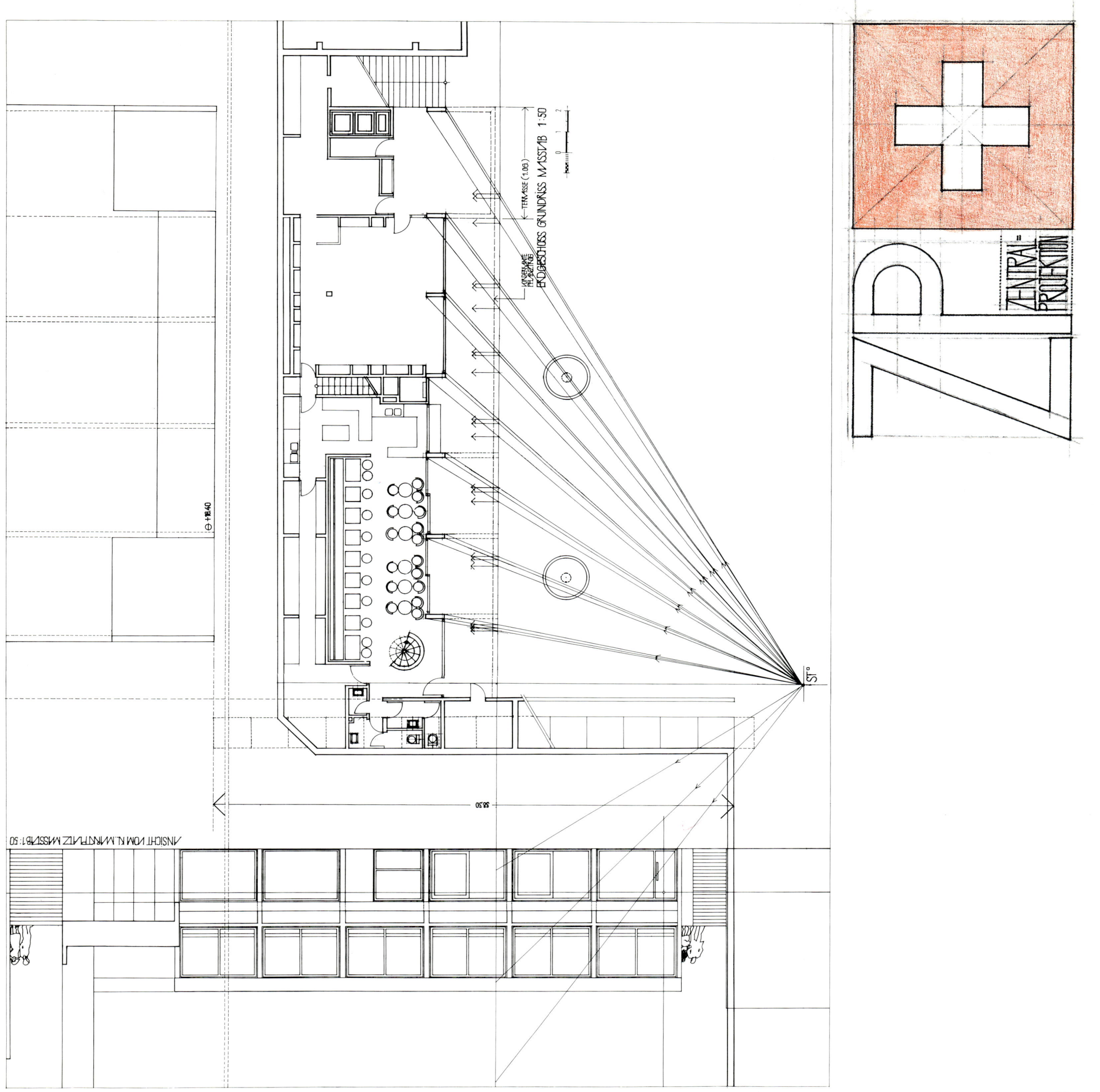

ERDGESCHOSS GRUNDRISS MASSTAB 1:50

ANSICHT VOM KL. MARKTPLATZ MASSTAB 1:50

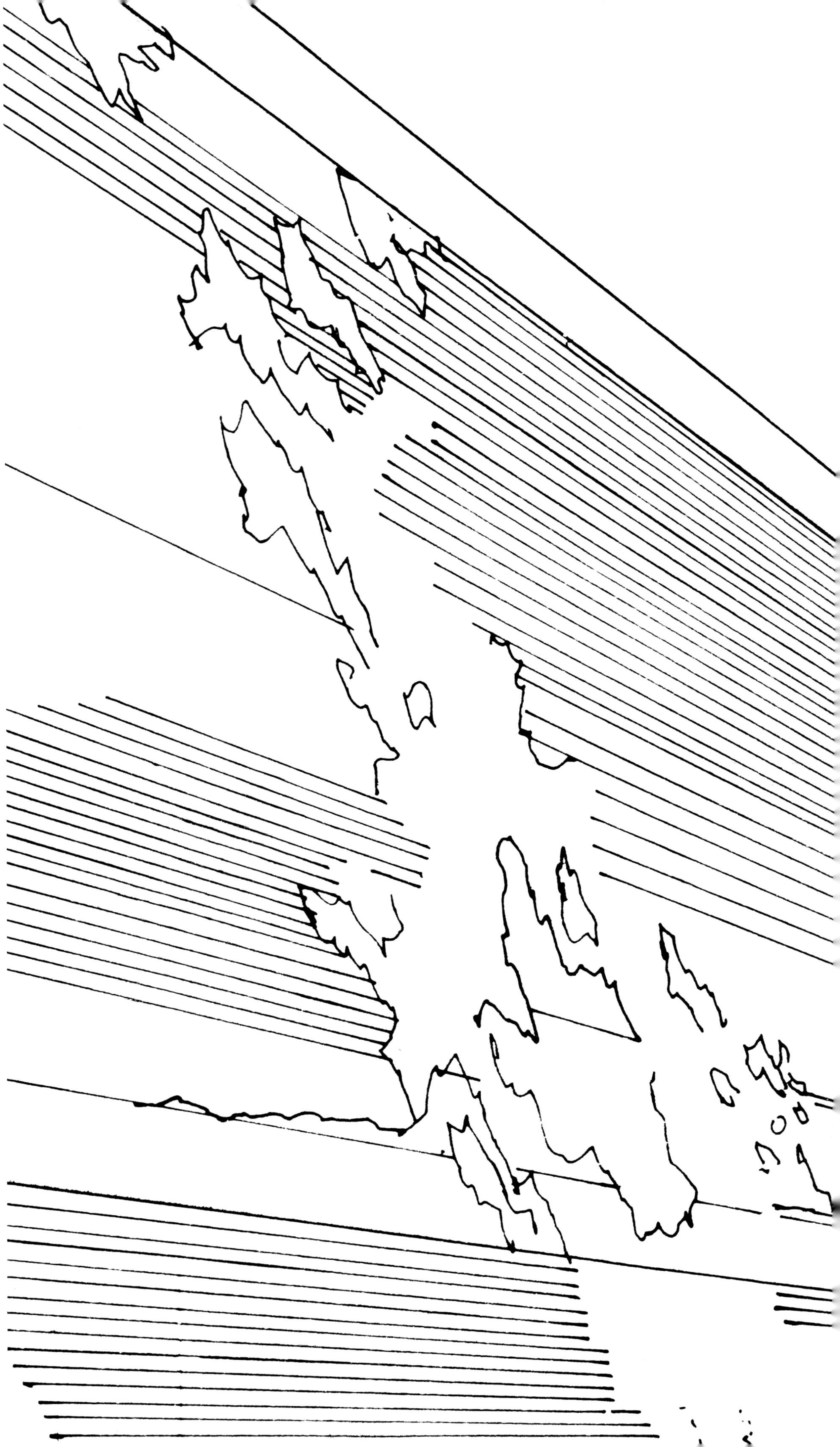

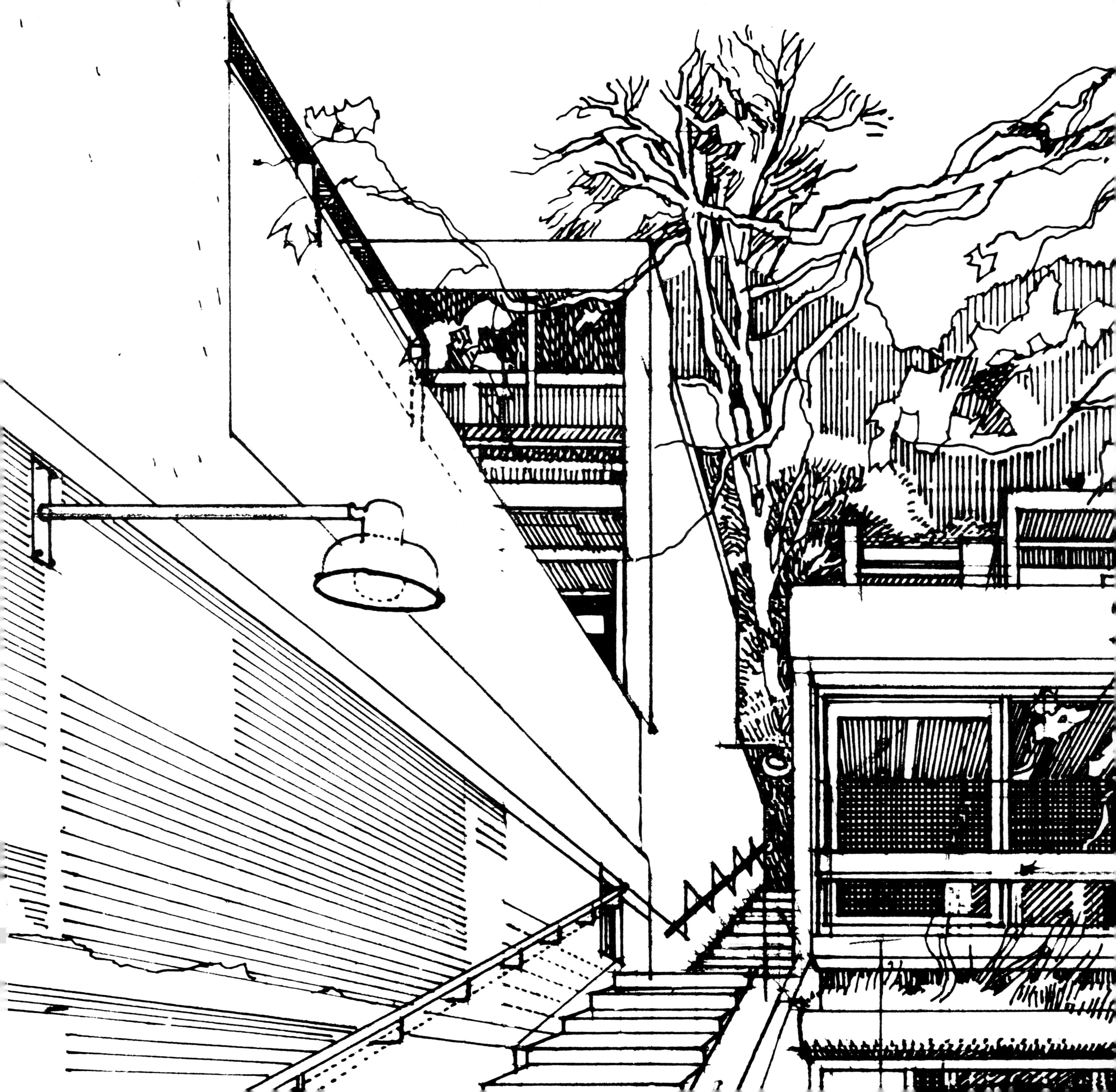

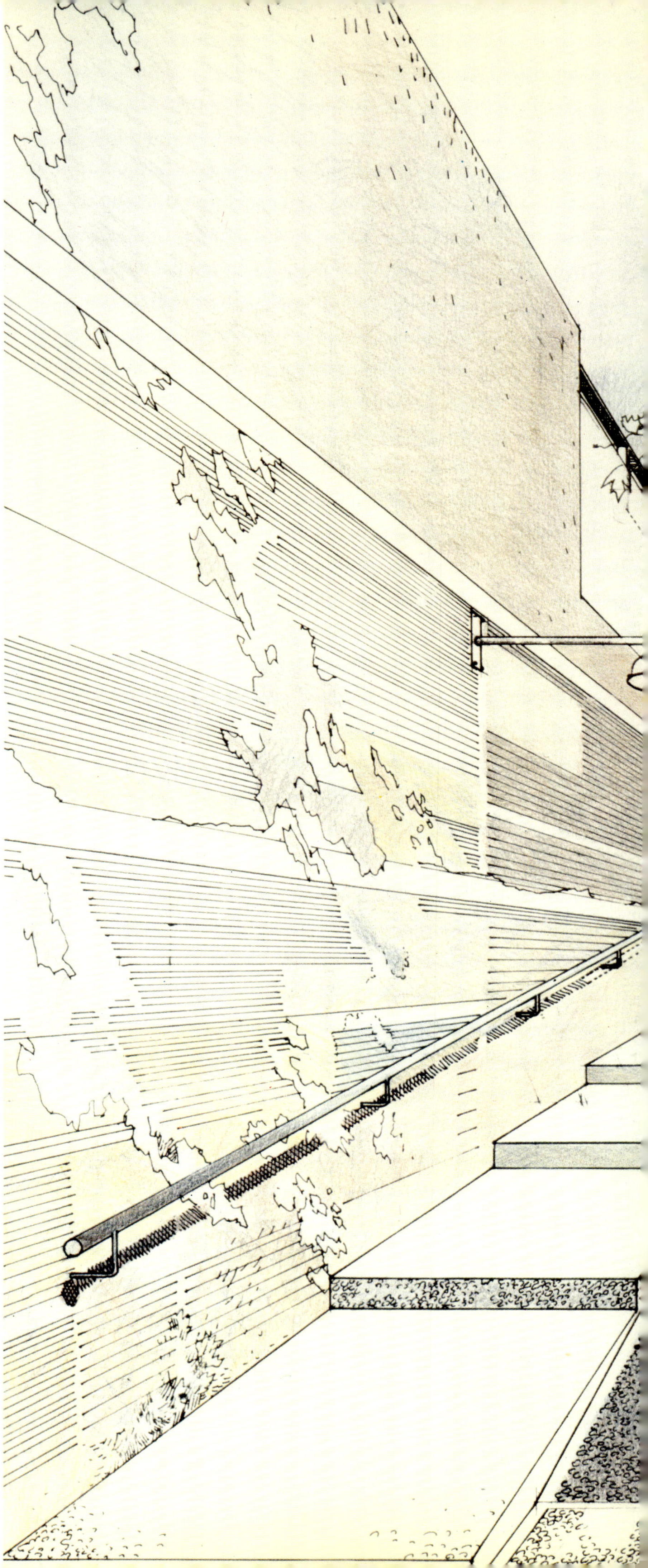

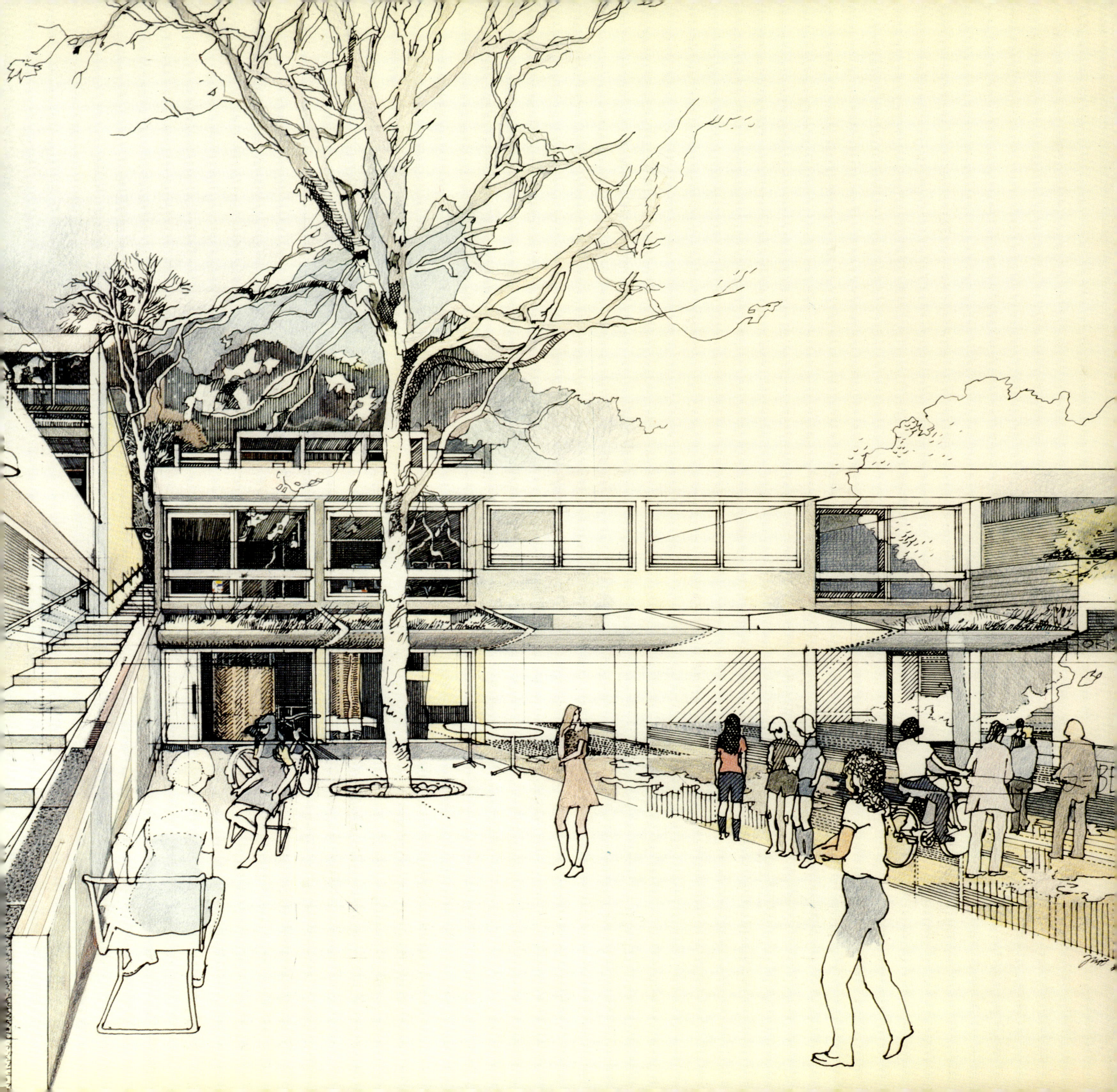

ROMA

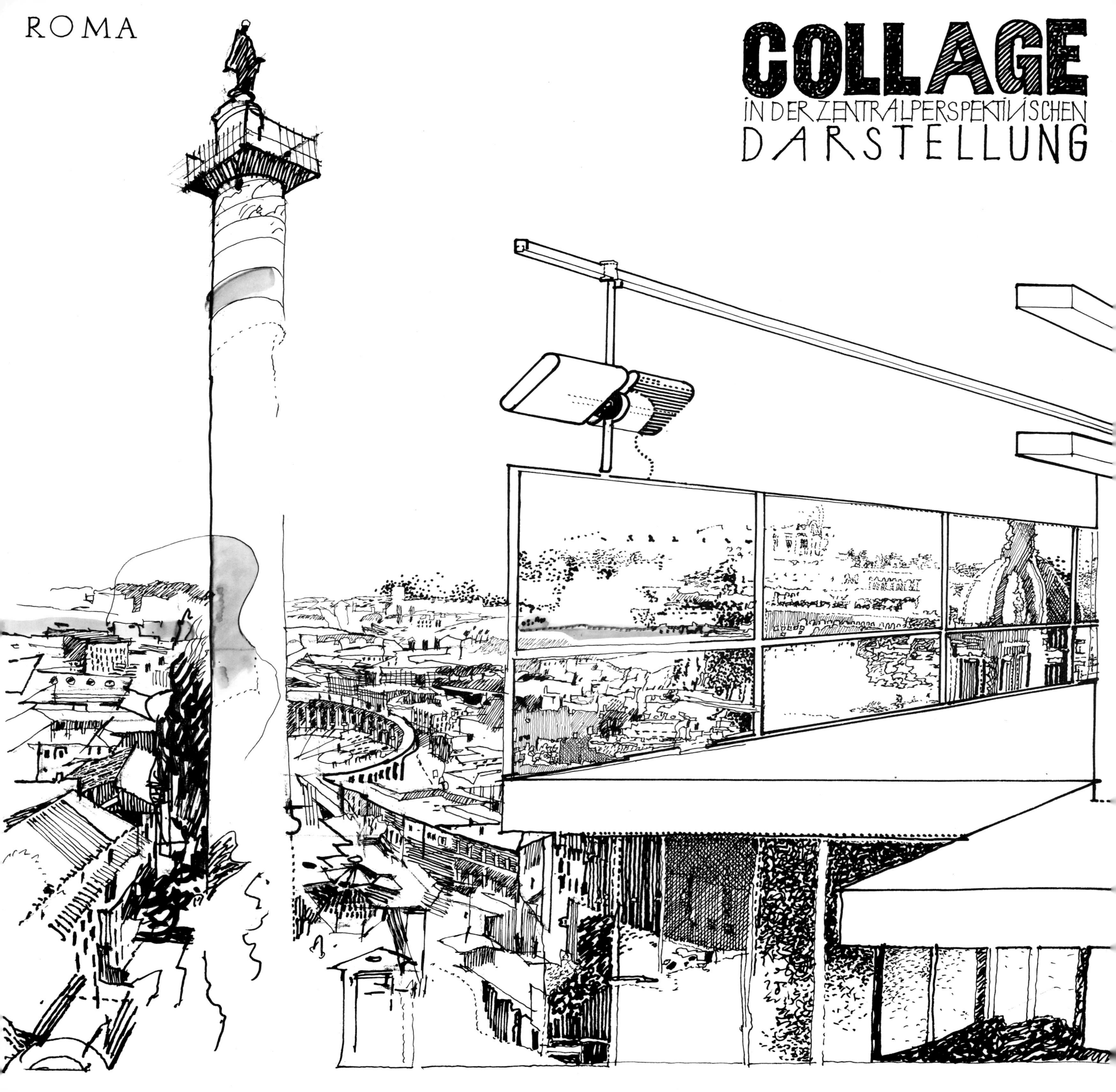

COLLAGE
in der zentralperspektivischen
DARSTELLUNG

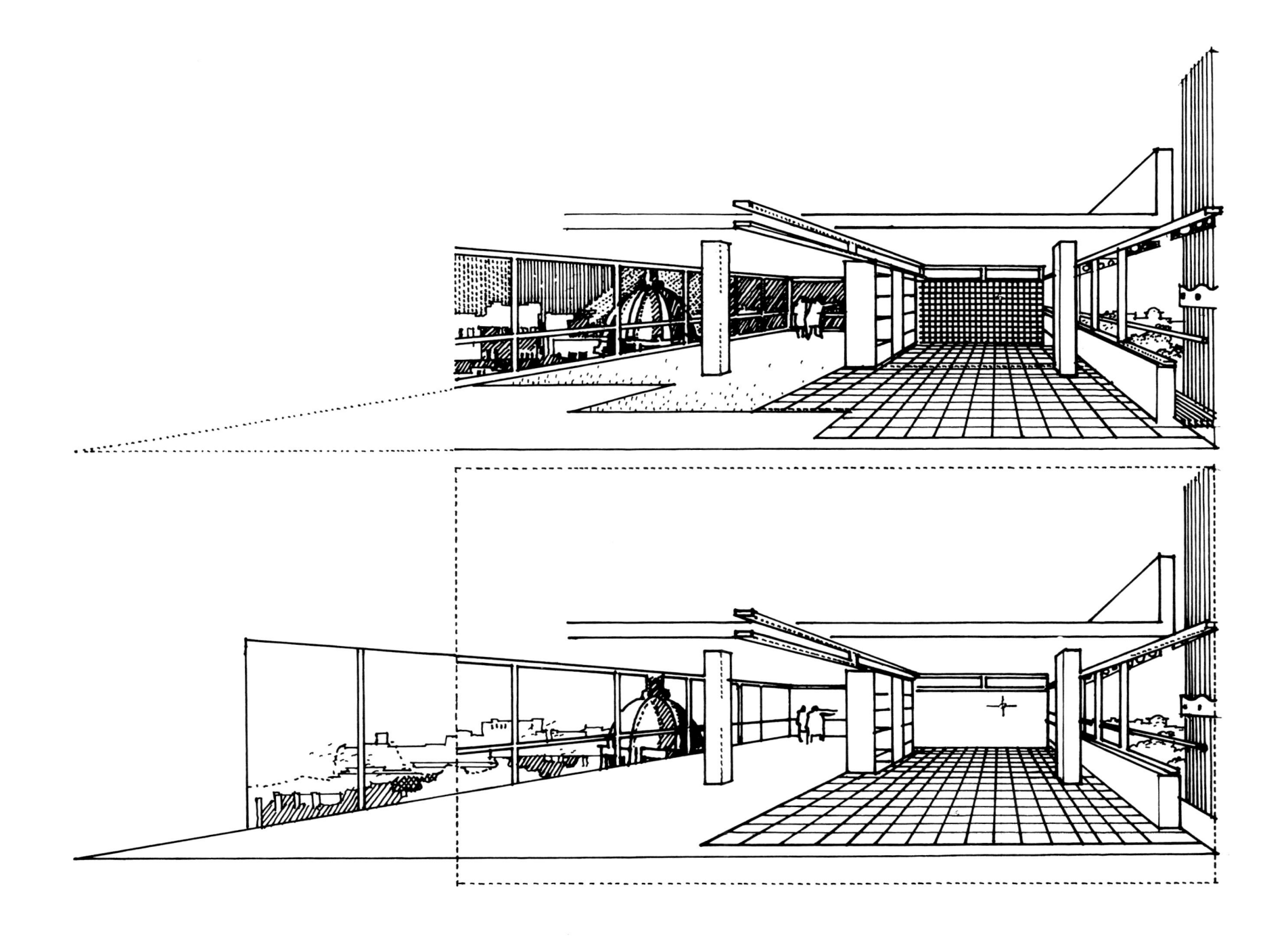

Die Übermittlung des atmosphärischen Zusammenhangs, in dem sich ein Gebäude befindet, ist neben der Darstellung der Architektur selbst ein wesentliches Anliegen der Architekturperspektive. Hierfür ist die Collage, das heißt das Montieren von Ausschnitten fertiger Bilder bzw. Fotografien ein längst erprobtes, immer wieder effizientes Hilfsmittel. Die Bandbreite bei der Verwendung von Collagen geht bis zur Verwendung einzelner Worte, deren Inhalte und typografische Formen bestimmte Assoziationen vermitteln.
Im vorliegenden Fall geht es um die Darstellung einiger Büroachsen in einem Verwaltungsgebäude. Bei der Erfassung der innenräumlichen Situation ist es jedoch wichtig, gleichzeitig auch etwas von der architektonischen Charakteristik des Äußeren des Gebäudes auszusagen. Dazu verhilft der Schnitt durch die Außenwand, mit dem die Art des Fassaden-Designs gezeigt werden kann.
Die zentralperspektivische Ergänzung des Gebäudeschnitts im Vordergrund stellt die ausreichende Basis für die Herstellung der räumlichen Situation dar. Hinzu kommt allerdings ein wesentlicher gestalterischer Gesichtspunkt:

nämlich die Einbeziehung eines Großteils der Geschoßebene in das Bild. Dies geschieht, indem der »Innenausbau« nur auf eine kleine Fläche beschränkt ist, während die übrige Bodenplatte leer bleibt. Dadurch ergibt sich ein Rundumblick, der dem Zeichner die Möglichkeit gibt, Aussagen über die Charakteristik der Umgebung, in diesem Fall die der Großstadtstruktur von Rom, zu machen.

Auf der linken Seite des Bilds werden in die Fensterfront typische Fotos der Großstadt montiert, während auf der rechten Bildhälfte die »Horizontalfortsetzung« in freier zeichnerischer Form erfolgt. Natürlich hätte man auch hier in der Collagetechnik fortfahren können, doch wollte der Verfasser mit dem Hochhaus zur Rechten und der Freigabe des Blicks auf den Fußgängerbereich die atmosphärische Wirkung noch differenzierter steuern als dies mit der alleinigen Verwendung einer Fotomontage möglich gewesen wäre.

Noch zwei Hinweise, zunächst hinsichtlich des Bildausschnitts: Die Bodenfläche der Geschoßdecke wird zentralperspektivisch »abgetreppt«, da sonst eine übertrieben eingezogene Flächenspitze auf der linken Bildseite entstehen würde.

Für den »Innenausbau« genügen ganz wenige Detailaussagen, die jedoch für die Gestaltungscharakteristik wichtig sind:
1. das Schrankinnenwandsystem mit dem darüberlaufenden Lichtband
2. das Beleuchtungssystem mit der genaueren Angabe des Designs von Einzelleuchten
3. die Büroschreibtische mit den dazugehörigen Sesseln.

Figuren sind für die Maßstäblichkeit der Zeichnung und als Auflockerungselemente empfehlenswert.

Im Zentrum der Perspektive bildet der rückwärtige Raumabschluß mit dem grafischen Rasternetz einer Glasbausteinwand einen Grauwert, der inmitten der vielen Lineaturen für die räumliche Bildwirkung wichtig ist.

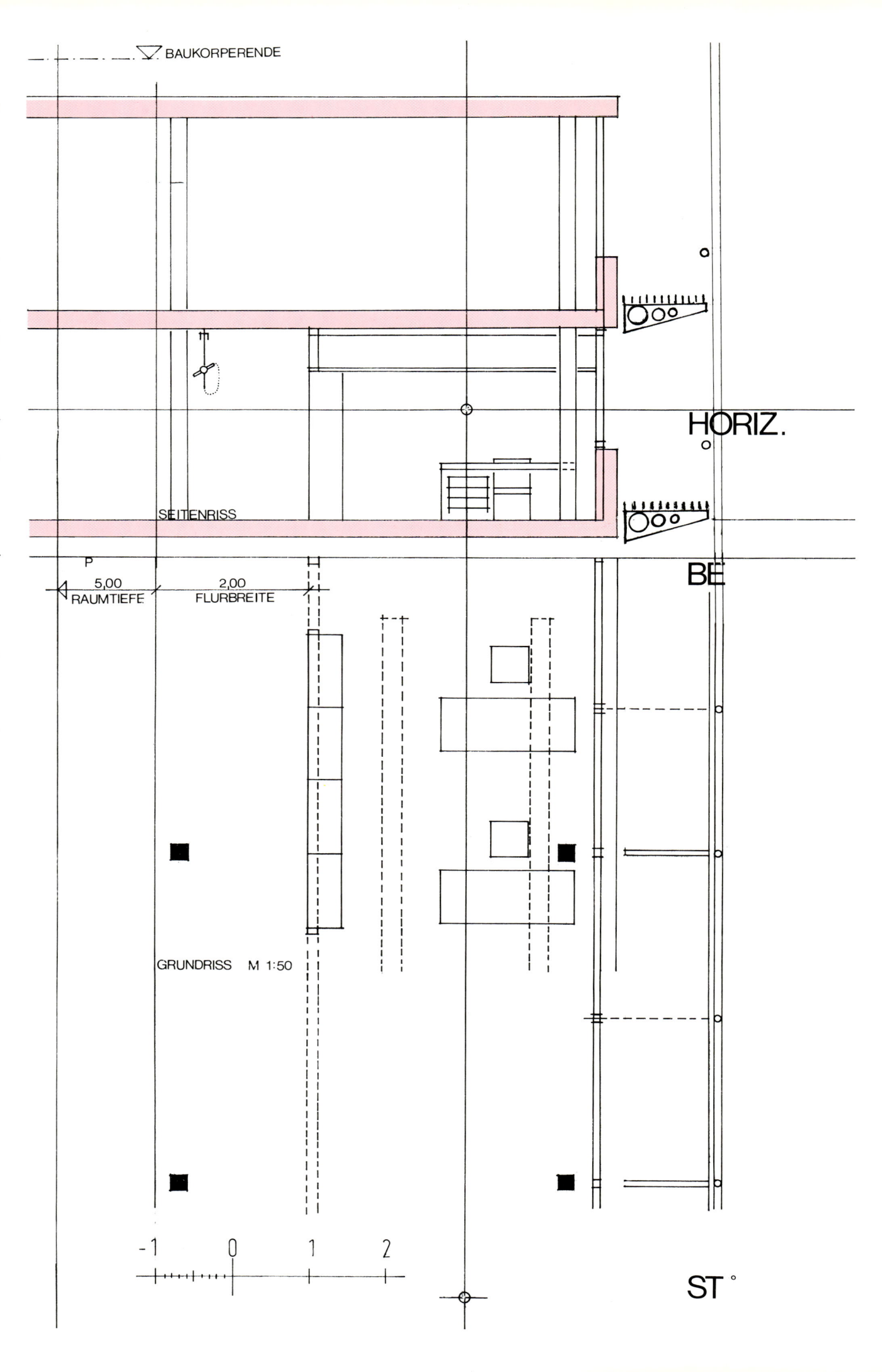

PERSPEKT.
GRUNDRISS

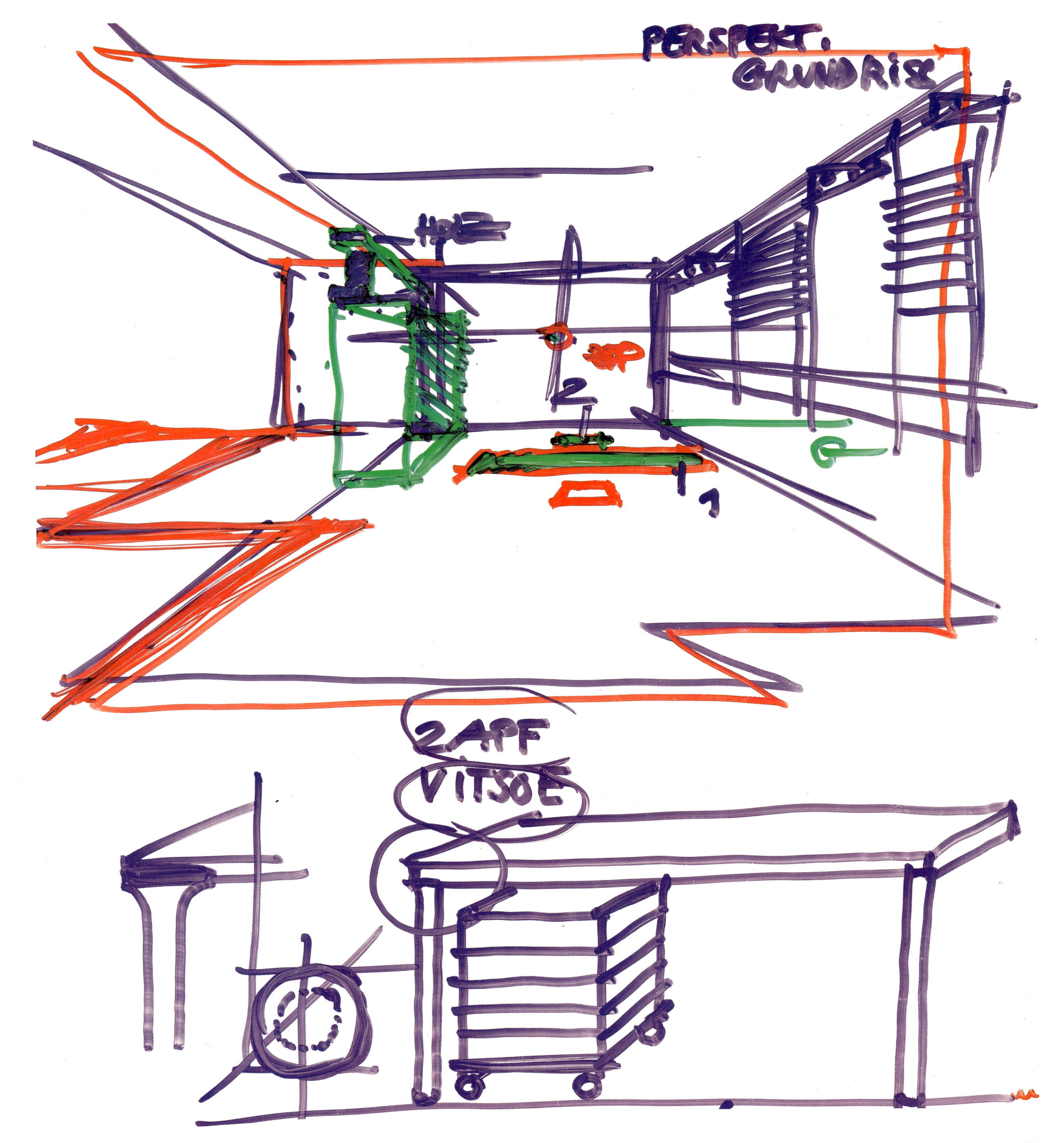

ZAPF
VITSOE

Besides the depiction of the actual architecture of a building, the communication of the atmospheric ambient is one of the most important aspects of architectural perspective. A well-tried method of achieving this, and an effective device in many cases, is the use of collage technique – the montage of ready-to-hand picture motifs such as photographs. The range of elements and media suitable for use in collage can even extend to single words, the contents and typographical forms of which spark off certain associations.

In the present example one is concerned with the depiction of an office tract in an administrative building. In drawing the interior situation, it is important to say something about the architectural character of the exterior of the building too. The section through the external wall helps in this respect by showing the nature of the façade design.

The central perspective extrapolation of the cross-section of the building in the foreground provides an adequate basis for the depiction of the spatial situation. One major aspect of this layout has to be taken into consideration, however: the inclusion in the drawing of a large area of the floor. It is treated in such a way that the »internal finishings« are confined to a small area, leaving the rest of the floor slab empty. This results in a panoramic view that allows the draughtsman to make various statements about the characteristics of the surrounding area – in this case the metropolitan structure of Rome.

On the left-hand side of the picture in the window areas a montage of typical photos of the capital is introduced. The »horizontal continuation« of this on the right-hand side of the perspective takes the form of a freely drawn cityscape. The collage technique could have been continued here too, of course, but the tower block to the right and the view to the pedestrian zone below allowed a greater degree of control over the atmospheric effect than would have been possible with the use of photo montage alone.

Two further points should be made. Firstly, in the view shown, the floor is stepped back in the central perspective to avoid an exaggerated acute angle in the left-hand corner.

It is necessary to show only very few details of the internal finishings and fittings. Those shown, however, are important in capturing the characteristics of the design:

1. the cupboard partition system with the glazing strip above;
2. the lighting system with precise detailing of the design of the individual light fittings;
3. the office desks and chairs.

The figures are recommended to lend a sense of scale to the drawing and to introduce an element of relief. The graphic grid of glass blocks forming the rear-wall closing element to the space, at the centre of the perspective, establishes a grey tone that contrasts with the many linear components surrounding it. As such it makes an important contribution to the spatial effect of the drawing.

⑦ 5/6

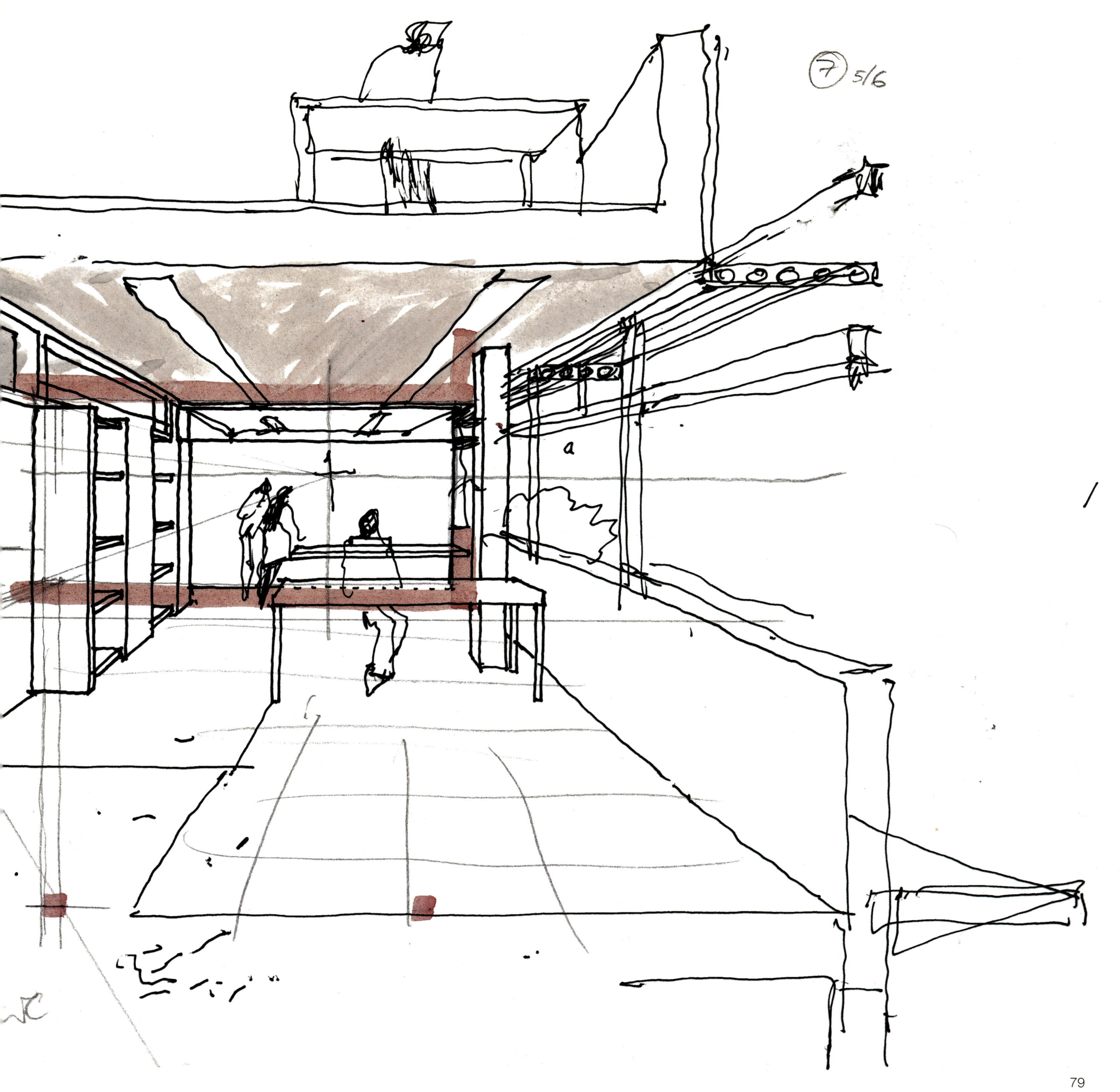

Laura Biagiotti

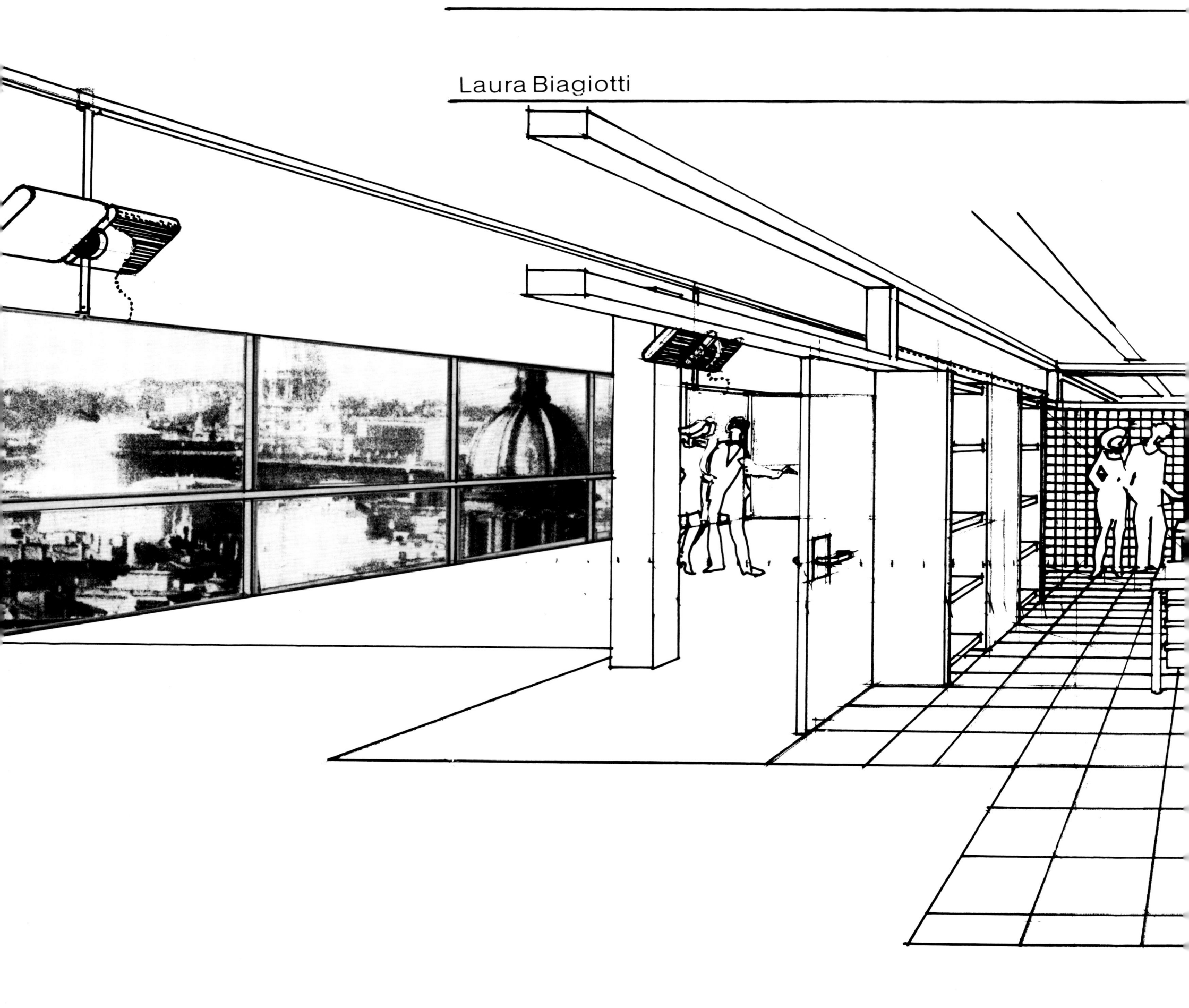

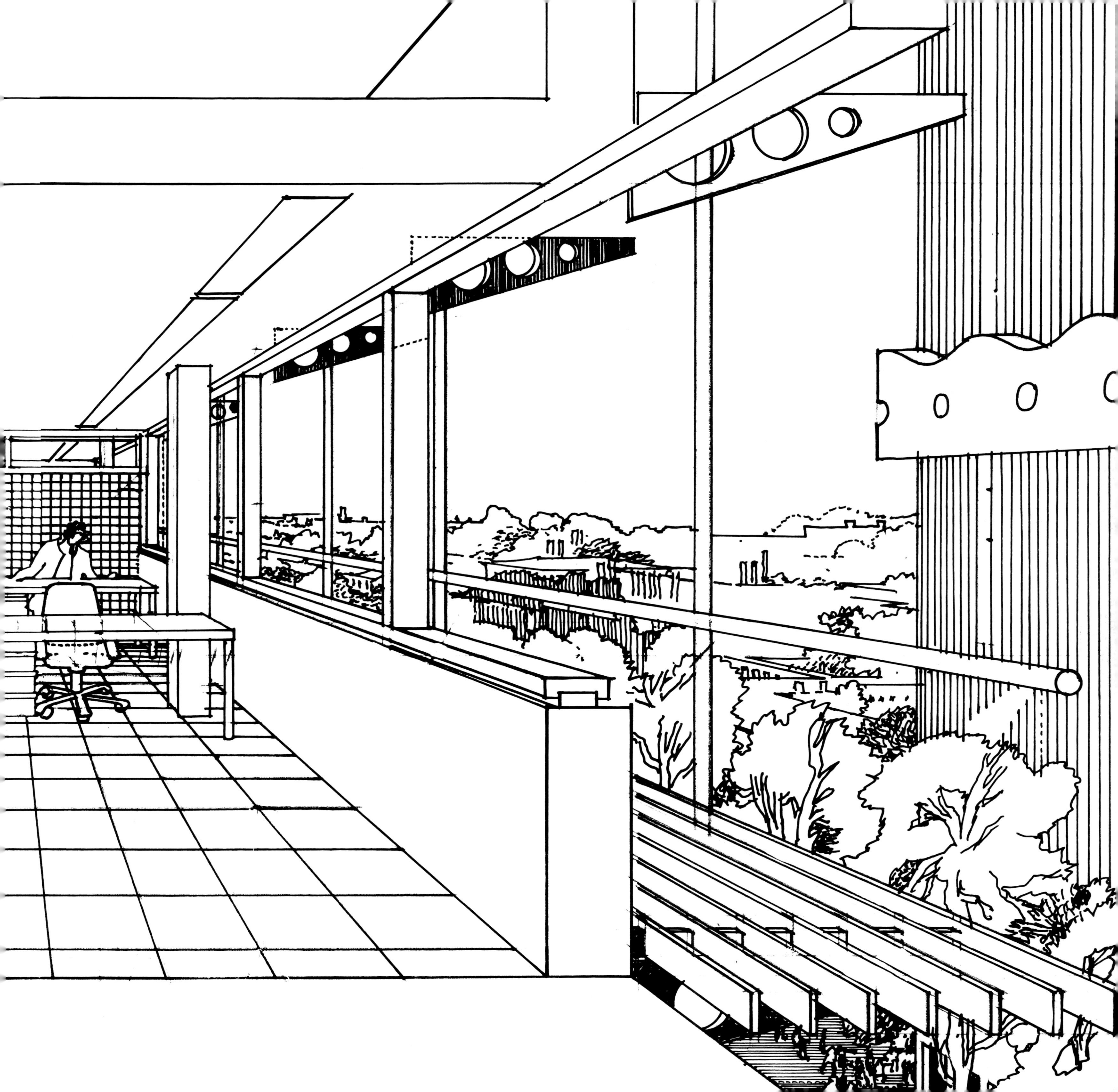

RAUM + STRUKTUR

Ein Thema, das nach Anspruch klingt; man könnte es ebenso abwandeln: die Innenraumzeichnung und ihre strukturellen Möglichkeiten. Das Motiv ist eine kleine Café-Bar innerhalb eines Hallenbads in Japan. Die Überdachung mit einer Schalenrundung, die im Querschnitt die Dreiviertelfläche eines Kreises darstellt, ist für einen solchen Gebäudetypus ausgefallen; hinzu kommen unverkleidete Stahlträger mit vielen Flanschen, Stegen und Nietenverbindungen.

Die drei abgebildeten Zeichnungen stellen verschiedene Etappen der zeichnerischen Bearbeitung dar. In ihrer Art können sie alle, selbst die kleine Strichskizze, als ausreichende visuelle Beschreibung des Raums und seiner Struktur angesehen werden. In der Zwischenstufe wird mit der Einzeichnung der typisch japanisch gestylten Möbel experimentiert, während in der Endstufe versucht wird, mit Hilfe der Grauwerte die räumlich-plastische Wirkung zu steigern. Wichtig dabei ist, den flächenmäßigen Grauwertanteil an der Gesamtzeichnung in die richtige Balance zu bringen, das heißt, ihn nicht zu groß werden zu lassen, da dies sich sonst ungünstig auf den gesamten Bildausdruck auswirkt. Dabei denke ich insbesondere an die gekrümmte Dachflächenuntersicht, bei der es einerseits darauf ankommt, die Struktur der gewellten Paneele darzustellen und auch am Ende des geschlossenen Raums die Decke gegenüber der Außenzone abzudunkeln; andererseits ist im Vordergrund und auf der linken Seite der Schale eine Aufhellung im Sinne der Gesamtbildwirkung unverzichtbar.

Space and Its Structure

The subject sounds demanding. One could also express it in another way: drawings of interior spaces and their structural scope. In this case, the subject is a small café-bar in a swimming-pool complex in Japan. The soffit, with its tunnel-like curvature, representing three-quarters of a circle in section, is unusual for a building of this type. In addition there are exposed steel beams with a great number of flanges, webs and riveted connections. The three drawings included here show different stages in the graphic treatment of this space. All of them, in their own way, even the small line sketch, can be regarded as adequate visual descriptions of the space and its structure. The intermediate stage experiments with the inclusion of the typical, Japanese-style furniture. The final stage is an attempt to bring out the three-dimensional, spatial effect with the use of grey tones. In this respect it is always important to achieve the correct balance of grey surface values over the drawing as a whole; in other words, not to allow them to become excessive and have an adverse effect on the overall pictorial expression. I am thinking particularly of the curved soffit. On the one hand, one is concerned with reproducing the texture of the corrugated panels and creating a contrast between the darker rendering of the ceiling at the end of the room in comparison with the external realm. On the other hand, in terms of the overall pictorial effect, it is essential to leave certain areas of the curved soffit lighter in shading – in the foreground and on the left-hand side.

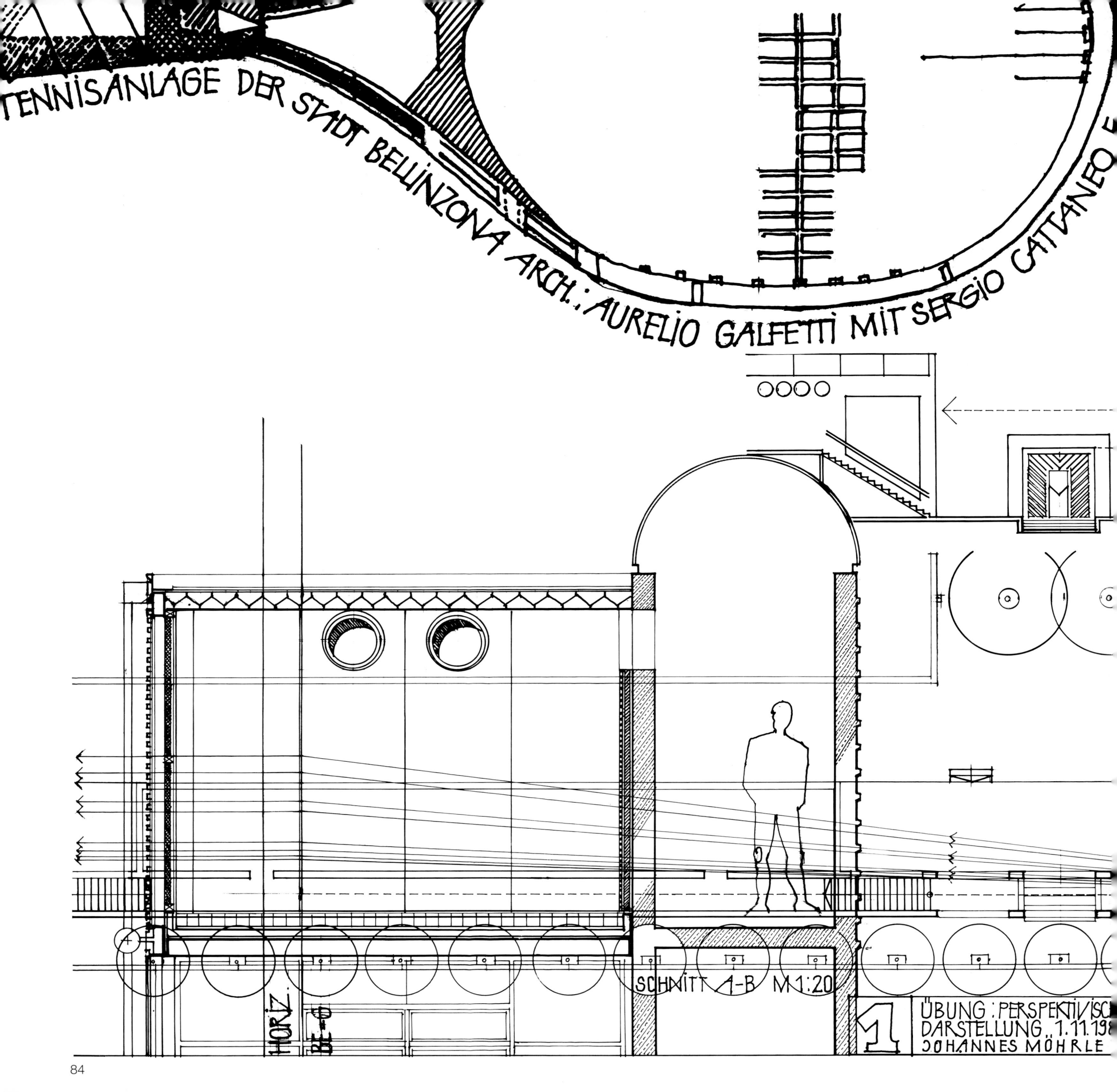

TENNISANLAGE DER STADT BELLINZONA ARCH.: AURELIO GALFETTI MIT SERGIO CATTANEO

SCHNITT A-B M 1:20

ÜBUNG: PERSPEKTIVISC[HE]
DARSTELLUNG 1.11.19[..]
JOHANNES MÖHRLE

THE TENNIS-COURTS OF THE CITY OF BELLINZONA - AURELIO ARCH. GALFETTI

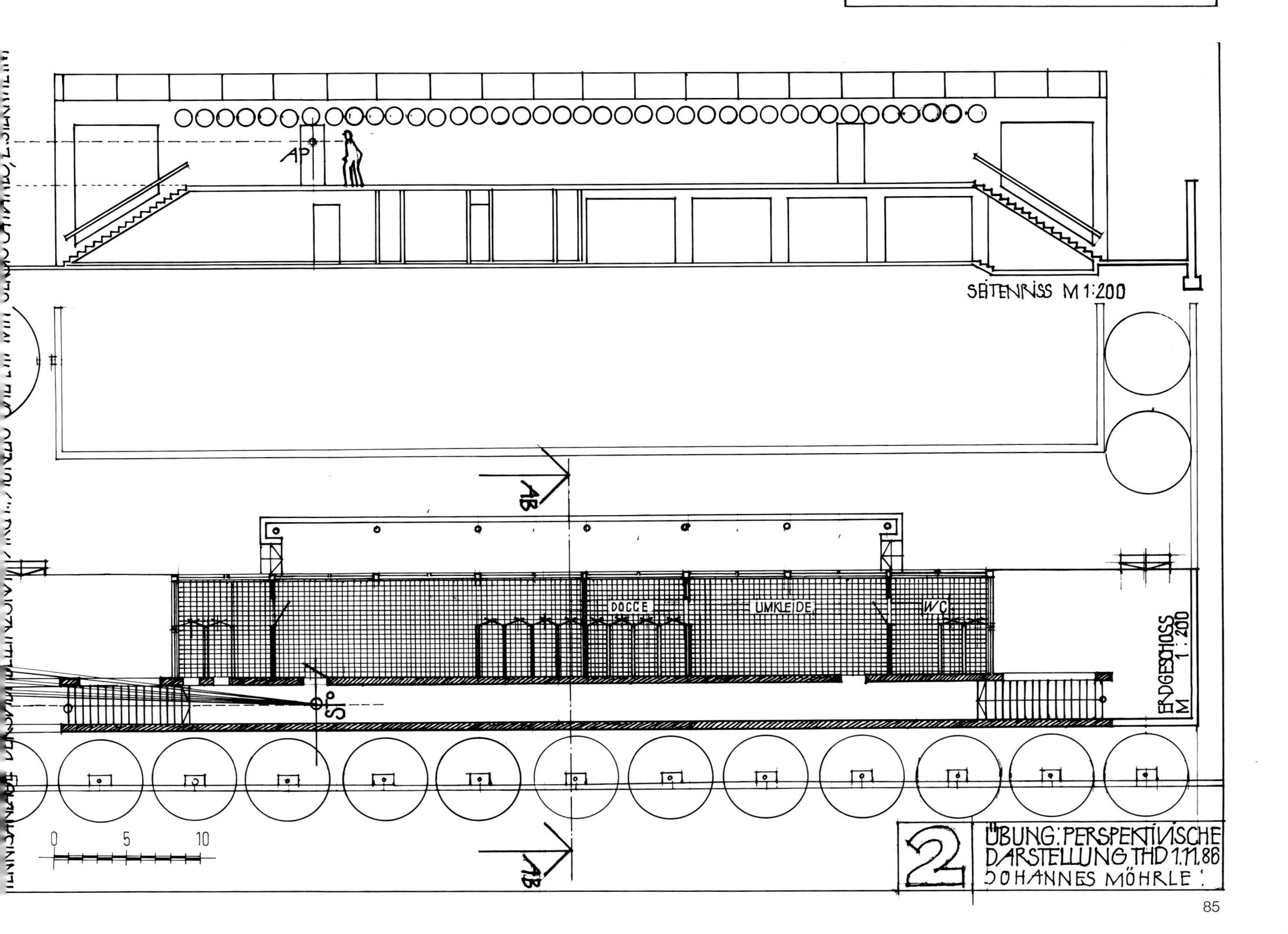

SEITENRISS M 1:200

ERDGESCHOSS M 1:200

DOCCE UMKLEIDE WC

2 | ÜBUNG: PERSPEKTIVISCHE DARSTELLUNG THD 1.11.86
JOHANNES MÖHRLE

HORIZONT
BILDEBENE = ε

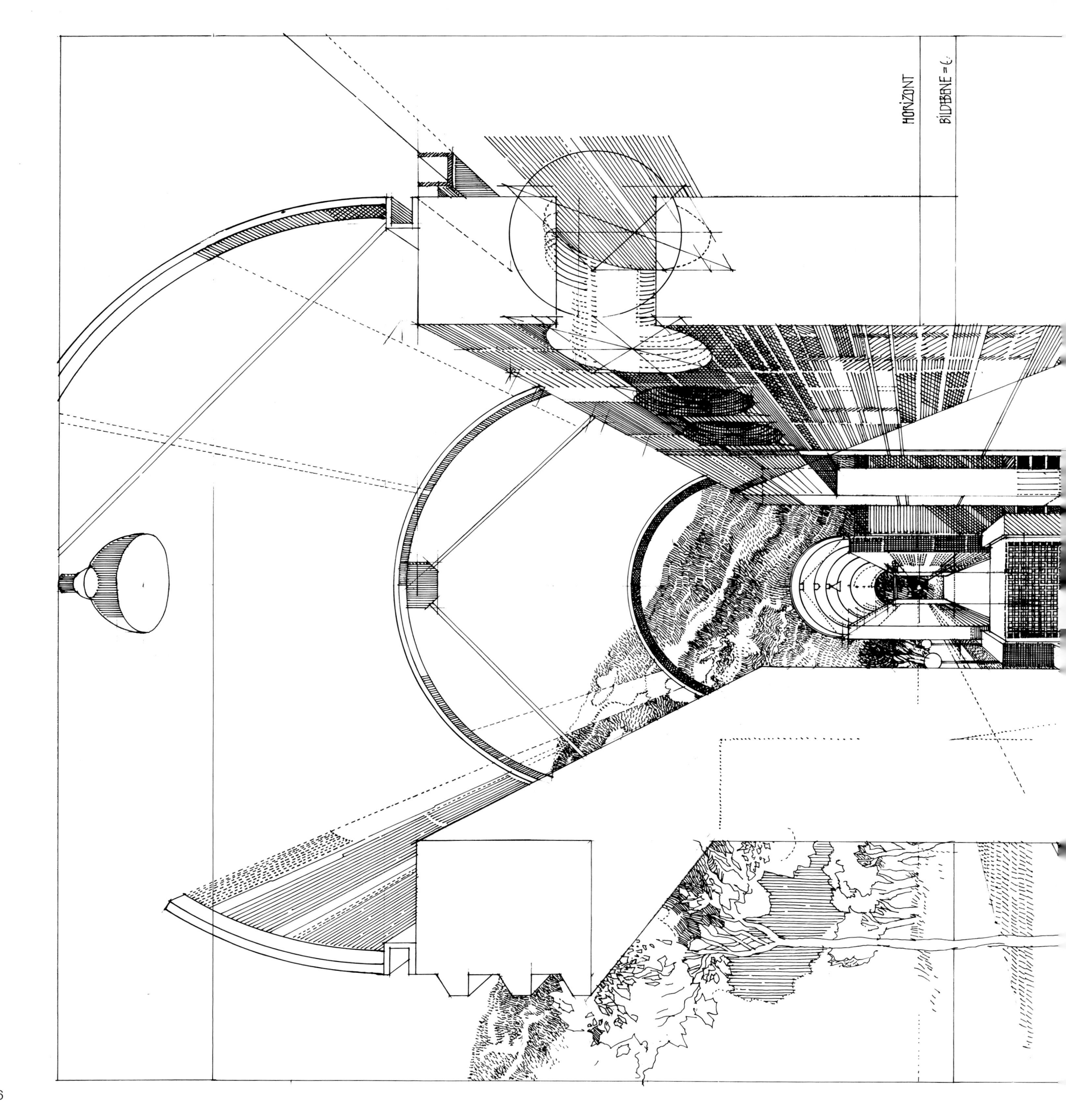

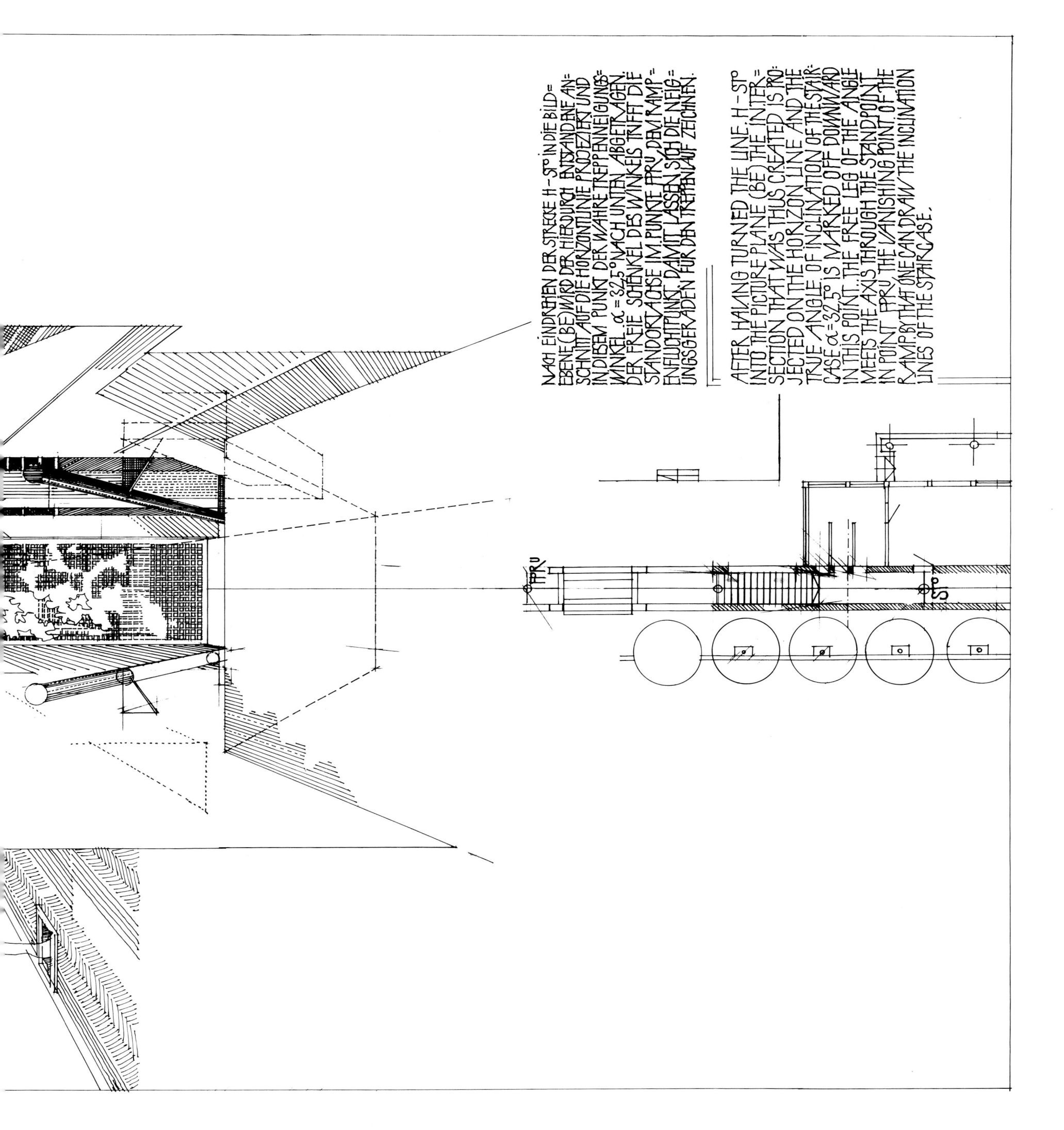

NACH EINDREHEN DER STRECKE H−ST° IN DIE BILD= EBENE (BE) WIRD DER HIERDURCH ENTSTANDENE AN= SCHNITT AUF DIE HORIZONTLINE PROJIZIERT UND IN DIESEM PUNKT DER WAHRE TREPPENNEIGUNGS= WINKEL $\alpha = 32,5°$ NACH UNTEN ABGETRAGEN. DER FREIE SCHENKEL DES WINKELS TRIFFT DIE STANDORT-ACHSE IM PUNKTE FPR U, DEM RAMP= ENFLUCHTPUNKT, DAMIT LASSEN SICH DIE NEIG= UNGSGERADEN FÜR DEN TREPPENLAUF ZEICHNEN.

AFTER HAVING TURNED THE LINE. H−ST° INTO THE PICTURE PLANE (BE) THE INTER= SECTION THAT WAS THUS CREATED IS PRO= JECTED ON THE HORIZON LINE AND THE TRUE ANGLE OF INCLINATION OF THE STAIR= CASE $\alpha = 32,5°$ IS MARKED OFF DOWNWARD IN THIS POINT. THE FREE LEG OF THE ANGLE MEETS THE AXIS THROUGH THE STANDPOINT IN POINT FPR U, THE VANISHING POINT OF THE RAMP, BY THAT ONE CAN DRAW THE INCLINATION LINES OF THE STAIRCASE.

Das Ungewöhnliche dieser Anlage ist das Clubhaus. Es ist in einem langen, über die gesamte Grundstücksbreite reichenden zweigeschossigen Baukörper untergebracht. Club- und Verwaltungsräume liegen im Erdgeschoß, während die Duschräume im Obergeschoß angeordnet sind. Bei der Grundkonzeption wurde von einer Mittelachse als Erschließungstrasse ausgegangen, die nicht nur die acht Tennisplätze in zwei Vierergruppen aufteilt, sondern auch im Grundrißgefüge eine strenge Teilung des Clubhausrings in zwei Funktionselemente vornimmt.
Zur Straße hin wird das Ganze durch eine kräftige, horizontal strukturierte Betonmauer zusammengezogen, die jedoch in der Eingangsachse und an den beiden Enden auf die halbe Höhe herabgezont ist.
Das Interessante an der Lösung ist die offene Erschließung der Naßräume im Obergeschoß über einläufige Treppen, wobei der Erschließungsraum lediglich von Plexiglastonnen überdacht wird. Bei der Wahl des Standorts im ersten Obergeschoß auf dem Gang vor den Duschräumen ist der Blick in Richtung auf den benachbarten Garderobentrakt, über den abgesenkten Portikusbereich hinweg, besonders reizvoll. Er wurde deshalb auch als Motiv für eine Zentralfluchtung ausgesucht.

KONSTRUKTION

Bei dem vorliegenden Beispiel empfiehlt es sich, infolge der schmalen räumlichen Situation des Gangs die Tiefeneinteilungen mit Hilfe des Diagonalfluchtpunkts vorzunehmen. Zur Konstruktion des Treppenneigungswinkels ist zuvor der zugehörige Neigungsfluchtpunkt des Treppenlaufs zu ermitteln (siehe Beispiel S. 86).
Infolge der vom Zeichner festgelegten Höhe des Standorts ist der nach unten führende Treppenlauf im perspektivischen Bild nicht erkennbar; dieser wird vielmehr durch die im gleichen Neigungswinkel verlaufenden Handläufe markiert.

DARSTELLUNG

Ein wesentlicher Teil der Darstellung wird bereits durch die Auswahl des Motivs abgedeckt. Die plastische Herausarbeitung der Baukörper beziehungsweise Bauteile erfolgt wieder durch den entsprechenden Einsatz der Grauwerte. So ist die im Hintergrund sich abzeichnende Berglandschaft des Tessins wichtig zur Deutlichmachung des Erschließungsgangs.
Dabei soll auf mehrere Gesichtspunkte hingewiesen werden:
1. Der Bergrücken als Hintergrundgrauwert muß durch die Anwendung verschieden gerichteter Schraffurlagen und durch die Aussparung weißer Flächen überzeugend strukturiert sein.
2. Die linke Mauerscheibe des Gangs wird von ihrer Schnittstelle ausgehend in Richtung des Fluchtpunkts zentral ausgeklinkt, um infolge der bewußten Beschränkung der Bildbreite noch etwas von der Umgebung (Straßenraum vor dem Gebäude) in das Bildgeschehen miteinzublenden. Gemeint sind damit die Ergänzung des Bergrückens und von einem der Bäume, die in Reihung längs der Bürgersteigkante gepflanzt sind.

Die Darstellung des Sichtbetons ist sicherlich nicht unwichtig; sie sollte **horizontale Strukturen** im Sinne einer dadurch verstärkten Tiefenwirkung berücksichtigen. Bei der Verteilung der Grauwerte wird eine Öffnung in der Wandfläche dadurch deutlich gemacht, daß die Öffnung selbst dunkel angelegt ist, während die umgebenden Flächen weiß bleiben. Um dies bei der rechts vom Standort befindlichen Wandfläche zu erreichen, muß die vorher begonnene Strukturierung mit einer in ihrer Richtung frei angenommenen Begrenzungslinie rechtzeitig ihr Ende finden.
Von Bedeutung sind gerade bei einer Zentralperspektive die grafische Bearbeitung der Elemente der Zeichnung, die in Bildmitte, also in der Nähe des zentralen Fluchtpunkts, liegen. So ist die zeichnerische Behandlung des Rasternetzes, das sich zwischen den beiden Torrahmen spannt, wichtig. Das Rastermotiv darf jedoch nicht schematisch durchgezeichnet werden, sondern es sollten Aussparungen und Vereinfachungen in der Fläche erfolgen, damit ein »Totreiten« eines Ornaments bzw. Motivs vermieden wird.
Der zentrale Fluchtpunkt liegt, bezogen auf die sonstigen Grauwerte, auf der dunkelsten, beinahe schwarzen Fläche; dadurch erreicht man eine zentralperspektivische tiefengerichtete Akzentuierung des Bildgeschehens.

The unusual element of this complex is the clubhouse. It is accommodated in an elongated, tow-storey, linear structure stretching across the entire width of the site. The club areas and administration are situated on the ground floor. The shower facilities are on the first floor. The concept was based on a central axis serving as an access route. This not only divides the eight tennis courts into two groups of four. It also establishes a strict division in the layout of the clubhouse into two functional realms.

On the street face the development is tied together by a bold, horizontally structured concrete wall that is stepped down to half its height at the intersection with the entrance axis and at the two ends.

One of the most interesting feature of the design is the open access to the wet (sanitary) areas on the upper floor via single-flight staircases. The access space itself is covered by a Plexiglas barrel-vault roof. The view along the corridor on the upper floor in front of the shower rooms, looking towards the adjoining cloakroom tract over the sunken entrance portico, is particularly attractive. It was therefore chosen as the subject of this central perspective drawing.

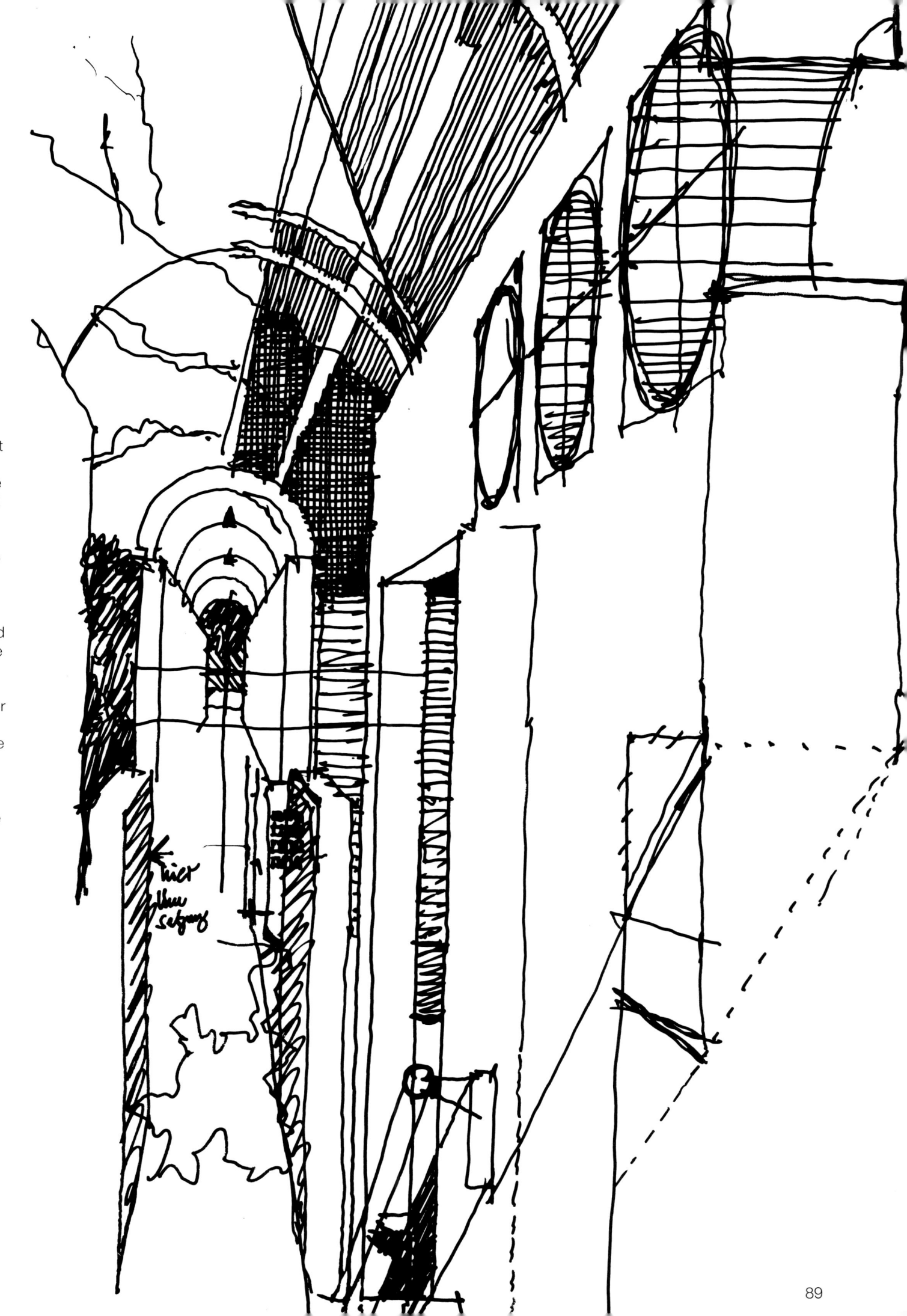

CONSTRUCTION

In view of the narrow corridor space in the present example, it is advisable to construct dimensions of depth with the help of a diagonal vanishing point. Before constructing the angle of inclination of the flight of stairs, the vanishing point for this sloping plane must also be determined (see example page 86).

The height of the standpoint chosen by the draughtsman means that the descending flight of stairs is not visible in the perspective drawing, although it is indicated by the handrail, set at the same angle as the stairs.

FORM OF REPRESENTATION

A major element of the depiction is already determined by the choice of motif. The three-dimensional articulation of the structure of the building and its individual elements is again best achieved by a considered use of grey tones. The outlines of the Ticino mountain landscape in the background are, therefore, important in bringing out the form of the access corridor.

In this respect attention should be paid to the following points.

1. In using the range of mountains to create a grey background tone, a convincing texture must be achieved with layers of hatching in different directions broken by white, unshaded areas.
2. In view of the deliberate limitation of the picture width, the wall on the left-hand side of the corridor is cut away in the middle, from the point where the cross-section is drawn, in the direction of the vanishing point. Elements of the surroundings and the street space outside the building can thus be drawn into the picture. These include the continuation of the mountains, and one of the trees that are planted in a row along the edge of the pavement.

The depiction of the exposed concrete is certainly not an insignificant factor either. By indicating the horizontal structuring the sensation of depth can be enhanced. An opening in the wall is emphasized by darker shading, leaving the surrounding surfaces white. To achieve the same effect with the wall on the right of the drawing, the textural treatment of the surface should be brought to a timely end by a straight line, the direction of which can be freely determined. Of special significance in a central perspective drawing is the graphic treatment of the elements in the middle of the picture; i.e. those close to the central vanishing point. The grid-like network between the two framing portals is therefore important here. The grid pattern should not be drawn too regularly. Areas should be left free and the intensity of the treatment should vary, in order to avoid flogging an ornamental motif to death. The central vanishing point lies in the most darkly shaded area of the drawing – it is almost black. In this way an accentuation of the sense of central perspective depth is achieved in the visual contents of the picture.

R=16.

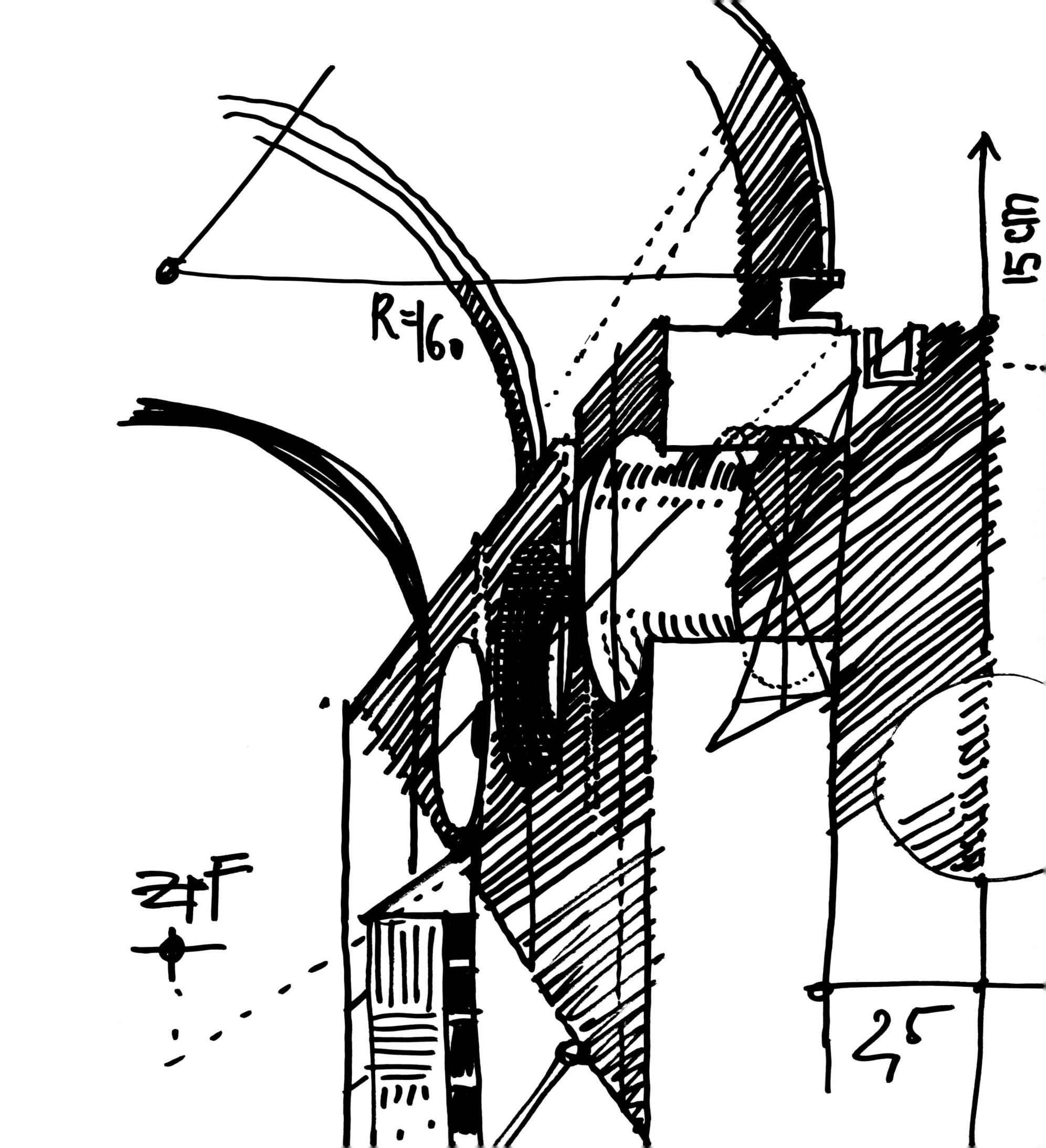

15 cm

2F

25

MESSEHOCHHAUS FRANKFURT MAIN
ARCHITEKT: OSWALD MATHIAS UNGERS

Das 130 m hohe Hochhaus in Frankfurt/Main ist nur ein Teil eines umfangreichen Bauabschnitts, den die Messegesellschaft im Zuge einer Erweiterung der vorhandenen Anlage im Jahr 1984 begonnen hat. Mit seiner unverwechselbaren Form, die an ein großes Tor erinnert, stellt es einen der markantesten Hochhausbauten dar, der den aus Westen in das Stadtzentrum einfahrenden Besucher empfängt.

Die Aufgabe, das kunstvolle Ineinanderstecken zweier Baukörper – der eine aus Glas, der andere in geschlossener, steinerner Ausführung – zeichnerisch herauszuarbeiten, hat den Perspektivezeichner gereizt.

Diese die Plastizität betonende Großform bietet sich ausschließlich für eine Übereck-Perspektive (Zweifluchtung) an. Entscheidend für das Gelingen der perspektivischen Wiedergabe einer Situation, die atmosphärisch zwischen Ausstellungszentrum und Industriebauszenerie liegt, sind die kompositionellen Überlegungen. Die Zeichnung muß einerseits die wesentlichen Teile des architektonischen Gefüges wiedergeben, andererseits darf sie die umgebenden Elemente, wie hochliegende Bundesbahntrassen mit Oberleitungsmasten und die sich anschließenden Nachbarbauten, nicht unberücksichtigt lassen. Dabei besteht die Schwierigkeit, den Blick auf den Sockelbau des Hochhauses und dessen Brückenanschluß an die Nachbarbebauung zu erhalten. Dies geschieht, indem der im Vordergrund liegende Messebau »in freier Künstlerschaft« so modelliert wird, daß in abgetreppter Form, quasi in einen Rohbauzustand versetzt, die Blicktrasse auf das Hauptgebäude freigelegt wird.

Weitere darstellerische Gesichtspunkte liegen im Bemühen um Gliederung sowie in der architektonischen, geometrischen Ordnung der Fassaden; auch die im Nachbarbereich. Die Zeichnung bleibt trotz des Bestrebens nach Genauigkeit im großen und ganzen in einem skizzenhaften Rahmen. So werden auch bewußt der für die Konstruktion untergelegte Grundriß und die zu den beiden Fluchtpunkten sich orientierenden Hilfslinien, quasi als Bestandteil der fertigen Zeichnung, belassen.

Die abgebildeten Schwarzweißskizzen zeigen die Festlegung der im Tonwert abgestuften Grautöne, mit denen erst die plastische Wirkung einer Zeichnung erreicht wird. Mit den farbigen Filzstiftskizzen soll ein kurzer Einblick gewährt werden, wie die freie farbige Skizze zum lockeren, spaßmachenden Umgang mit dem Motiv anregen kann. In Anbetracht des reizvollen Kontrasts zwischen braunfarbenem Stein und grünblau schimmernder Curtain-Wall-Fassade erfährt die schwarzweiße Strichzeichnung zum Schluß noch eine Tönung mit Farbstiften. Innerhalb des hochkantigen Zeichnungsformats wird durch eine senkrechte seitliche Begrenzung des farbig angelegten Himmels eine Steigerung der Vertikalen angestrebt, durch die gleichzeitig auch eine Verdichtung und Akzentuierung der Hochhausfigur erfolgen soll. Das Herunterziehen des vertikalen Bildausschnitts mit Hilfe des auf die Fluchtpunkte bezogenen Schriftblocks liegt im Bereich des Experimentierens und sollte nicht als ein wichtiger Bestandteil der gesamten Zeichnung gewertet werden.

The 130m-high tower block in Frankfurt-on-Main is only part of a comprehensive programme of building works begun in 1984 by the trade fair organization to extend the existing complex.
The unmistakable form of this tower block, however, resembling a giant gateway, makes it one of the most striking structures welcoming visitors to the city from the west.
The draughtsman was attracted by the task of capturing in a perspective drawing the skilful interpenetration of two volumes – one of glass, the other a closed, masonry block. This large-scale sculptural volume lends itself best to a two-point perspective treatment. Compositional considerations are crucial for a successful perspective representation of a situation such as this, set atmospherically between exhibition centre and industrial building. The drawing has to reproduce the major elements of the architectural structure on the one hand; on the other hand, it should not ignore elements such as the raised railway lines with masts for overhead cables, and the adjoining buildings. There is a certain problem in retaining a view of the plinth structure of the tower block and the linking bridge to the adjoining buildings. This can be achieved by making a »free artistic representation« of the building in the foreground, showing it in a stepped down, quasi half-finished state, thus opening up the view to the actual subject of the depiction. Another important aspect of the depiction, as with any architectural perspective, lies in finding a convincing articulation of the geometric, structural order of the façades, including the façades of the neighbouring buildings. Although every attempt is made to achieve accuracy, the drawing retains its essentially sketch-like character. The ground plan used for the construction, and the lines radiating from the two vanishing points, for example, are left in as part of the finished drawing.
The black and white sketches included here show how the intensity of the various grey shaded areas was determined, in order to accentuate the three-dimensional effect of the drawing. The felt-tip sketches are meant to provide an insight into how freehand coloured drawing can stimulate a more relaxed and enjoyable treatment of the subject. In view of the attractive contrast between the brown stone and the shimmering, green-blue curtain-wall façade, the black and white line drawing should finally be coloured with crayon or coloured pencils. The vertical format of the drawing is accentuated by vertical lines marking the edges of the coloured rendering of the sky. This also helps to achieve an intensification of the tower-like form of the building. The reduction of the vertical format through the insertion of the block of lettering at the vanishing points lies within the realm of experimentation and should not be regarded as an important element of the drawing as a whole.

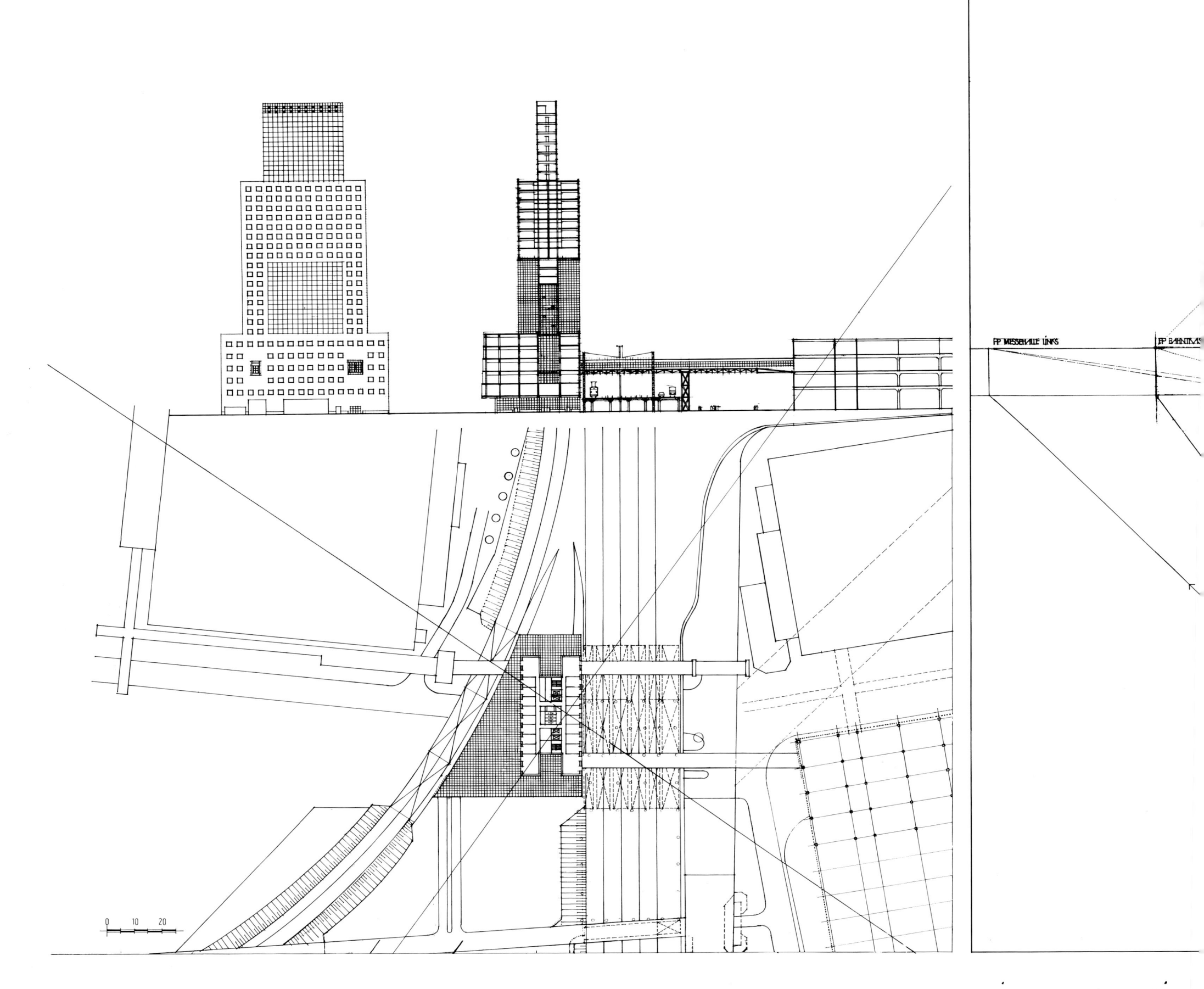

SEITE 94: GRUNDRISS

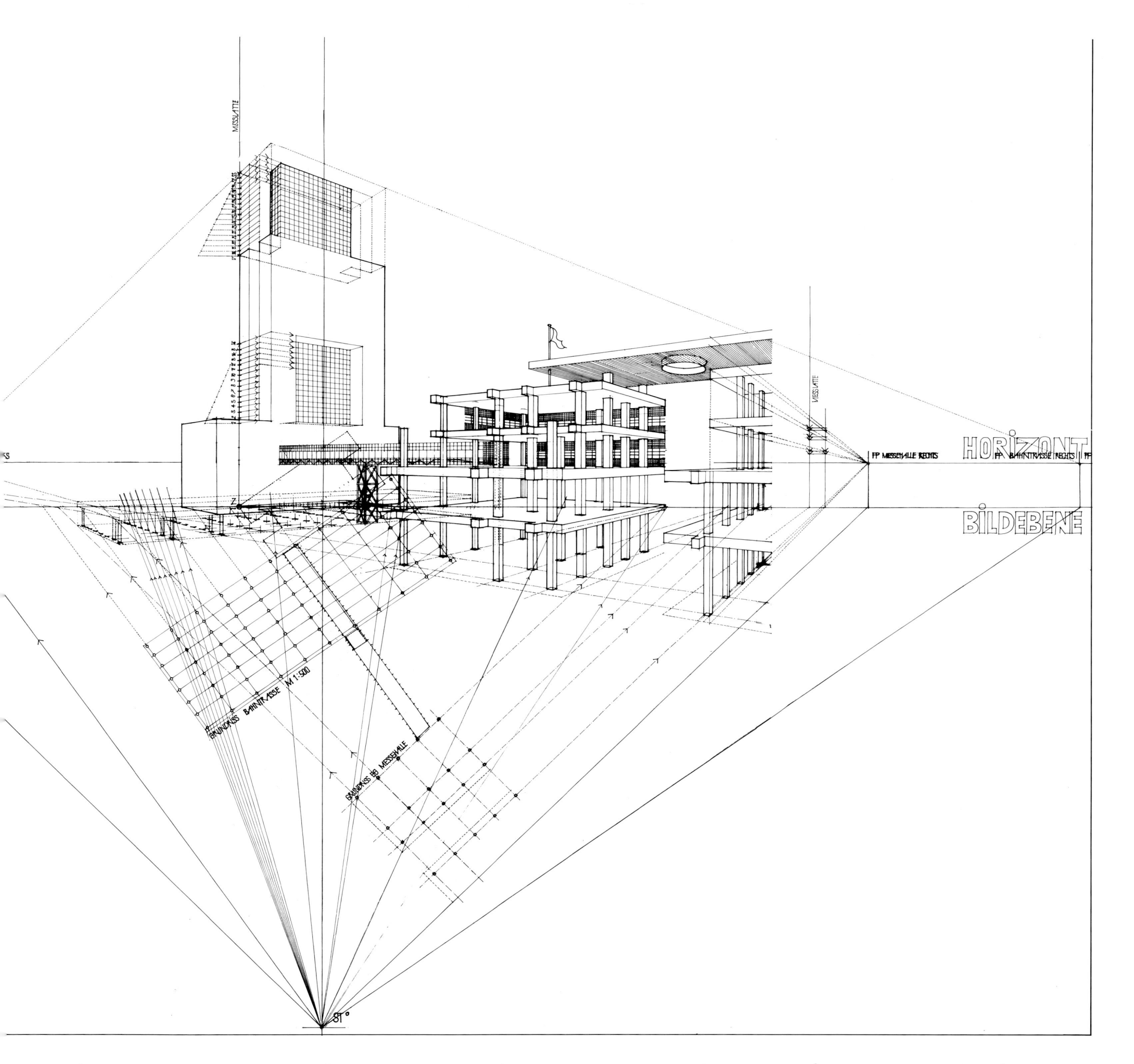

G. X SEITE 95: ZWEIFLUCHTUNG MIT 4 FLUCHTPUNKTEN INFOLGE DER UNTERSCHIEDLICHEN WINKEL DER GRUNDRISSE ZUR B

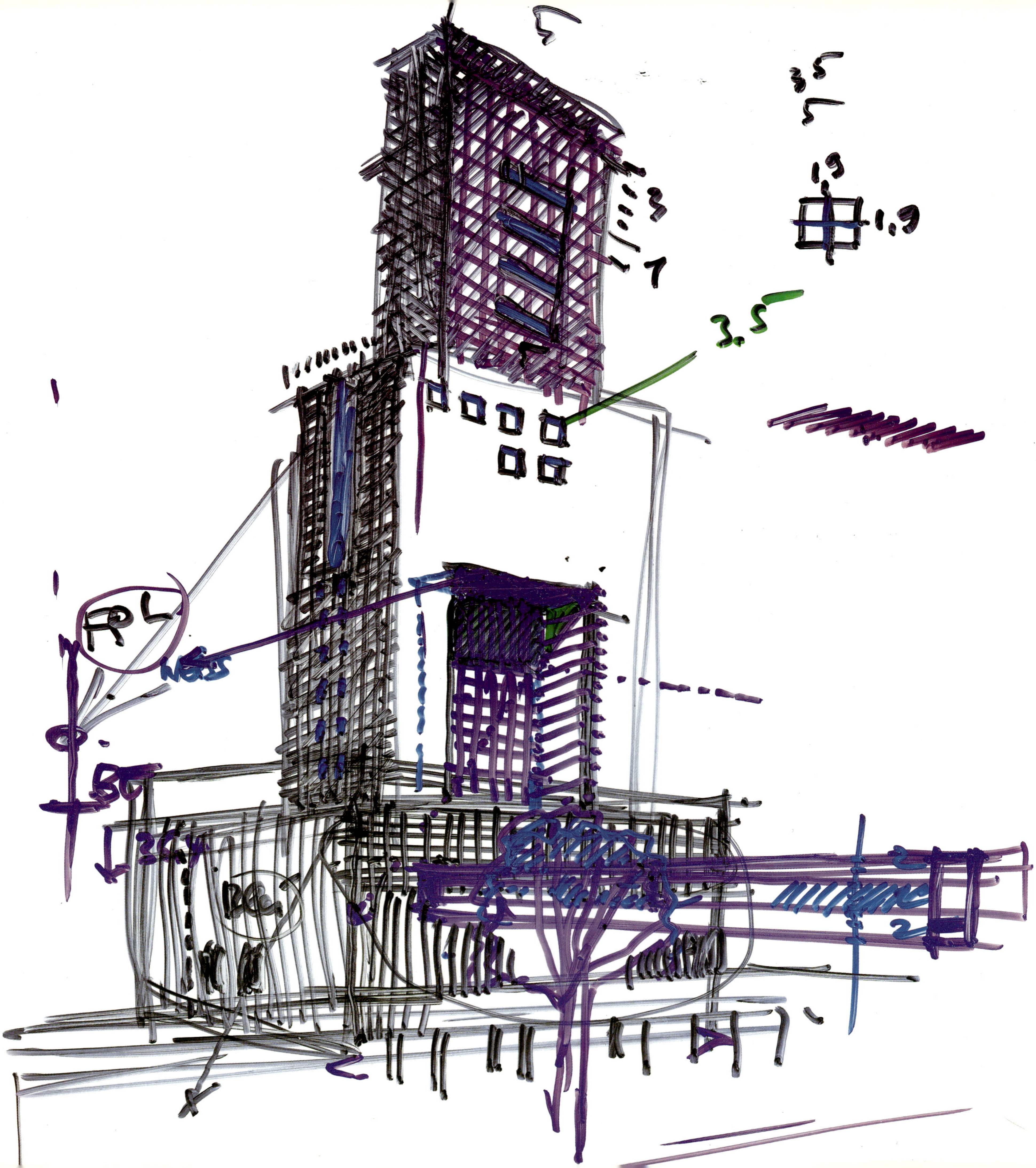
3.5
1.9
1.9
RPL
2
2

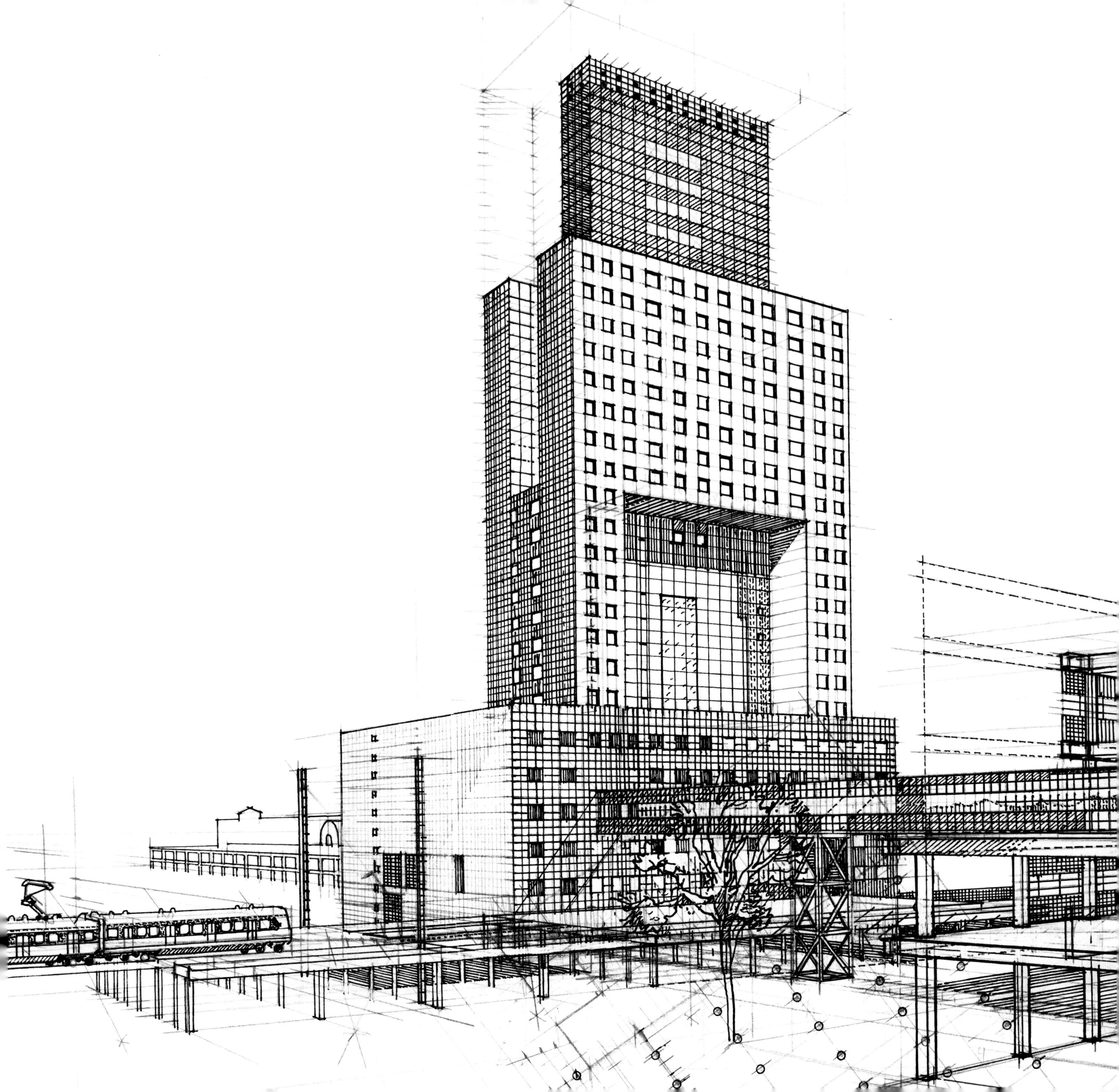

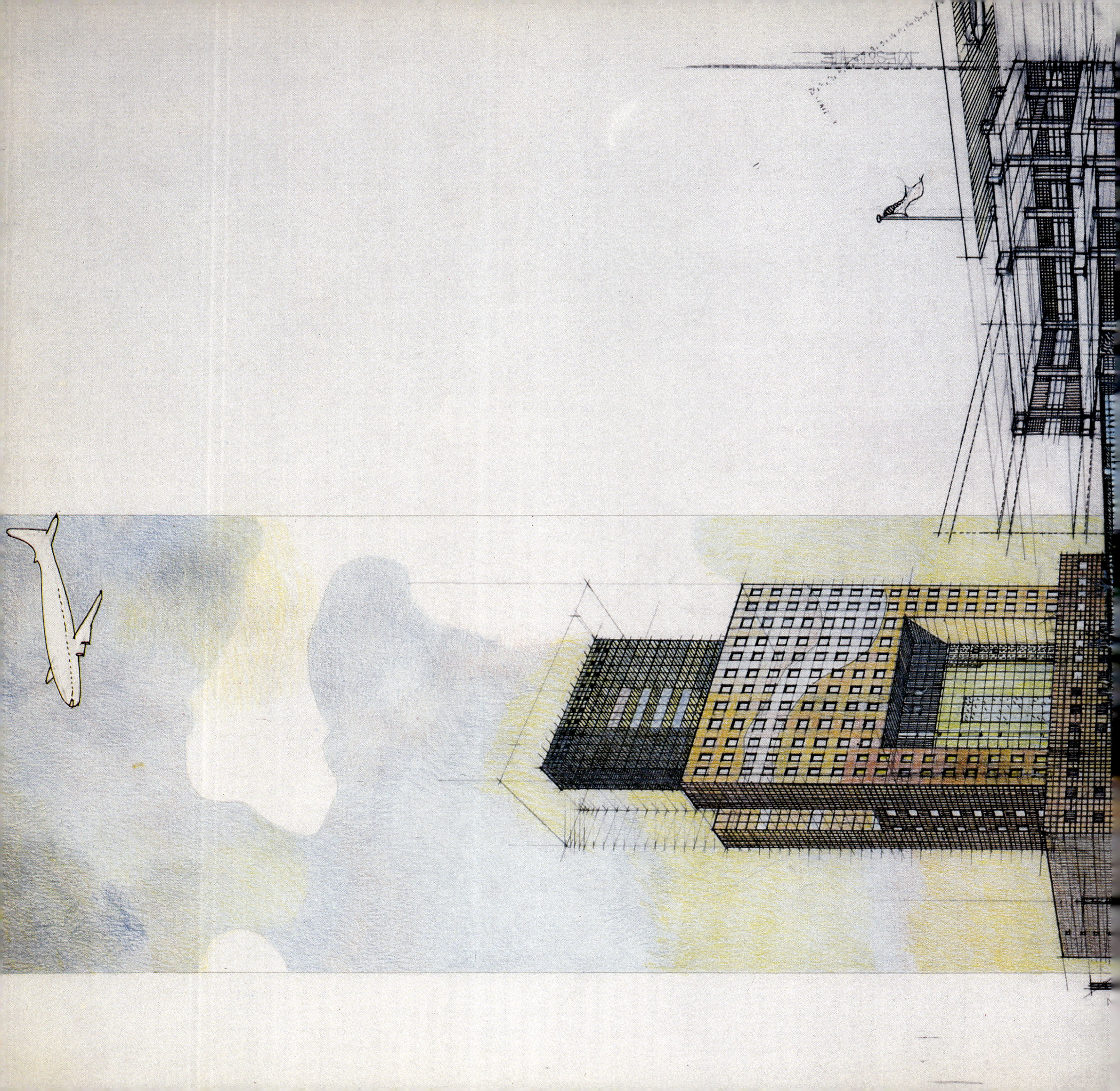

DAS KONTORHAUS FRANKFURT A/M
MIT OPTISCHER KORREKTUR · 2. FLUCHT PERSPEKT.

Der Name bezeichnet bereits die herausragende Ecksituation dieses Gebäudes. Es wurde im Jahr 1987 von dem Architekten Ryoji Suzuki in Minato Ward bei Tokio gebaut. Es fiel mir in einer Veröffentlichung der Zeitschrift Japan Architect auf, weil das Gebäude im Gegensatz zu vielen anderen Neubauten in Japan in keiner Weise Anklänge an alte japanische Bautraditionen besitzt, sondern vollständig sich einer puristischen modernen Strenge verschrieben hat. Es gibt viele Überraschungen im Innern und Äußeren dieses Gebäudes: Zum einen ist es das skulpturelle Element, das sich bei aller Strenge des Baus unübersehbar abzeichnet. Im Wesentlichen kann man es mit der Geschlossenheit der Außenwandflächen in den oberen Stockwerken belegen, die dann jedoch Schnitte und Ausnehmungen erfahren, die den »Kopf« des Gebäudes zum Schweben bringen. Die Öffnungen des Hauses, ob Loggien oder Fenster, sind infolge ihrer Unterschiedlichkeit in Form und Größe sehr spannungsvoll über die Fassaden verteilt; hinzu kommt noch das Element Treppe, das in verschiedenen Modifikationen die gestaltete Figur ausbalanciert. Ein anderes nicht zu übersehendes Merkmal sind die im Sockelgeschoß dominierenden unregelmäßigen Abbruchkanten von schräg angelegten Außenmauernstürzen, die offenbar als Kontrastelemente zu den ansonsten streng dem rechten Winkel unterworfenen Fassadenpartien dienen sollen. Auch die teilweise aus der Fassade 1,50 m auskragenden Doppel-T-Profile assoziieren das Gefühl von Unfertigkeit, wie es bei den eben beschriebenen Abbruchkanten aufkommt.

Diese Beobachtung einschließlich der nahezu dramatisch zu nennenden städtebaulichen Ecksituation deutlich aufzuzeigen, war das Ziel der Perspektive. Eine weitere Absicht lag darin, die Solitärhaftigkeit eines Gebäudes herauszuarbeiten, das ohne eine harmonische städtebauliche Einordnung, ohne eine Aufnahme von Raumbildung trotzdem einen wichtigen Orientierungspunkt inmitten mehrstöckiger Straßentrassen darstellt.

Der Standpunkt wurde so gewählt, daß das in mehreren Ebenen vorhandene Straßenszenario im Vordergrund erscheint und gleichzeitig die für die Plastizität des Gebäudes wichtigen Untersichten vorspringender Deckenkanten gezeigt werden. Für das Atmosphärische sind neben Menschen und Autos die Straßensignalanlagen und großen Straßenbeleuchtungsmasten ebenso typisch und für die umgebende Stadtlandschaft unverzichtbar. Bei den Bauten der Umgebung kommt es auf die Komposition, die räumliche Zuordnung an sowie auf eine interessante Mischung verschiedener Architektursprachen.

Die grafische Akzentuierung mit verschieden getönten Flächen beschränkt sich selbstverständlich auf das im Mittelpunkt stehende Gebäude. Es erfährt zusätzliche Brillanz durch den dunklen benachbarten Baukomplex und den streng geometrisch begrenzten, farbig angelegten Himmel, der wie ein Paravent hinter der Gebäudegruppe steht und gleichzeitig für einen Zusammenhalt mit den auf Distanz stehenden Nachbarbauten sorgt.

The name itself indicates the salient corner situation of this structure. It was built by the architect Ryoji Suzuki in 1987 and is situated in Minato Ward near Tokyo. It attracted my attention when I saw it in the magazine Japan Architect; for, unlike many other modern structures in Japan, it reveals no traces of old Japanese building traditions. It is designed wholly in a spirit of puristic asceticism. The building is full of surprises, both internally and externally. One example of this is the undeniably sculptural quality that emerges, despite the rigour of the design. This is evident particularly in the closed nature of the exterior on the upper floors, which is then subject to various incisions and indentations that make the top of the building seem to hover in space. Distributed over the face of the building, these voids — whether in the form of loggias or windows of various shapes and sizes — establish a marked sense of tension. In addition, the staircase elements, in all their different manifestations, serve to complement and balance the tightly designed form. Another striking feature is the irregularly cut off lower edge of the outer walls dominating the appearance of the plinth storey and evidently intended as a contrasting element to the otherwise strictly rectilinear design of the façade. So, too, the double T-beam sections, in part cantilevered 1.50 m out from the façade, evoke the same feeling of incompleteness as the broken edges of the walls described above. The aim of the perspective drawing was therefore to provide an adequate representation of these observations and of the corner situation of the building in its urban context — a situation that might almost be described as dramatic. It was also important to bring out the singular nature of a structure that, without integrating itself harmoniously into the urban fabric, without assimilating itself to the spatial order of the surroundings, nevertheless represents an important landmark in the tissue of roads and high-rise developments in which it is set.

The standpoint for the drawing was fixed in such a position that the many planes of the foreground street scene are included, and at the same time the undersides of the projecting floor slabs are visible — a vital aspect of the overall sculptural effect of the building. In addition to the forms of vehicles and the figures of people, the traffic lights and large lampposts are typical elements of the street scene and an indispensible part of the urban landscape. In drawing the surrounding buildings, the important points to be considered are the composition, the spatial relationships, and achieving an interesting combination of different architectural languages.

The graphic accentuation of the drawing by varying the intensity of shading, etc. should be limited to the building at the centre of the picture. Its brilliance is heightened by the dark background of the neighbouring complex and the strictly geometric demarcation of the coloured area of sky. This stands like a screen behind the ensemble of buildings, a unifying background to the isolated neighbouring structures in the distance.

AZABU EDGE
ARCHITECTS: RYOJI SUZUKI ARCHITECTS + PLANNERS

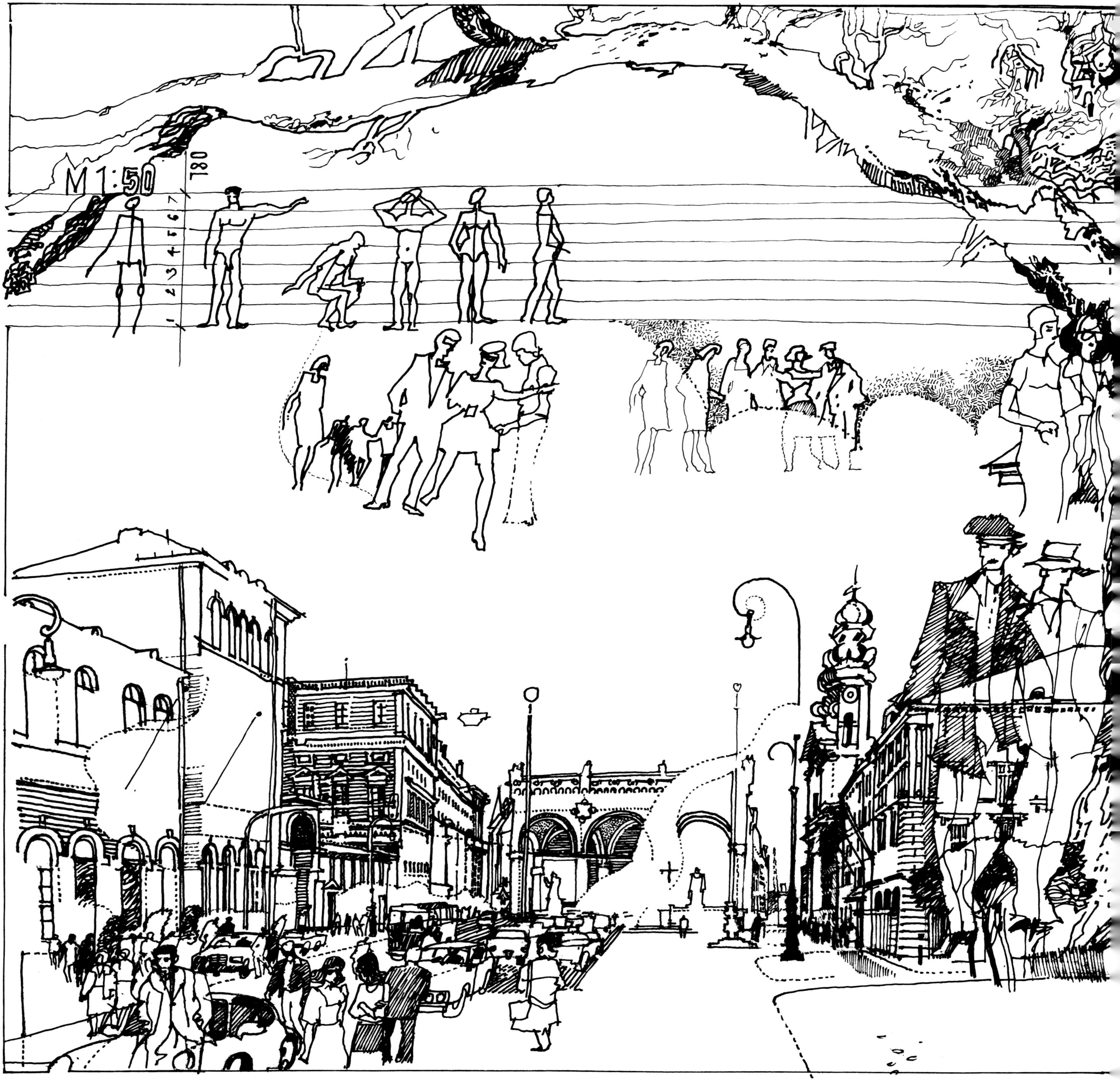
M 1:50
180
1 2 3 4 5 6 7

FIGURATIVES Zeichnen

Zeichnung: Helmut Jacoby

104

Architektur + Figuren 90

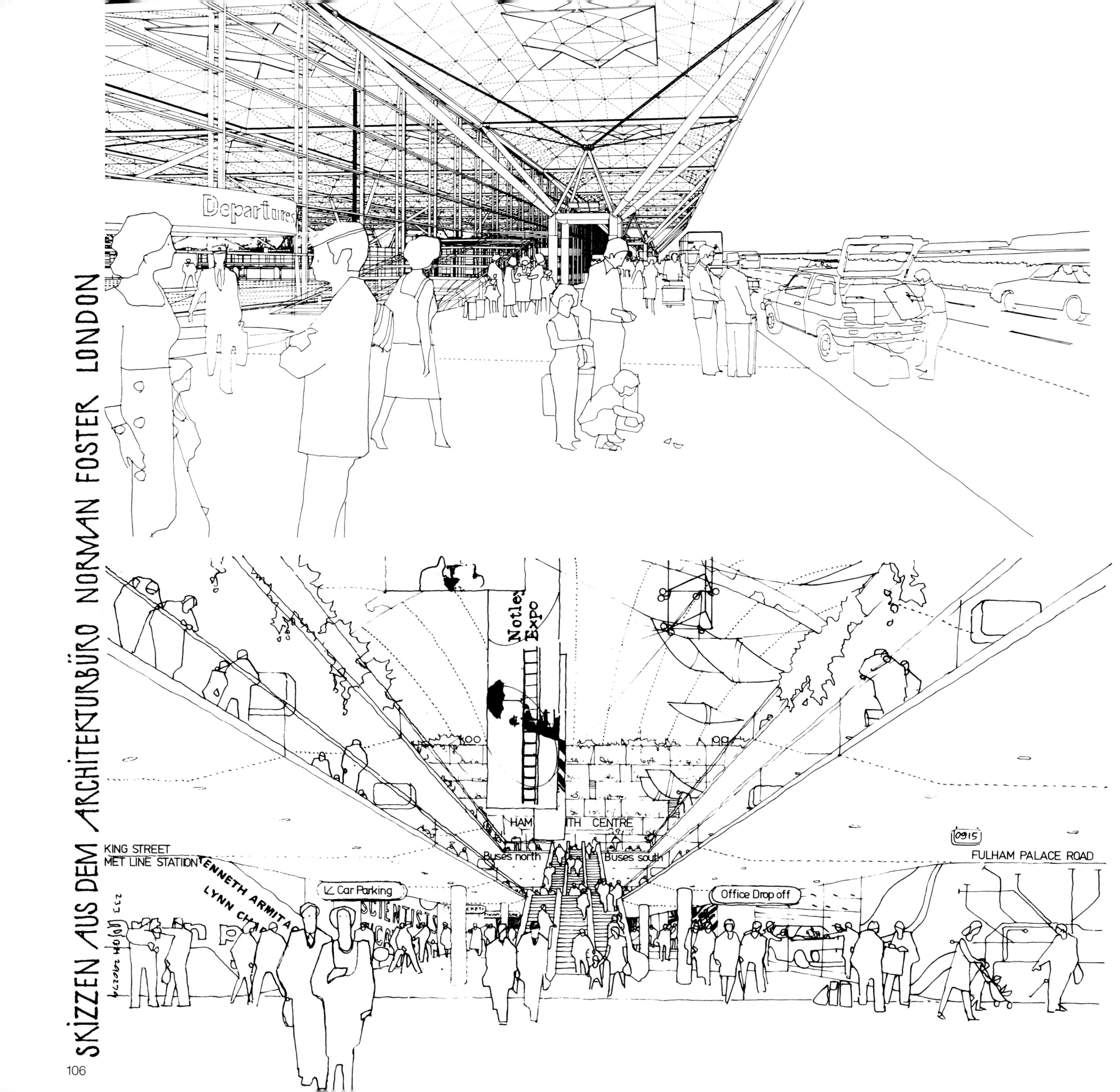

SKIZZEN AUS DEM ARCHITEKTURBÜRO NORMAN FOSTER LONDON

ZENTRALPERSPEKTIVE
ARCH. JAMES STIRLING

Die Darstellung von Figuren in Zusammenhang mit der jeweiligen Umgebung bildet einen wichtigen Punkt im Rahmen des Gesamtbilds. Mit ihnen lassen sich maßstäbliche Vergleiche zu den Gebäuden anstellen, das Bild wird durch sie lebendiger und sie tragen auch zur Betonung der Charakteristik eines Bauwerks bei. So sehen Figurengruppen im Zusammenhang mit einer Schwimmbad-Szenerie anders aus, als die in einem Bürohaus, anders als die in einer belebten Kaufhauspassage oder auf einer Sporttribüne; das durch den jeweiligen Zusammenhang sich ergebende Outfit der Figuren bestimmt das Spezifische des Bildes.

Darüber hinaus kann man durch eine entsprechende Verteilung der Figuren sowohl die räumliche Wirkung als auch die durch die Perspektive entstehende Tiefenwirkung noch steigern. Dabei spielt das Herausarbeiten der drei Tiefenabschnitte Vorder-, Mittel- und Hintergrund für das Zustandekommen der Distanzen eine wichtige Rolle. Sie werden deutlich, indem man die Figuren möglichst in Gruppen innerhalb dieser drei Bereiche zusammenfaßt; auch werden unterschiedliche Geschoßhöhen, Balkone und Galerien sinnvollerweise durch das Einfügen von Figuren entsprechend akzentuiert.

Die richtige maßstäbliche Größe, die sich bekanntermaßen infolge der perspektivischen Gesetze ändert und damit Raumvorstellungen erzeugt, ist einer der Ausgangspunkte. Der nächste, schon etwas schwierigere Schritt ist die spezifische Kleidung für die Figuren. Ausgangspunkt sind die Proportionen, die im akademischen Sinn von dem »Strichmännchen« abgeleitet werden, das die Grundlage für die Personenzeichnung bilden sollte. An ihm lassen sich auch die Bewegungen darstellen, wobei zum Beispiel die Gegenläufigkeit von Becken- und Schulterlage der Bewegungsphase »vorgestelltes Standbein« eine typische Erkenntnis ist.

Das auch an den Architekturschulen vielfach angebotene Aktzeichnen ist für das Figurenzeichnen im Zusammenhang einer Perspektive zwar als Basiswissen hilfreich, jedoch für die eben beschriebene Anwendung nicht ausreichend. Bewegungsabläufe – die im übrigen außerordentlich wichtig sind, weil statische Figuren dilettantisch und ausdruckslos wirken – müssen durch viel Beobachtung geübt werden. Man sollte sie dynamisch, richtungsbetont zeichnen, um damit nicht nur Bewegung, sondern eine beinahe dramatische Inszenierung anzudeuten.

Die Fotografie ist ein gutes Mittel, um Umrisse von Menschengruppierungen sowie den Wechsel von Weiß- bis Grauwerten, der für die Plastizität entscheidend ist, deutlich zu machen. Man sollte dabei möglichst einzelnstehende Figuren vermeiden, da die Gruppe am ehesten Ausgleichsmöglichkeiten von Fehlern zuläßt.

Wenn man das elementare Vokabular der Figurendarstellungen einigermaßen beherrscht, kann man sich an die stilistischen Fragen heranwagen. Allerdings sollten hier keine Verkrampfungen passieren, jeder muß seiner ihm eigenen Art gerecht werden. Mir persönlich sind die einfachen, allerdings nicht bewegungslosen Figuren, wie sie in den Büros von Norman Foster gezeichnet werden, für eine Architekturzeichnung sehr sympathisch, weil sie trotz ihrer Einfachheit Bewegung und Atmosphäre vermitteln. Ganz anders sind die Figuren eines Rob Krier, James Stirling oder Michael Graves. Jedoch repräsentieren und visualisieren sie einen Teil der Geisteshaltung, die zu ganz bestimmten Architekturen geführt hat, und runden damit das Bild der unterschiedlichen Darstellungssprachen ab.

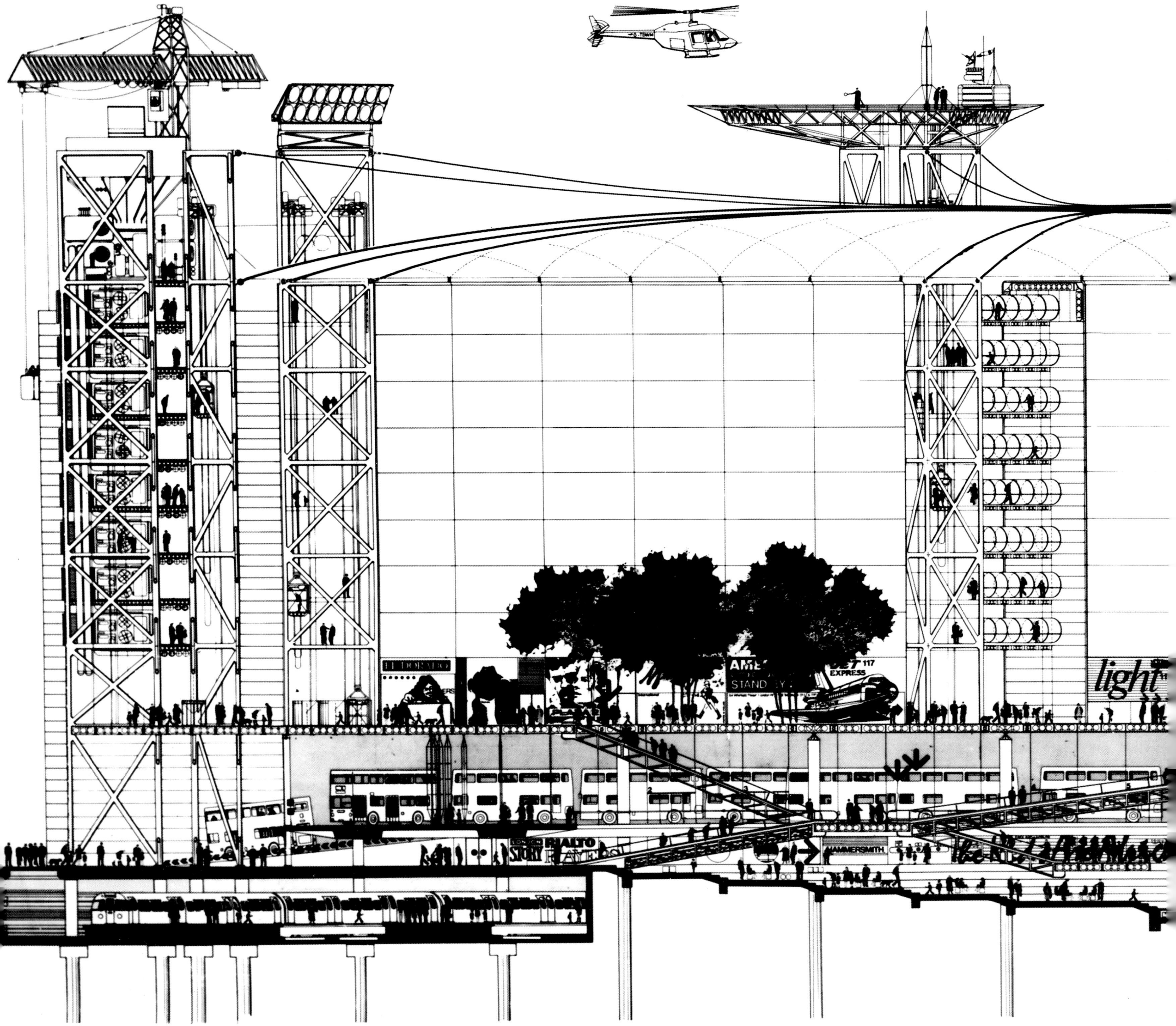

EL DORADO
STAND BY
117
EXPRESS
LONDON
STORY
RIALTO
HAMMERSMITH
light

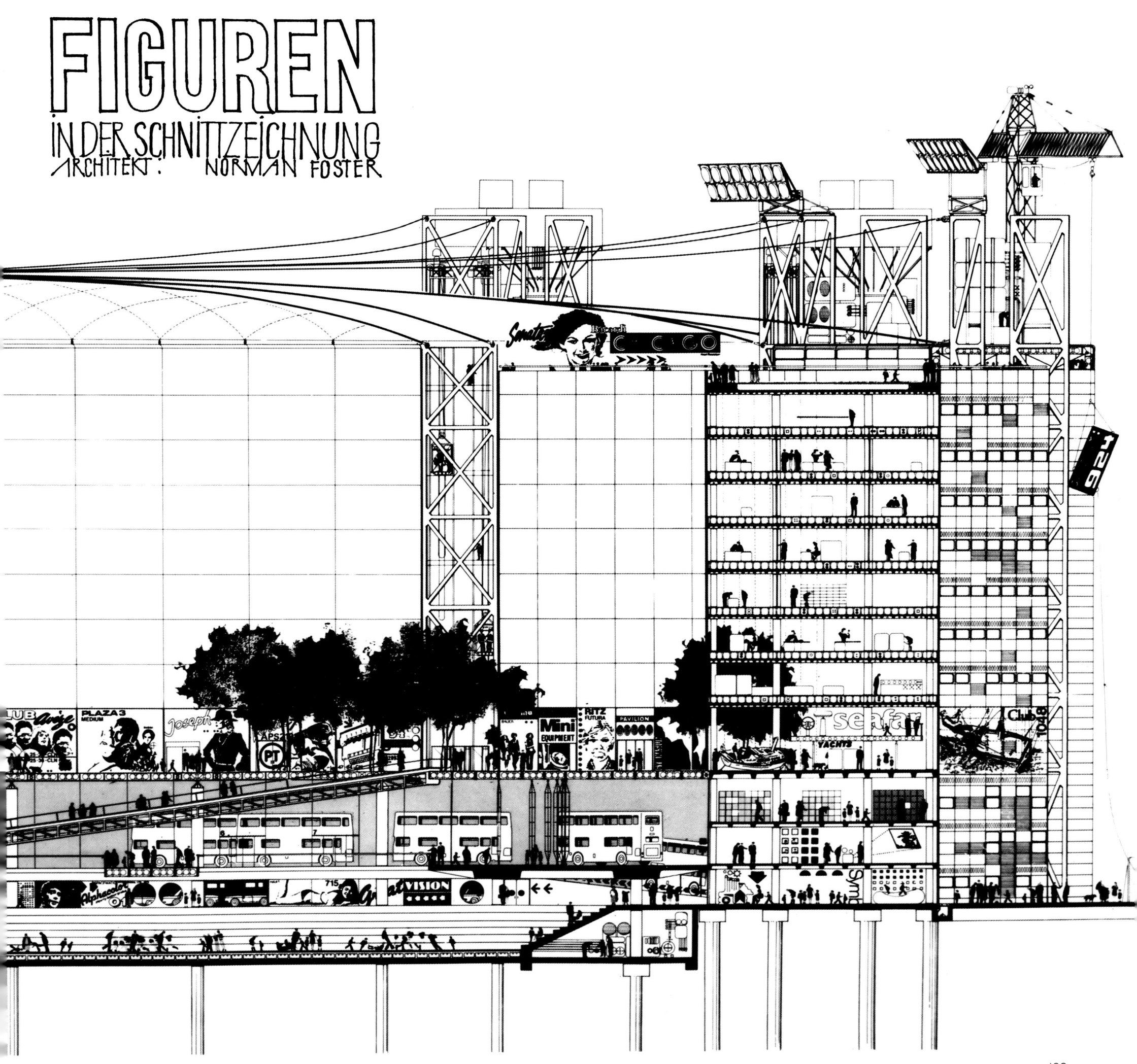

FIGUREN
IN DER SCHNITTZEICHNUNG
ARCHITEKT: NORMAN FOSTER

PERSPEKTIVEN
JAMES STIRLING

Am schwierigsten, um auf das Detail einzugehen, sind Hände und Füße zu zeichnen, das heißt wir stellen ja zumeist angekleidete Personen dar und somit sind eigentlich die Schuhe gemeint. Deren Stellung, je nach Bewegungsstand und Detailausfeilung, ist wichtig; genauso wichtig erscheint mir die Beachtung der Profile der Unterbeine, deren Markanz bzw. visuelle Standfestigkeit insbesondere bei der Zeichnung der Modulor-Figur von Le Corbusier deutlich wird.

The most difficult task, when it comes to details, is an accurate depiction of hands and feet. As a rule, we draw people wearing clothes, and for the feet we usually draw shoes. Depending on the amount of detail to be shown, the position of the feet is important as an indication of the actual phase of movement. Equally important, it seems to me, is the line of the lower part of the legs. The effect of a bold treatment, the expression of stability this makes, can be seen in the Modulor figure Le Corbusier drew.

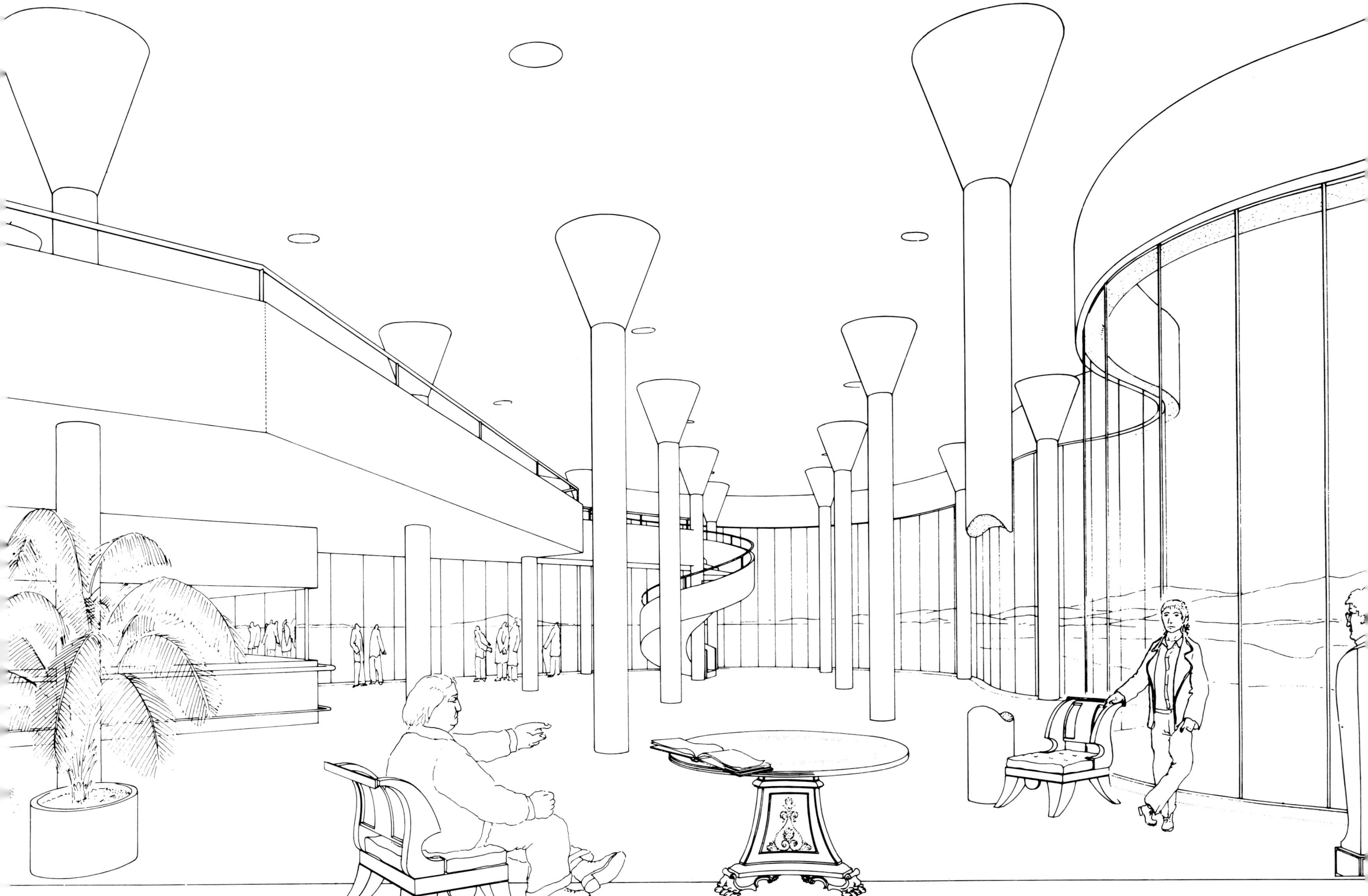

MODULOR
LE CORBUSIER

INNENANSICHT EINES BÜROS DES WOLKENKRATZERS DES "QUARTIER DE LA MARINE" IN ALGIER 1938-1942

The depiction of human figures in a particular setting is an important aspect of a drawing. They can help create a sense of scale and proportion in conjunction with works of architecture. They also enliven a picture and bring out the characteristics of a building.

Furthermore, a well-judged distribution of the figures will enhance both the spatial effect and the sense of depth created by the perspective. In this respect, the articulation of three distinct realms – foreground, middle distance and background – is important in evoking a feeling of distance. This is best achieved by arranging the figures, grouped together where possible, within each of these distinct realms. Different storey heights, balconies and galleries can also be accentuated more effectively by the careful insertion of figures.

One fundamental consideration is to observe the correct scale size, which, as one knows, changes in accordance with the laws of perspective, thus creating a sense of space. The next, more difficult aspect is the attire of the figures. This is based on the proportions of the human body, which are academically derived from the classical matchstick figure. This forms the basis for all drawings of human figures. It also facilitates the representation of body movements. For example, a typical phase of movement where one leg is placed forward is characterized by the countermovement of hips and shoulders.

Nude drawing, a subject sometimes also offered in schools of architecture, can provide useful basic knowledge in drawing the human figure for perspectives. But it is not sufficient in itself in the context discussed here. Representing patterns of movement is of great importance, since static figures appear amateurish and expressionless; but it requires a great deal of practice based on observation. Figures should be drawn in a dynamic manner, stressing a sense of direction, not merely to suggest movement, but to create something of a dramatic scene in itself.

Photographs are a useful help in drawing the outlines of groups of people and assessing gradations of tone from white to grey – an important factor in conveying a sense of three-dimensionality. Solitary figures should be avoided as far as possible, since a group affords a better opportunity of balancing out errors.

With a reasonable command of the basics of figure drawing, one can proceed to stylistic questions. A cramped style should be avoided. Everyone should find his own natural manner of depiction. I find the simple, but certainly not inanimate figures drawn in Norman Foster's office ideally suited to architectural drawing. Despite their simplicity, they convey a sense of movement and atmosphere. The figures drawn by Rob Krier, James Stirling or Michael Graves are quite different. They nevertheless express in visual form part of the mental attitudes underlying these quite distinct styles of architecture, and thus round off this picture of different representational languages.

Gazette

DER TYPISCHEN, VON DER ENTWURFSAUFFASSUNG GEPRÄGTEN FIGURENDARSTELLUNG WIRD AUF DIESER SEITE EINMAL GANZ BEWUSST EINE FREIERE FORM DES ZEICHNENS VON FIGUREN GEGENÜBERGESTELLT. DIE ZEICH= NUNGEN STAMMEN VON DEM HERVORRAGEND= EN SCHWEIZER ZEICHNER HUGO WETLI; SIE ZEIGEN NICHT NUR DIE GEKONNTE WIEDERGABE EINER „FOOTBALL-SZENE" SONDERN AUCH DAS GESCHICKTE VERTEILEN VON TONWERTEN AUS DER SCHWARZ-WEISS SKALA.

ON THIS PAGE THE TYPICAL DEPICTION OF FIGURES SHAPED BY THE CONCEPTION OF PLANNING IS DE= LIBERATELY CONTRASTED WITH A FREER FORM OF FIGURATIVE DRAWING. THE ILLUSTRATIONS ARE FROM THE EXCELLENT SWISS DRAUGHTS= MAN HUGO WETLI. THEY DO NOT ONLY SHOW THE MASTERLY REPRODUCTION OF A FOOTBALL-SCENE BUT ALSO THE SKILLFUL DISTRIBUTION OF TONE VALUES OUT OF THE BLACK-WHITE SCALE.

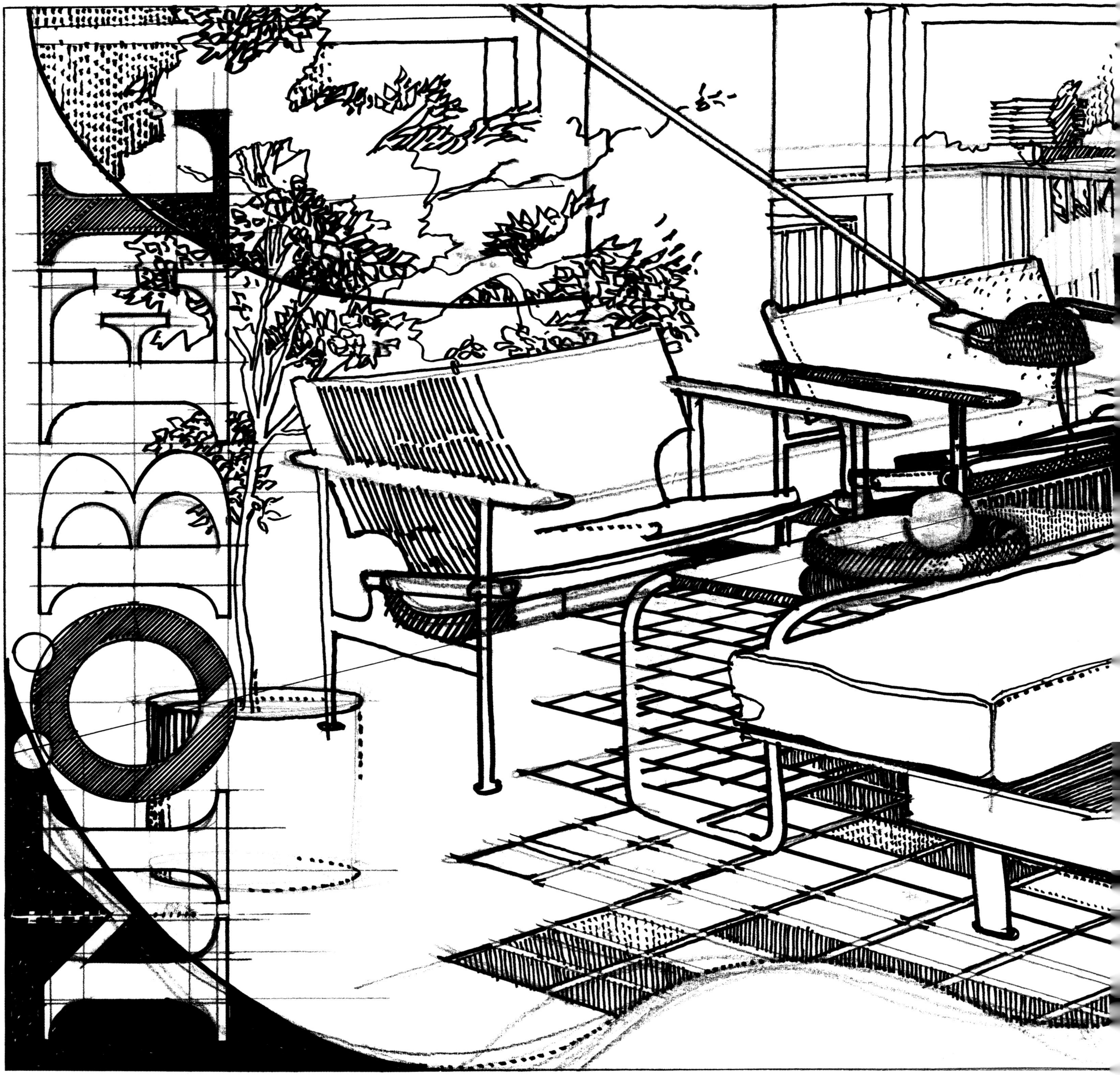

FURNITURE
MODERN CLASSICS

115

FEUERLEITERN IN NEW YORK . SIEBDRUCK: GERD WINNER .

A NEW YORK, UNA CASA-QUADRO
METAMORFOSI DEL LOFT

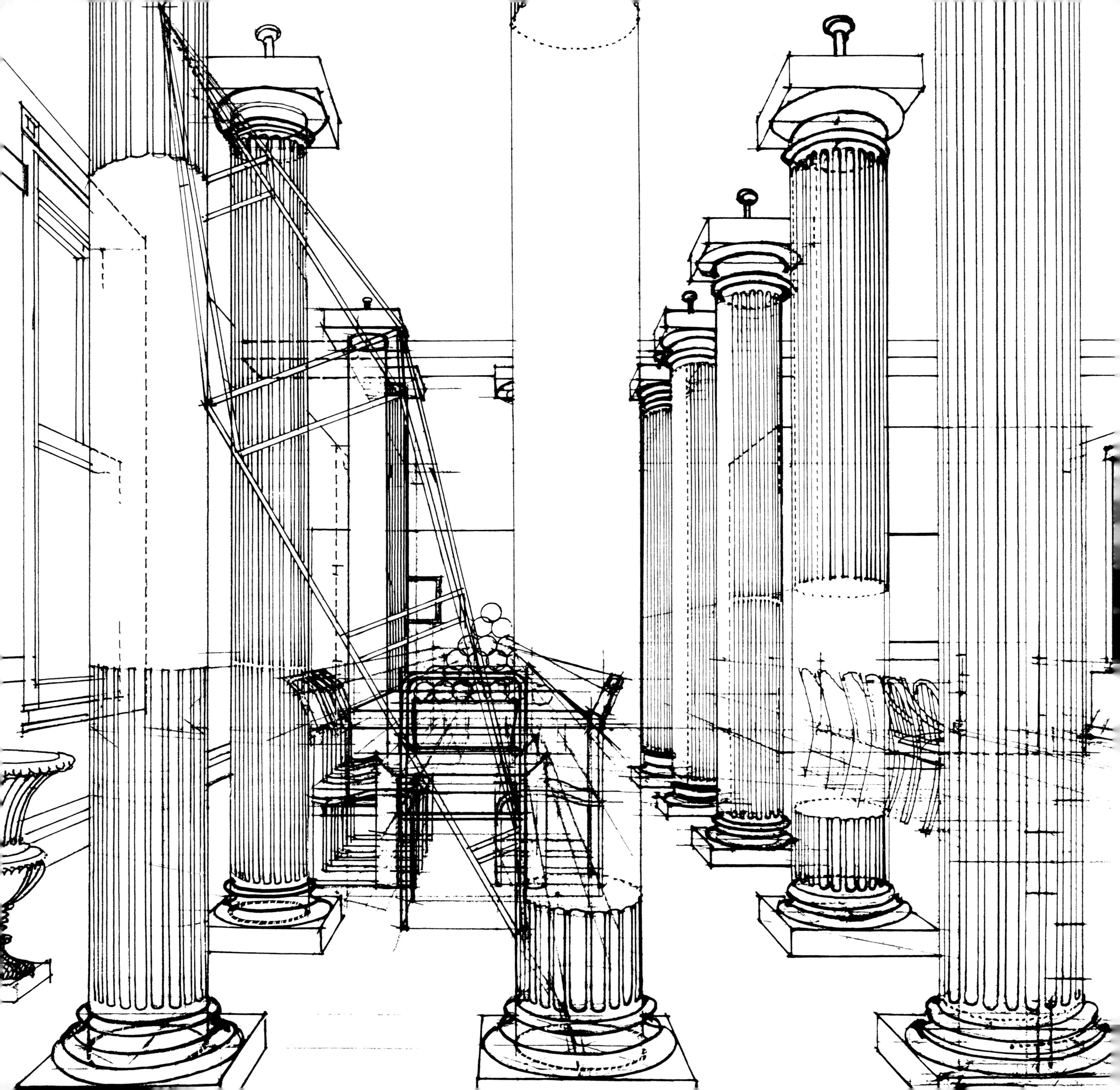

Ein wesentlicher Bereich der Perspektivezeichnung ist die Innenraumperspektive, die perspektivische Wiedergabe von den reizvollen Landschaften, die im Innenbereich der Häuser durch Möblierungen entstehen können. Voraussetzung dazu sind genaue Kenntnisse der Form und zumeist auch eng damit verzahnt der technischen Konzeption, ganz gleich, ob es sich nun um Lampen oder Sitzmöbel handelt.

Die zu diesem Thema herausgesuchten Motive zeigen vielfach den Kontrast zwischen moderner Möblierung und älteren baulichen Zusammenhängen. So gibt es unter der Überschrift Interior Design Einrichtungssituationen in alten toskanischen Palazzi.

Das Beispiel der »Metamorfose del Loft« zeigt einen Einblick in ungewöhnliche Innenraumgestaltung in alten Fabrik- und Werkstattgebäuden von älteren New Yorker Vorstadtbereichen. Die Gestaltungsideen reichen von Dekonstruktivistischem bis hin zu griechischen Säulenimitationen, um den bereits erwähnten Kontrast zwischen Alt und Neu noch extremer auszubauen. Natürlich spielen auch hier moderne Möbel ganz unterschiedlicher Herkunft von Designern aus der Schweiz, aus Italien oder aus amerikanischen Ateliers eine Rolle.

Bei der Innenraumzeichnung werden Gegenstände, die die Sicht auf wichtige Partien des Motivs abdecken, kurzerhand abgeschnitten bzw. ausgeklinkt, so daß wesentliche Sichttrassen mit dem Blick auf die typischen Motive des Raums freigehalten werden.

Im Rahmen des Gesamtlayouts wird mit Hilfe einer Schwarz-Weiß-Silhouette mit dem Motiv, der für die alte Harlemgegend typischen Feuertreppe, die Erinnerung an das Außenmilieu, in dem sich der räumliche Sachverhalt befindet, noch einmal wachgerufen.

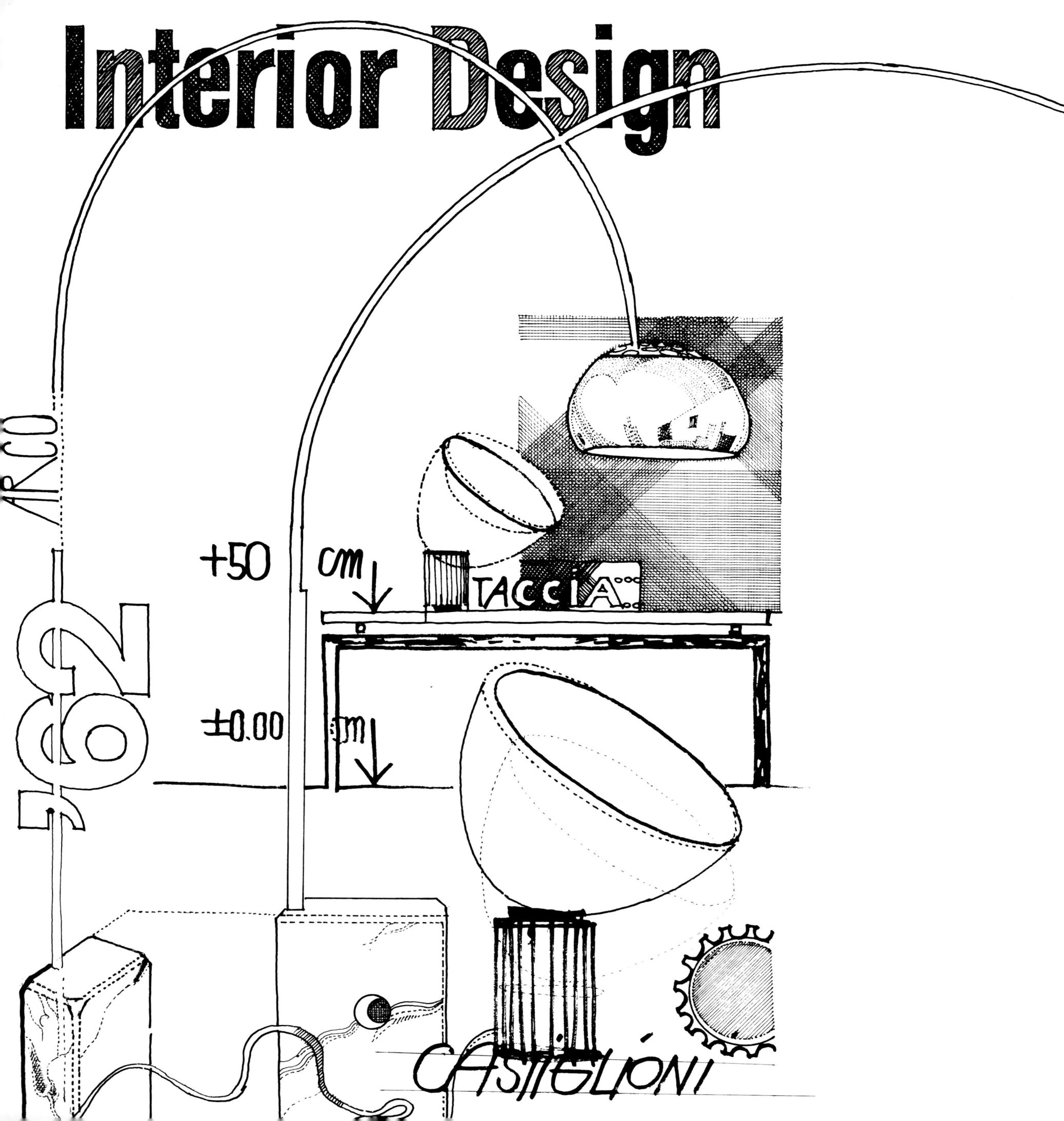

Interior Design

ARCO 1962

+50 cm

±0.00

TACCIA

CASTIGLIONI

One of the main subjects of perspective drawing is internal space, the perspective representation of the attractive landscapes that can be created with furnishings in the interiors of buildings. A successful drawing of an internal space presupposes a precise knowledge of the form and, usually closely bound up with this, the technical concept – whether in terms of lamps, chairs or other artefacts.

Many of the examples chosen to illustrate this theme present a contrast between modern furnishings and an older built ambient, such as interior design and furnishings in old Tuscan palazzi.

The »Metamorfose del Loft« included here shows an unusual piece of interior spatial design in an old factory and workshop building in an older suburb of New York. The design ideas range from deconstructivist elements to simulated Greek columns, pushing the contrast between old an new to an extreme. Modern furniture of quite different origins – by designers from Switzerland, Italy or American studios – plays a role here too, of course.

In drawing the interior space, objects that would obscure important details of the picture are simply cut out or omitted, keeping the main lines of vision free for a clear view of the typical motifs that go to make up the space. A black and white silhouette in the form of the fire escape stairs typical of this old Harlem area is included in the layout as a reminder of the external milieu in which this piece of interior design is situated.

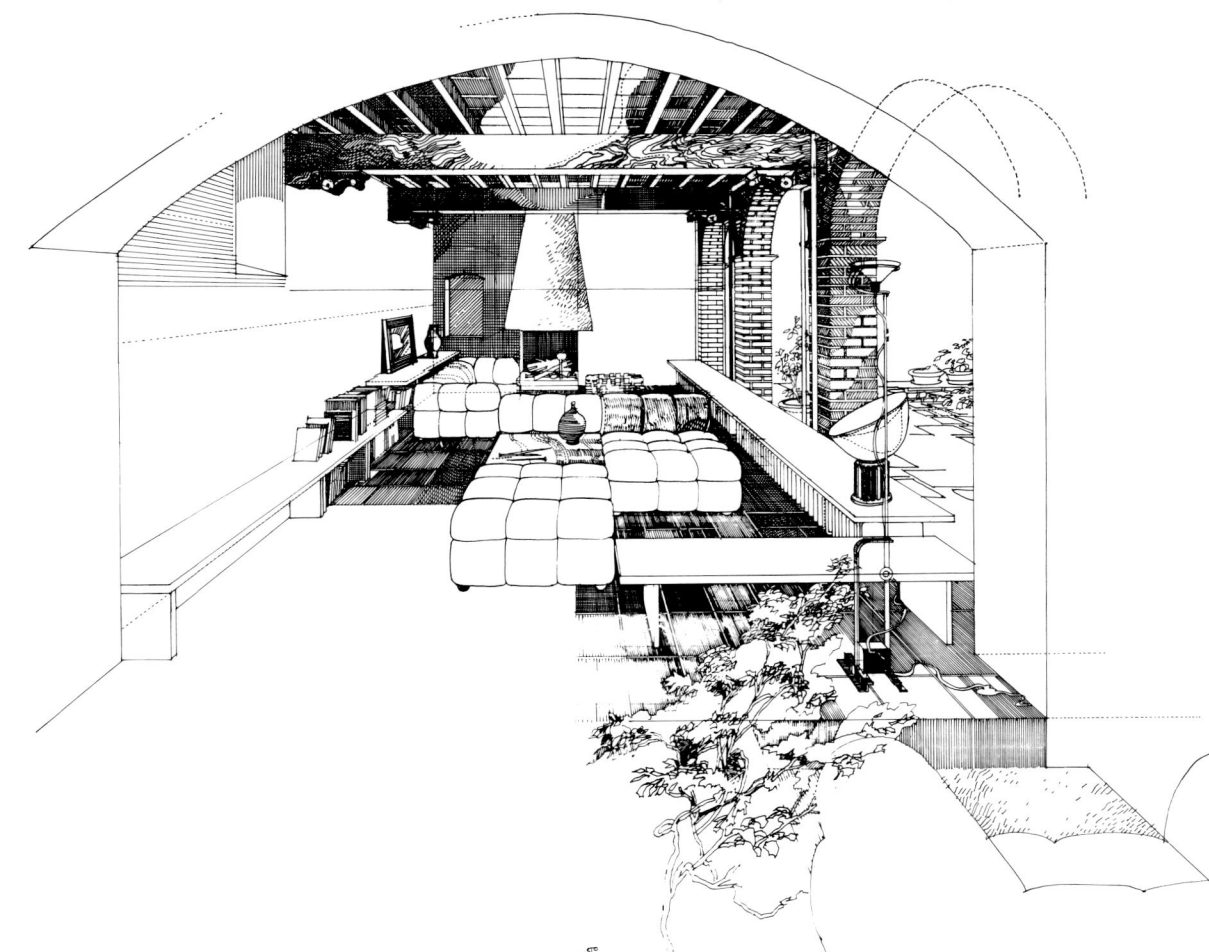

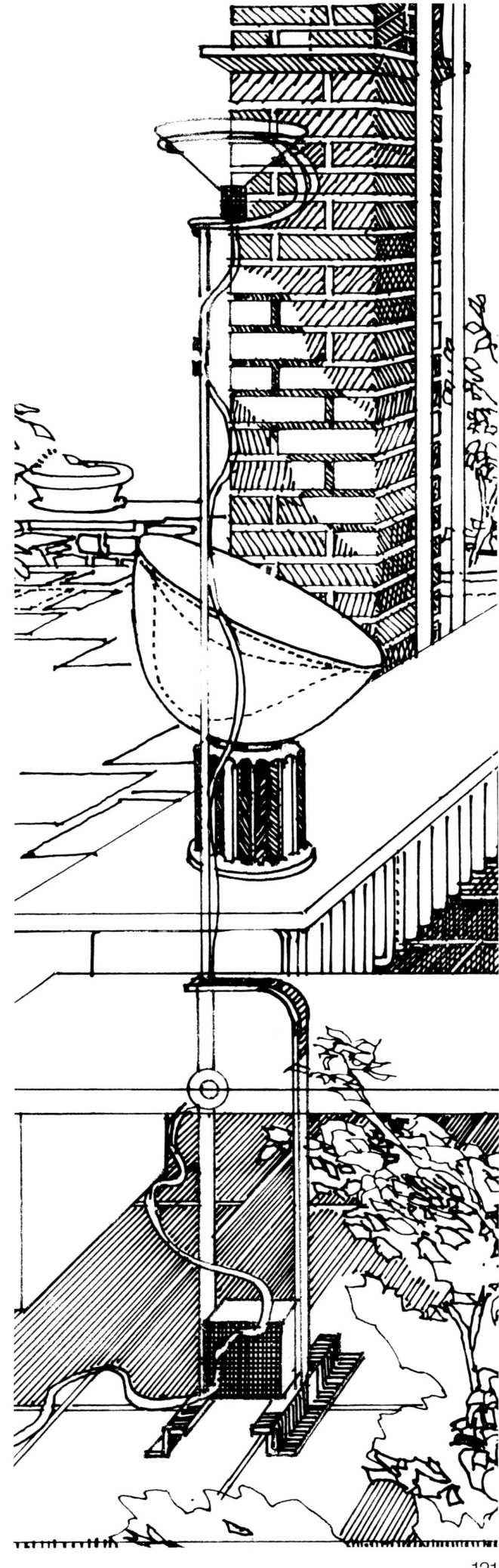

RESIDENCE KÖNIGSWINTER

ARCHITECTS: KRENZ–MEIER

Die Wohnanlage bei Königswinter wurde im Jahr 1985 für den Bezug freigegeben. Sie stellt einen Komplex von 70 Wohneinheiten verschiedener Größe dar, der nicht nur wegen seiner unmittelbaren Lage am östlichen Rheinufer bemerkenswert ist, sondern auch seiner Architektur wegen als außergewöhnlich zu nennen ist. Dabei liegt die Qualität in der Gestaltung der Fassaden, aber auch in einer eigenwilligen, phantasievollen Grundrißgestaltung, die eine Vielfalt von Wohnungsgrößen von 50 m² bis 140 m² umfaßt.

Das Motiv wurde gewählt, um das Thema Möbel und deren Darstellung zu beleuchten. Gleichzeitig sollte jedoch auch die bestehende Verknüpfung von Inneneinrichtung und Hausgefüge vorgeführt werden. Ein ganz anderer Grund für die Auswahl des Motivs ergibt sich aus der Tatsache, daß die dargestellte Maisonette-Einheit die Wohnung des Perspektivezeichners am Rhein ist. Somit wird dem Bedürfnis des Verfassers nach einer zeichnerischen Dokumentation des Bewohnten genüge getan.

KONSTRUKTION UND DARSTELLUNG

Die Zweifluchtungspunkt-Perspektive ermöglicht im vorliegenden Fall am ehesten das Einbeziehen der Flußlandschaft und damit eine Ausweitung des Horizontbereichs. Das konstruktive Vorgehen erfolgt auch hier wieder wie bei den anderen Beispielen in zwei konsequent voneinander abgekoppelten Schritten. Zuerst wird der Raum mit seinen Fensteröffnungen und der zum Obergeschoß führenden Treppe konstruiert. Die Einzelaktionen des Konstruierens sind im Rahmen der ganz normalen Zweifluchtungs-Methode in dem Konstruktionsbogen auf Seite 125 nachzuvollziehen; zu beachten ist dabei die Konstruktion der Treppe mit Hilfe des zugehörigen Rampenfluchtpunkts; etwas schwieriger ist die Konstruktion des Obergeschosses mit seiner unter 35° geneigten Dachuntersicht. Zunächst gibt es für die Dachneigung einen zugeordneten Fluchtpunkt (Fluchtpunktrampe unten), doch das Problem liegt mehr in der Konturierungslinie des Bilds im oberen Randbereich. Mit Hilfe des sogenannten »Abtreppens« läßt sich auch hier die notwendige Komprimierung der Bildfläche ermöglichen.

Dabei sind wir bereits bei einigen darstellerischen Gesichtspunkten. Wesentlich für das Atmosphärische ist die Einbeziehung sowohl der Landschaft als auch des Spezifischen des Hauses. Infolgedessen ist die Berücksichtigung des Obergeschosses für die Innenraumperspektive ebenso wichtig, wie die der außerhalb des Raums liegenden Balkongeländer und des Vordach-Baldachins; auch wenn man ihn infolge der Überschneidung der Deckenplatte nur »gestrichelt« darstellen kann.

SCHNITT DURCH DIE BEIDEN, BEI DER PERSPEKTIVE=ZEICHNUNG BE=RÜCKSICHTIGTEN GESCHOSSE.

VERTICAL SECTION THROUGH THE TWO FLOORS CONSIDERED BY THE PERSPECTIVE.

MAISONETTE

35°

124

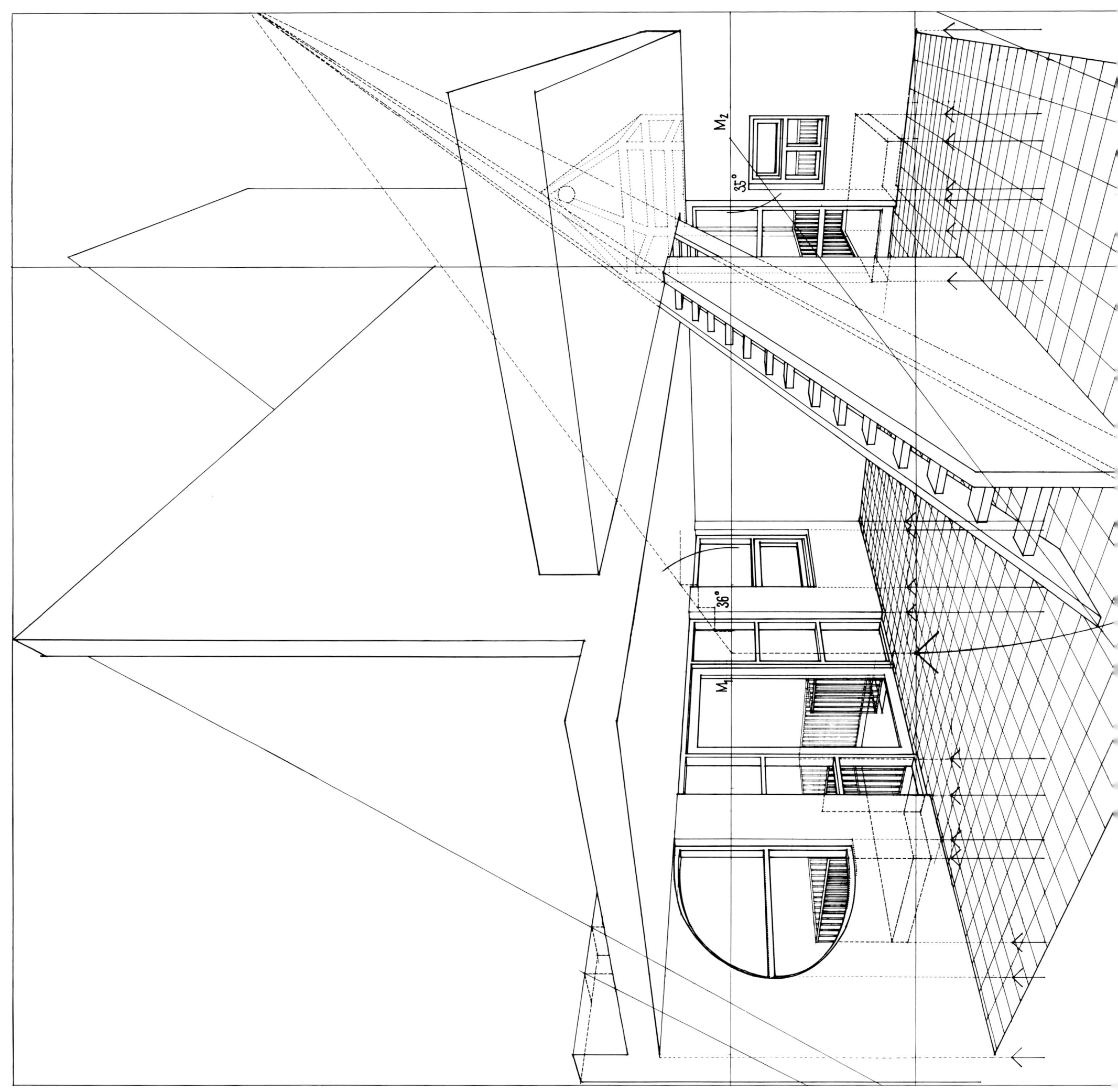

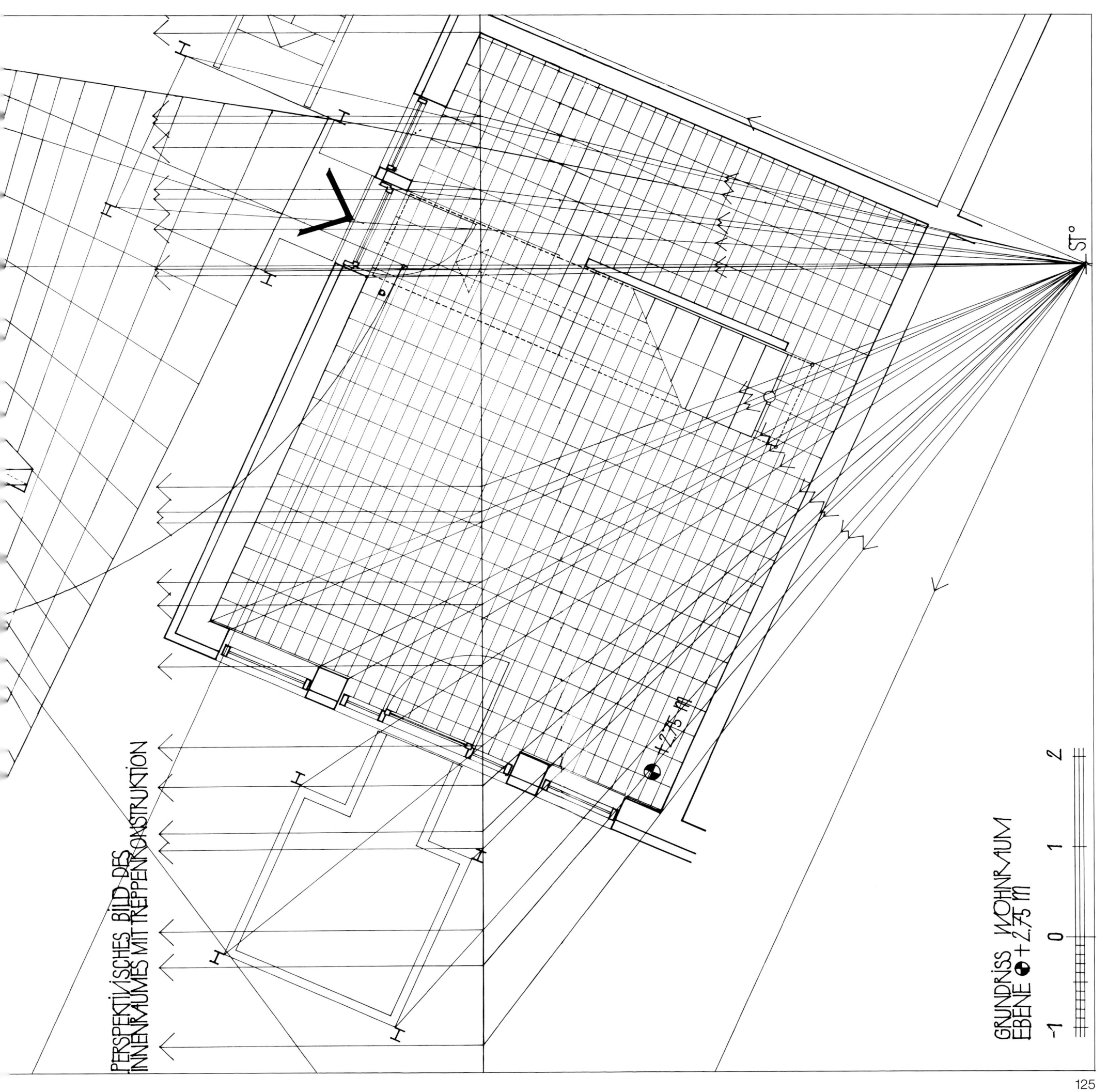

PERSPEKTIVISCHES BILD DES
INNENRAUMES MIT TREPPENKONSTRUKTION

GRUNDRISS WOHNRAUM
EBENE ⊕ + 2,75 m

+ 2,75 m

ST°

CHARLES POLLOCK   LACCIO   DIESIS

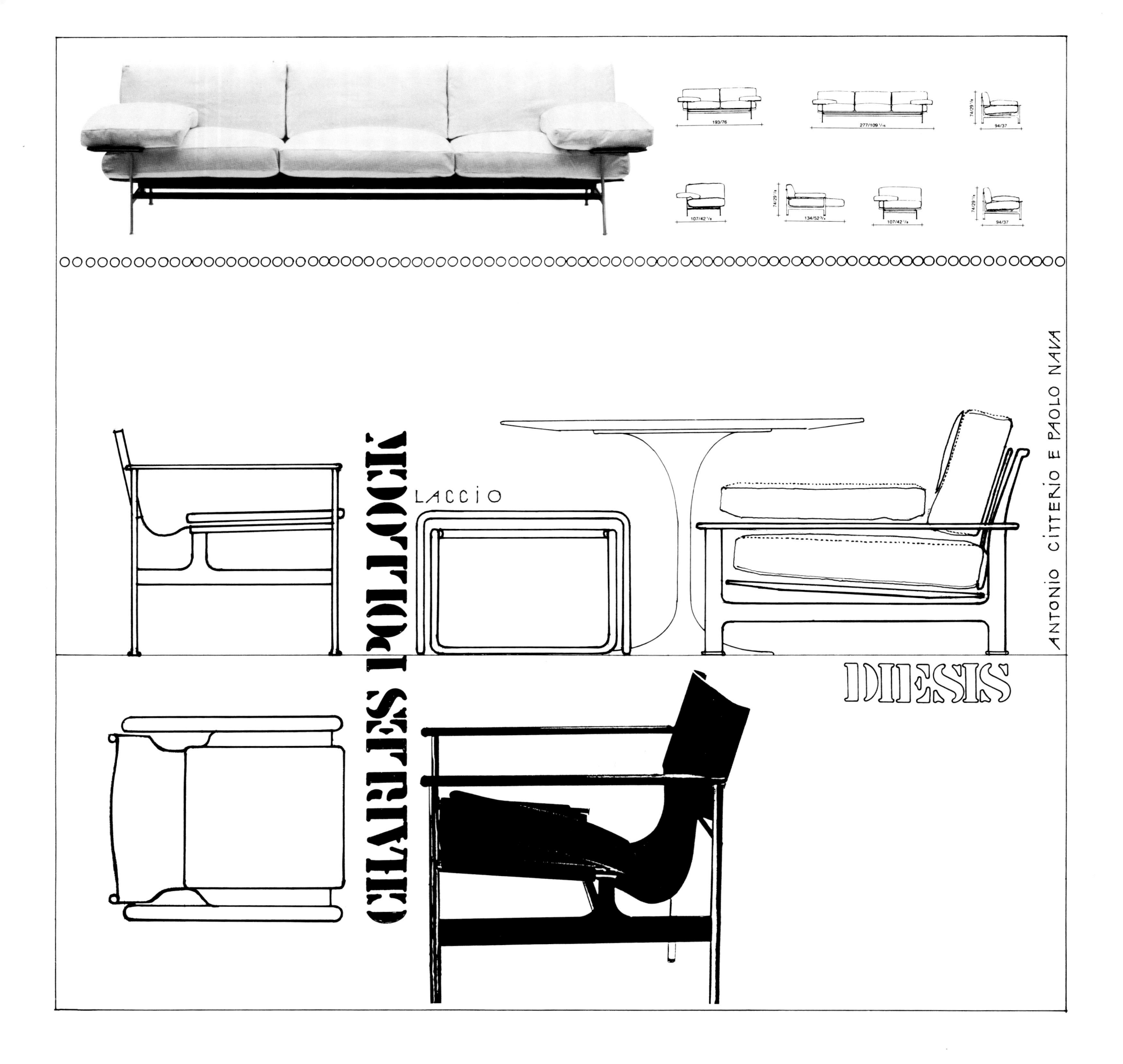

ANTONIO CITTERIO E PAOLO NAVA

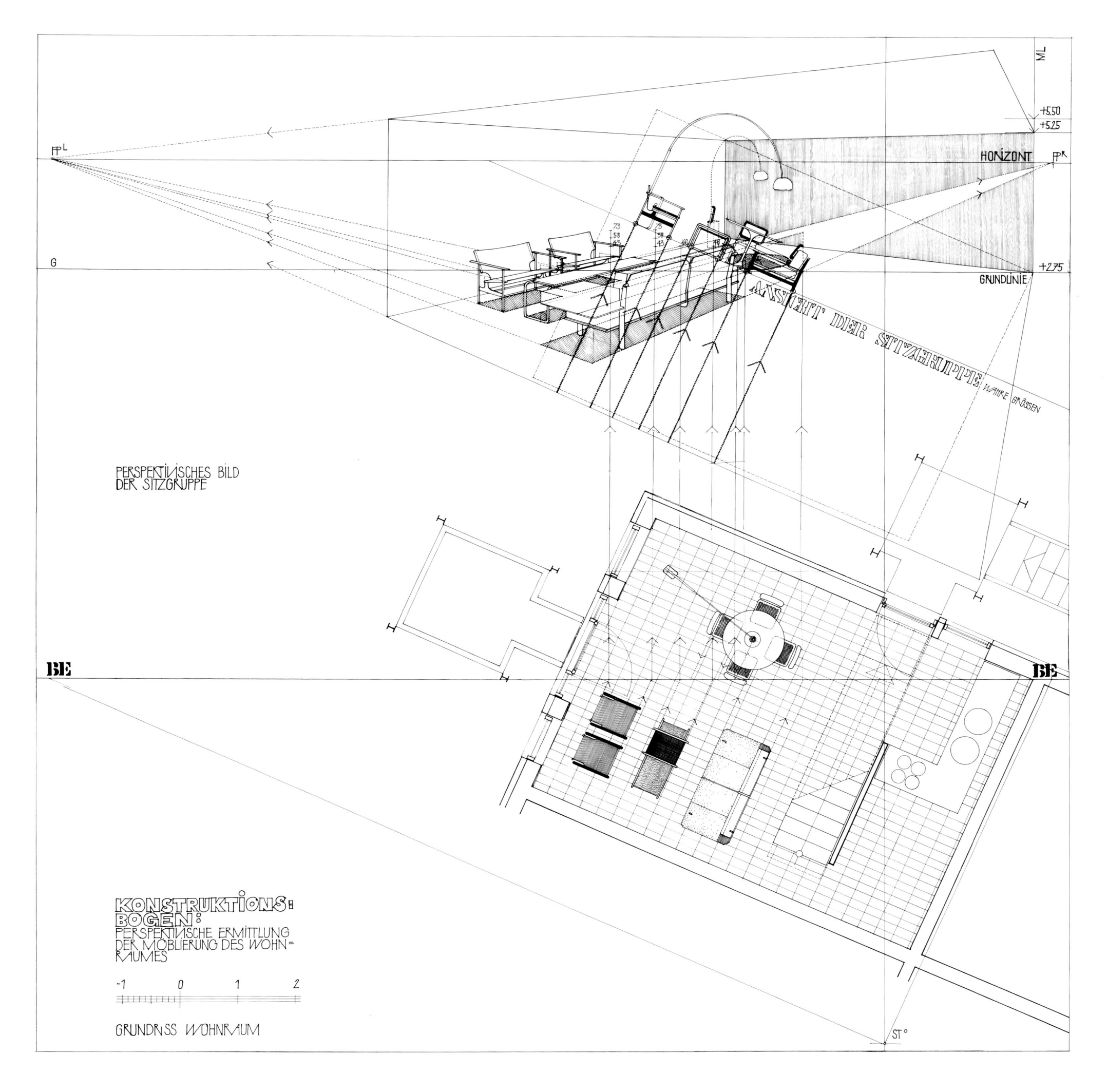

PERSPEKTIVISCHES BILD
DER SITZGRUPPE

ANSICHT DER SITZGRUPPE WAHRE GRÖSSEN

KONSTRUKTIONS=
BOGEN:
PERSPEKTIVISCHE ERMITTLUNG
DER MÖBLIERUNG DES WOHN=
RAUMES

GRUNDRISS WOHNRAUM

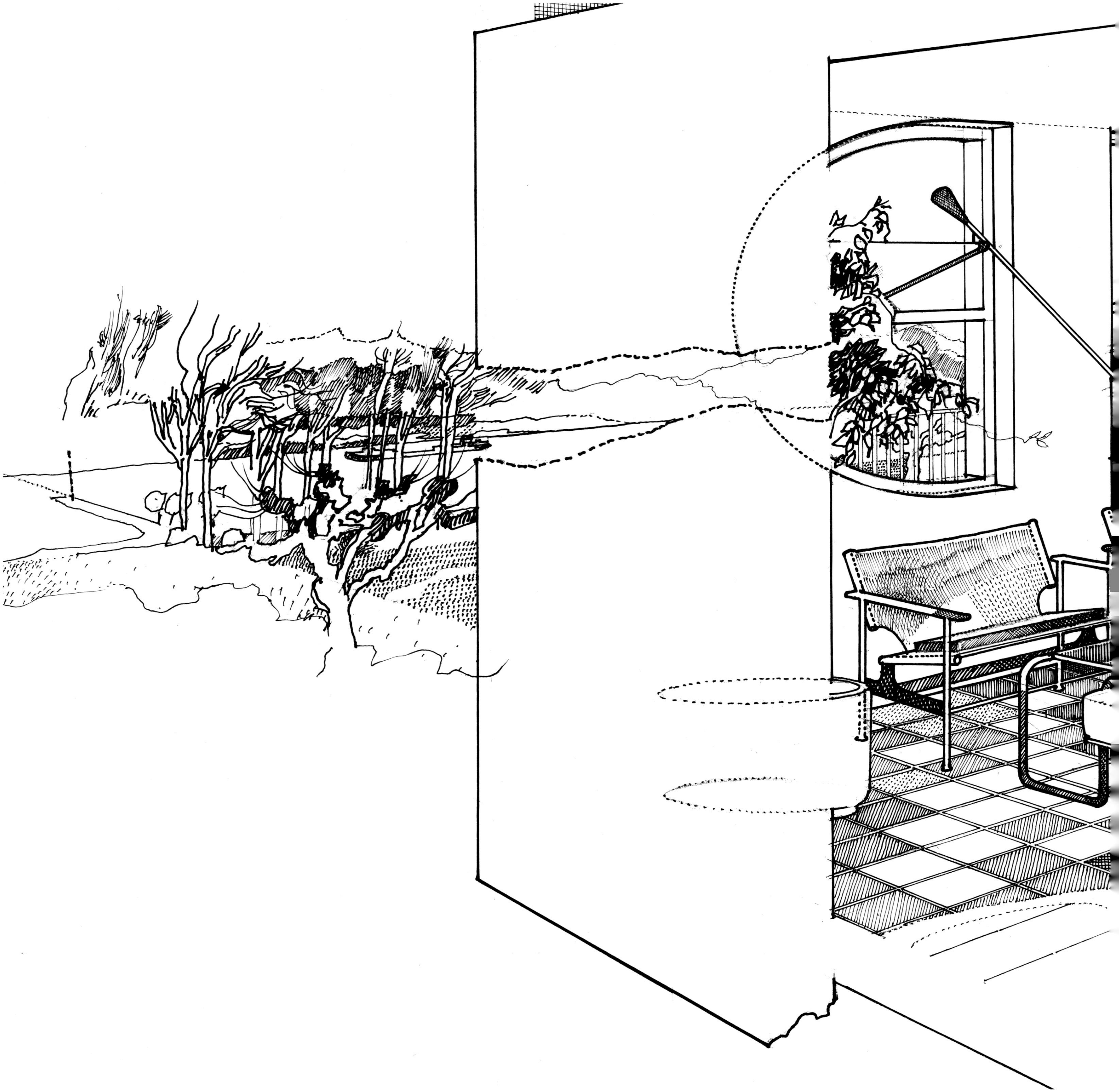

129

Bevor weitere grafische Details beschrieben werden, nochmals zurück zum zweiten Schritt der Konstruktion, der Einzeichnung der Möbel. Hier gilt insbesondere die Forderung nach Genauigkeit, weil das Gesicht der Möbel, deren Zusammenstellung für die Wirkung der Innenraumzeichnung von entscheidender Bedeutung ist. Man kommt nicht umhin, Möbel in ihren orthogonalen Ansichten und im Grundriß exakt darzustellen und dann mit Hilfe der Tiefenlinien die wahren Größen auf der Grundlinie abzutragen. Von hier aus erfolgen die entsprechenden Verbindungslinien zu den jeweils zuzuordnenden Fluchtpunkten. Dabei zeichnet man zunächst eine vereinfachte Linienfigur, die dann durch Einfügen wichtiger Detailpunkte zum fertigen Bild des jeweiligen Möbelstückes ergänzt wird.

Ist das Bild als lineare Zeichnung fertig, kommt es zum Einsatz der Grauwerte, um den Bildeindruck plastischer herauszuarbeiten. Dabei sind verschiedene Überlegungen maßgeblich, von denen die relativ genaue Darstellung der äußeren Landschaftsformen das weitere grafische Vorgehen am stärksten bestimmt hat. Die Fensteröffnungen erhalten nämlich auf diese Weise einen Grauwert und kontrastieren gegenüber den weißen angrenzenden Putzflächen der Wände; diese Wirkung wird noch durch den dunkel angelegten Steinfußboden erhöht. Bei der weiteren grafischen Durcharbeitung der einzelnen Möbelstücke sind natürlich Material und Farbe ausschlaggebend, beides gilt es, in der Schwarzweißzeichnung herauszuarbeiten.

Wann und wie man beim »Tonanlegen« beginnen oder aufhören soll, läßt sich in keine feste Regel bringen. Sicherlich ist es gut, einen aus Sicht des Zeichners wichtigen Bereich der Innenraumlandschaft zu akzentuieren und die Nebenbereiche entsprechend zurückhaltend zu behandeln.

This residential development near Königswinter was taken into use in 1985. The complex, comprising 70 dwelling units of various sizes, is remarkable not only for its situation immediately next to the Rhine, on the east bank of the river, but for its architecture as well. Its quality lies both in the design of the façades and in the unusual and imaginative layouts, which offer a wide range of dwellings, from 50 m^2 to 140 m^2 in size.

This example was chosen to illustrate the depiction of furniture. At the same time, the intention was to show the link between interior design and the general layout of the building. But there was also another reason for choosing this object: the maisonette unit shown is the Rhineside home of the draughtsman himself. In this way the author's wish to document his domestic surroundings is also fulfilled.

CONSTRUCTION AND REPRESENTATION

In the present example, a perspective with two vanishing points is the best way of incorporating the river landscape into the picture and thus extending the horizon. Here again, as in the previous examples, the process of construction is divided into two quite distinct stages. The first comprises the construction of the room itself with the window openings and the staircase leading to the upper level. The individual steps of the construction follow the normal two-point perspective method, as shown in the construction details on page 125. Care should be taken to construct the staircase with the help of the appropriate vanishing point for the inclined plane. More difficult is the construction of the upper floor space with its 35° sloping ceiling. A vanishing point can be constructed for the roof slope (lower vanishing point for sloping plane). But the problem lies in drawing the outlines at the top edge of the picture. By a process of »stepping down« or »stepping back«, as it might be called, the area of the picture can be condensed to a reasonable size. That, of course, brings us to a number of important considerations in terms of the representation itself. A major factor in capturing the atmospheric quality is the inclusion of both the landscape and the special characteristics of the building. The upper floor space is, therefore, just as important for the interior perspective as the balcony railings outside and the canopy roof – even if it is only possible to show the latter with dotted lines, since it is obscured by the ceiling slab. Before going on to describe further graphic details, it is necessary to mention the second stage of the construction – the depiction of the furnishings. Great precision is necessary here, since the appearance of the furniture and its arrangement has a vital influence on the drawing of the interior space. One has no choice but to draw the exact orthogonal elevations and plans of the furniture and then, with the aid of lines of depth, to plot the true sizes onto the base line. From here, lines are extended to the relevant vanishing points. Initially the objects are drawn in simplified linear manner. They are then amplified by the addition of important details, until one finally arrives at the finished form of the various pieces of furniture.

Once the line drawing is complete, grey tones can be added to heighten the three-dimensional, sculptural effect. Various considerations play a role here, the most important of which in this case was a relatively accurate depiction of the external landscape. This means that the window openings receive a grey shading that contrasts them with the adjoining areas of white plastered walls. The effect is enhanced by the dark hatching to the stone flooring. Decisive for the further graphic treatment of the individual pieces of furniture are, of course, the materials and colours. An attempt has been made in the black and white drawing to bring out their specific characteristics. There are no precise rules governing the form of shading, where one should begin or when one should stop. It is certainly not the worst policy to accentuate that aspect or realm of the interior landscape that seems important to the draughtsman himself and to treat the secondary details with restraint.

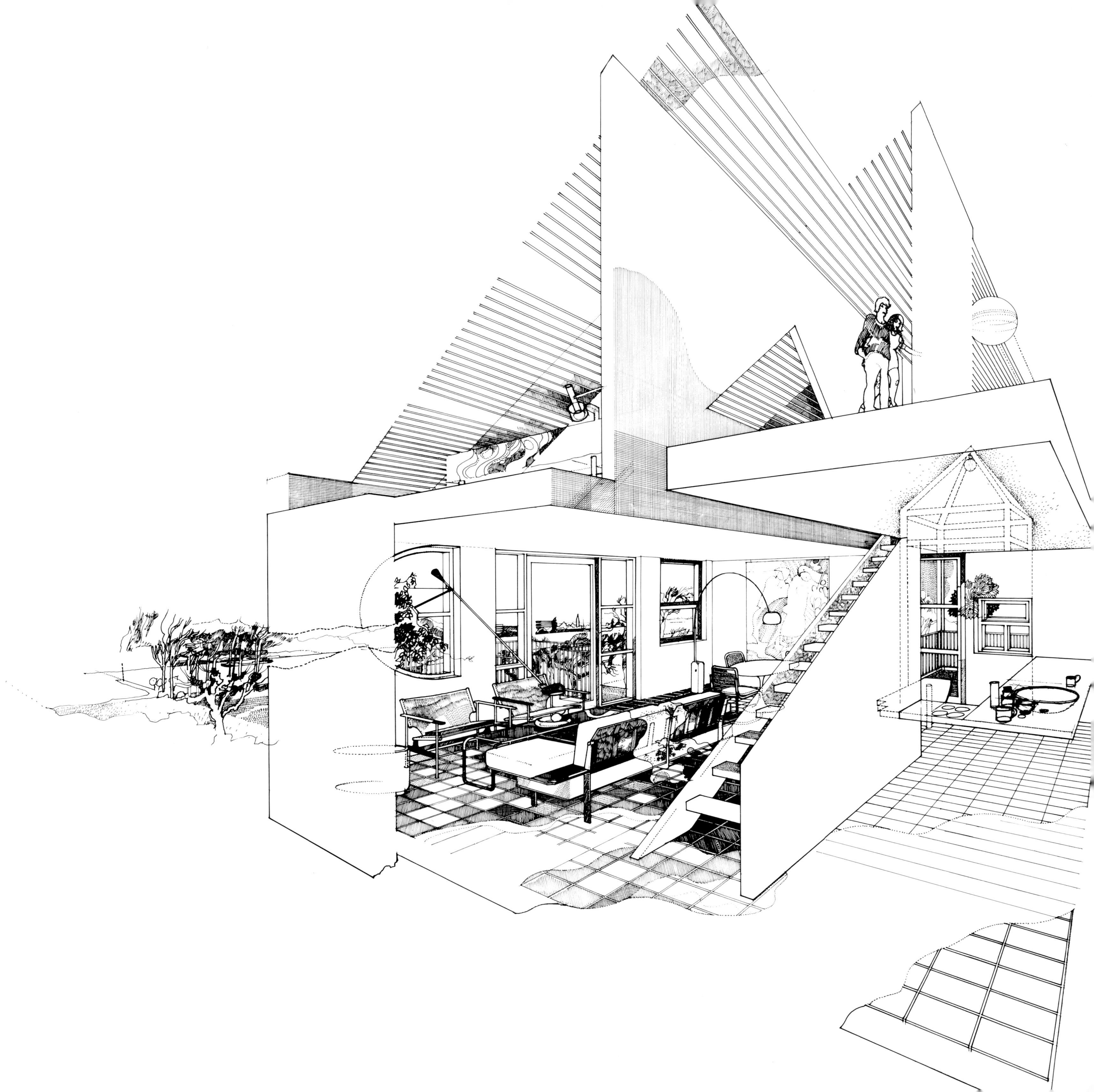

Spiegelung auf GLASFLÄCHEN

Die grafische Behandlung von Fensterflächen ist eine wichtige Möglichkeit für die Bildgestaltung, die jeder erfahrene Architekturzeichner nicht ungenutzt läßt. Dabei ist die Spiegelung nur eine der sehr spezifischen optischen Eigenschaften der Glasoberfläche. Viel einfacher und häufiger in der Anwendung ist die Durchsicht durch ein Fenster, die dem von außen Betrachtenden gleichzeitig auch die innenräumliche Wirkung erschließt. Die Intensität solcher Einblicke hängt von der Größe der Öffnungen und der Entfernung des Betrachters vom Objekt ab. Darüber hinaus ist die grafische Wiedergabe von Öffnungsflächen natürlich auch im Gesamtzusammenhang, in dem sich die Fenster innerhalb einer Fassade befinden, zu sehen. So ist es schon ein Unterschied, ob die Fensteröffnungen im Rahmen einer Mauerwerksfassade, wie beim Beispiel der Bank in Lugano sitzen, oder ob es sich um eine Curtain-Wall-Fassade handelt. Im ersten Fall kann es durchaus richtig sein, die Fensterfläche im Kontrast zu der umgebenden dunklen Fensterwand in hellem Ton zu halten, während bei der Ganzglasfassade ganz andere optische Gesetzmäßigkeiten gelten. Insbesondere dann, wenn es wie beispielsweise beim Pennzoil-Place-Komplex durch das nahe Beieinanderstehen zweier verglaster Türme zu Spiegelungen in der verglasten Fassadenfläche kommt.

Die Gläser der Curtain-Wall-Fassade des Pennzoil-Place-Hochhauses sind eingefärbt, so daß die Gesamtbaumasse recht dunkel erscheint. Für die Darstellung ist es trotzdem wichtig, die vom Sonnenlicht beschienenen Fassaden in hellem Ton erscheinen zu lassen, so daß die im Schatten liegende dunkle Fläche die Gebäudekante entsprechend markiert. Bei der Durcharbeitung der dunklen Partien ist es entscheidend, die rasternetzartige Struktur der Fassade zu betonen. Die typischen Spiegelungseffekte dagegen werden durch den Wechsel von dunklen und hellen Flächen erreicht, wobei für die Ausrichtung der Schraffurlagen die vorhandenen Fluchtpunkte benutzt werden.

In dem Beispiel des von Tadao Ando gebauten Gästehauses wird versucht, die Spiegelung auf einer leicht gekrümmten Glasfläche darzustellen; dabei ist auch die Berücksichtigung der Himmelszeichnung mit den Wolkenbildungen von Bedeutung. Im übrigen zeigt diese Skizze die Möglichkeiten einer Kombination von Rapidographen- und Filzstiftzeichnung auf, insbesondere im Zusammenhang mit der Baumzeichnung.

Beim Nagoya Municipal Museum ist die Darstellung der Curtain-Wall-Front im zentralen Mittelteil des Gebäudekomplexes weitaus schwieriger, weil die Krümmungslinie der Front in Wellenform abläuft; infolgedessen reicht die Skala der Tonwerte von Weiß über Grau bis Schwarz, wobei sich dieser Wechsel relativ unregelmäßig vollzieht. So ist es für die Gesamtwirkung des Gebäudes wesentlich, diesen zentralen Bauteil mit dunkleren Tonwerten zu akzentuieren, während die übrigen Gebäude nur linear dargestellt werden. Der Grautonwert setzt sich dabei allerdings im Sinne einer grafischen Lebendigkeit aus einer Vielzahl von unterschiedlichen Strukturen zusammen. Ausgangslage dieser Strukturen ist die Durchsicht auf den vom Standort aus tieferliegenden Fußboden der Eingangshalle.

Die Herausarbeitung eines dem Zeichner besonders wichtig erscheinenden Bereichs und die entsprechende grafische Zurückhaltung bis zur Reduktion in anderen Teilen des Bildes ist auch bei dem Kapitel Glasflächendarstellung eine ganz wichtige Empfehlung.

NAGOYA MUNICIPAL MUSEUM
OF MODERN ART
ARCHITECTS: KISHO KUROKAWA
SEITE: GESAMTPERSPEKTIVE
SEITE: DETAILAUSSCHNITT

Reflections in Glass Surfaces

The graphic treatment of areas of fenestrations affords significant scope for compositional considerations that no experienced architectural draughtsman is likely to ignore. Reflections are only one of the specific optical properties of glass surfaces, however. Much simpler to handle and more common in practice is the view through a window, affording the observer outside an impression of the internal space. The intensity of views into the interior of a building will depend on the size of the openings and the distance of the observer from the object. Furthermore, the graphic representation of openings should be related to the overall context of the façade in which the windows occur. It will obviously make a difference whether the window openings are set in a brick wall – as in the case of the bank in Lugano – or form part of a curtain wall.
In the first instance, it may well be better to keep the treatment of the window are light, in contrast to the darker wall surfaces surrounding it. In the case of a completely glazed façade, on the other hand, quite different optical rules will apply, especially, as in the case of the Pennzoil Place complex, where the close proximity of two glazed towers leads to reflections in the surfaces of the façades. The curtain-wall glazing of the Pennzoil Place towers is

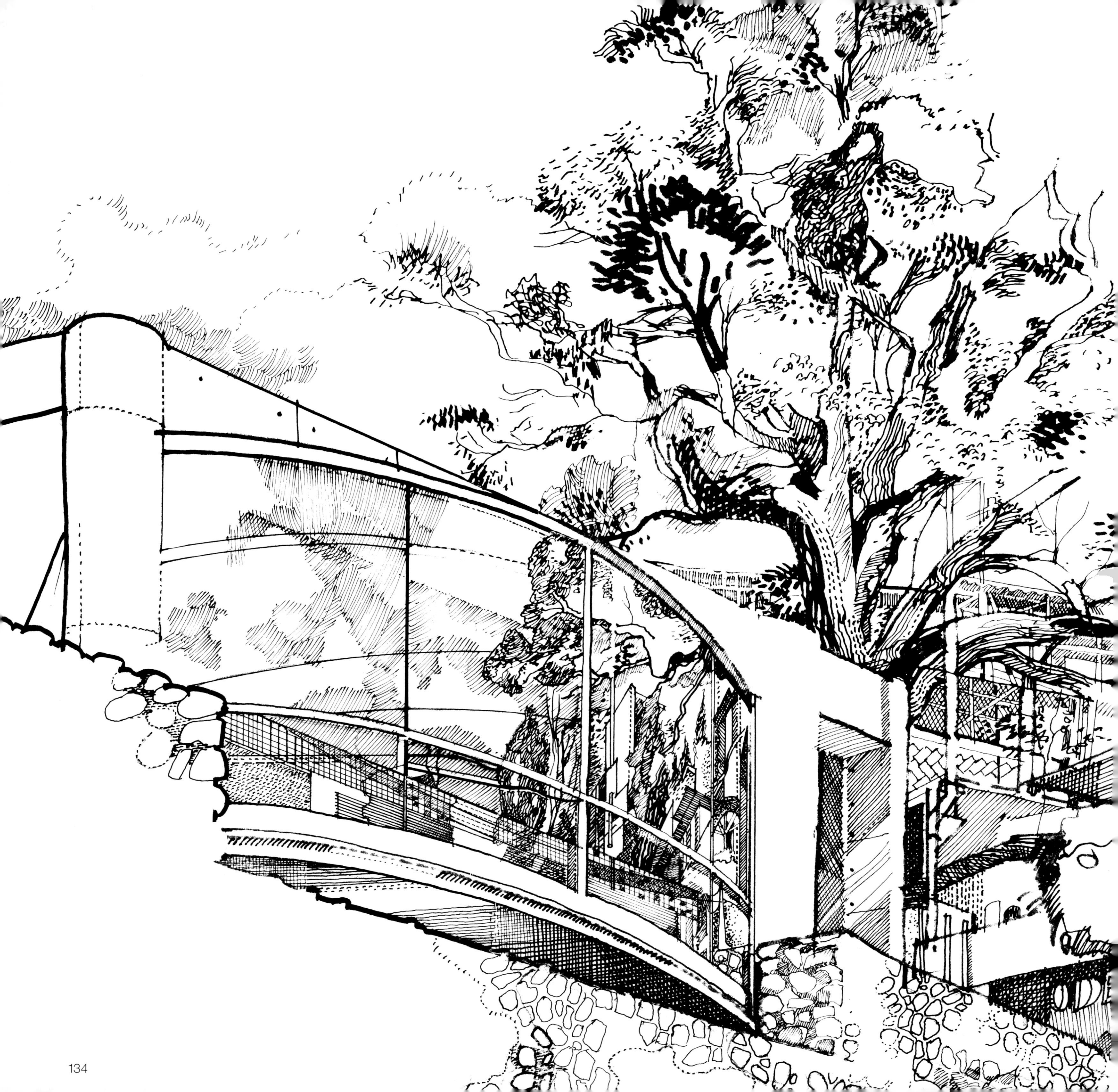

tinted, with the result that the bulk of the building has a relatively dark appearance. It is nevertheless important in the drawing to keep those façades that are in sunlight in lighter tones, so that the edge of the building is clearly marked by the contrast with the areas in shadow. In executing the darker areas of shading it is important to bring out the grid-like structure of the façade. Typical mirror effects are achieved by juxtaposing light and dark areas. The existing vanishing points are used when drawing the lines of hatching.

In the drawing of the guest-house by Tadao Ando an attempt is made to capture the reflections that might occur in a slightly curved glass surface. In this case, the appearance of the sky with its cloud formations is important. The sketch also illustrates the expressive scope of combining drawing pen and felttip techniques, especially in the depiction of the tree.

The representation of the curtain wall façade to the middle tract of the Nagoya Municipal Museum is much more difficult, since the front of the building curves backwards and forwards in a wave-like pattern, creating a range of tonal values – from white, via grey to black – that change quite irregularly. It is therefore important for the overall effect to accentuate this central section of the building with darker tones, depicting the rest of the complex in a simple linear form. The grey tonal value is graphically enlivened by combining a large number of different textures. The underlying consideration in applying these textures should be to retain a view to the lower-lying floor of the entrance hall, visible from the standpoint. When depicting glass surfaces, the draughtsman is again recommended to elaborate a particular realm that seems important to him, and to exercise graphic restraint to the point of reduction in other areas.

SKIZZE:
GUESTHOUSE OLD/NEW ROKKO
ARCHITECTS: TADAO ANDO & ASSOCIATES
SEITE:
"PENNZOIL PLACE", HOUSTON, TEXAS
ARCHITECTS:
PHILIP JOHNSON & JOHN BURGEE, NEW YORK
SEITE:

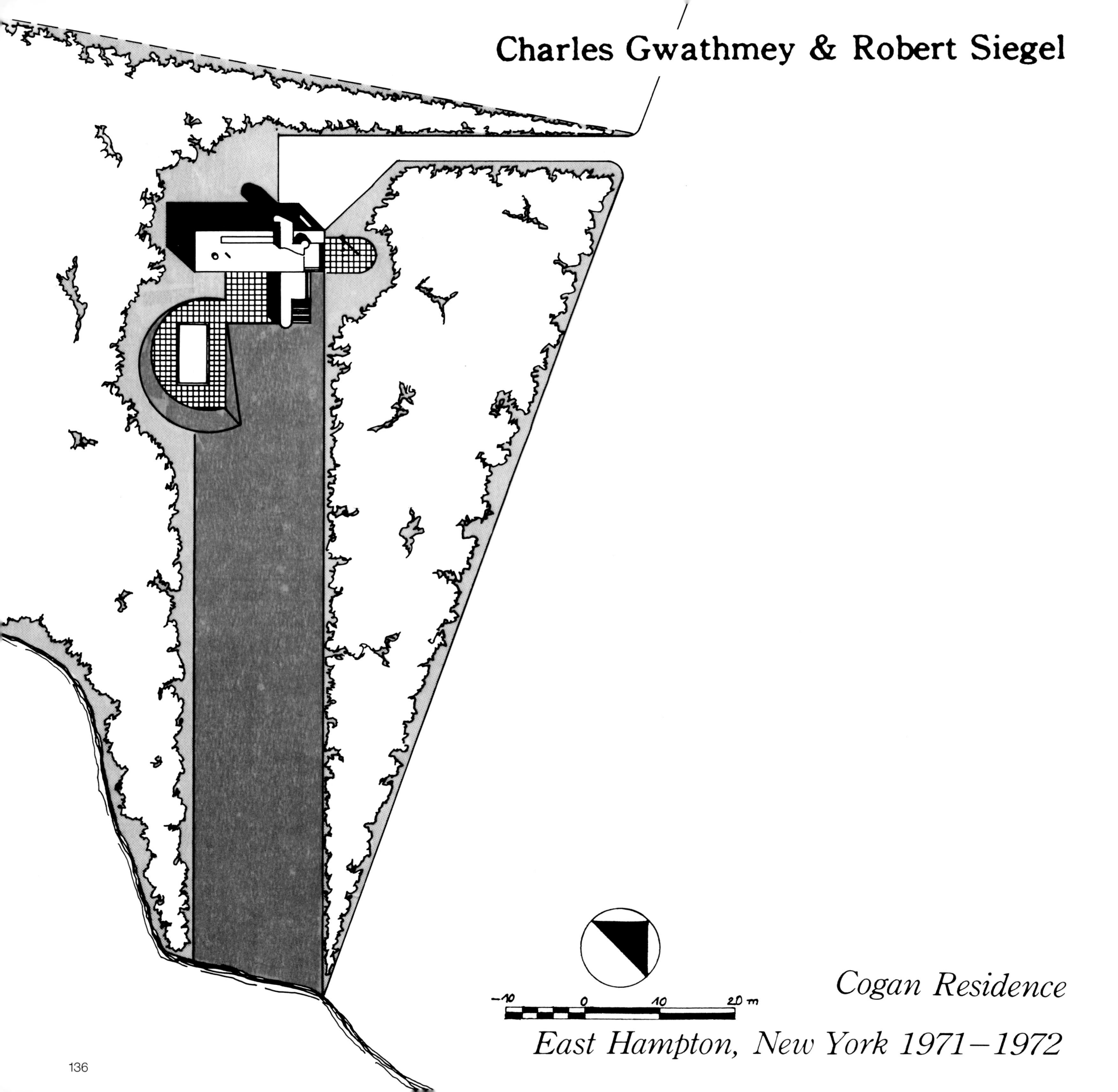

Charles Gwathmey & Robert Siegel

Cogan Residence

East Hampton, New York 1971–1972

Vor rund 20 Jahren haben die Architekten Charles Gwathmey und Robert Siegel an der Ostküste der USA eine ganze Reihe von bemerkenswerten Wohnbauten fertiggestellt, die sehr stark unter den Einflüssen sowohl des Bauhauses als auch Le Corbusiers Formensprache stehen. Dabei sind diese Häuser in ihrer räumlichen Disposition so vielgestaltig und diszipliniert zugleich, daß sie auch aus heutiger Sicht noch nichts von ihrer Qualität eingebüßt haben. Ein besonders schönes Beispiel ist die Cogan-Residence, ein Haus, das unmittelbar am Atlantischen Ozean liegt. Herzstück des Hauses ist der Wohn- und Eßraum, der sich für eine Innenraumdarstellung besonders anbietet.

KONSTRUKTION

Fast alle Innenraumperspektiven werden als zentralfluchtende Perspektiven ausgeführt. Der Grund liegt zum einen in der gegenüber der Zweifluchtung einfacheren Handhabung, zum anderen in der Möglichkeit, mit dem Standort dichter an das Objekt heranzugehen, was einer Weitung des Sehstrahlenkegels gleichkommt. Der Standort wird außerdem so gewählt, daß möglichst viele für das Haus spezifische Ein- bzw. Ausblicke eingefangen werden. Die Standortachse bzw. der damit fixierte zentrale Fluchtpunkt (ZFP) soll dabei weitgehend in der Symmetrieachse des Raums liegen, dem der besondere Blickfang gilt. Die Horizontlinie befindet sich auf normaler Augenhöhe und stellt damit den Raumeindruck sicher, den der den Raum Betretende als erstes wahrnimmt. Mit diesem auf einer mittleren Höhe angeordneten Standort ergeben sich auch bessere Möglichkeiten für das Zeichnen der Möbel wie Tische und Stühle, die für die Wirkung des Innenraums eine wesentliche Rolle spielen.

Zuerst wird der Raum aber weitgehend ohne Möbel dargestellt, um sich dadurch besser auf die Konstruktion der links vom Betrachter befindlichen Fensterwand und den davor stehenden Stützen zu konzentrieren. Die Stützen sind rund, und hier bedarf es für das elliptische »Anschließen« an Fußboden und Decke der in der Detailskizze angegebenen Konstruktion, die mit Hilfe des umschriebenen Quadrats einschließlich dessen Diagonalen durchzuführen ist. Das flüssige Zeichnen der Ellipse sollte immer wieder vom Perspektivezeichner geübt werden. Als weitere Konstruktions-Hilfspunkte empfiehlt es sich, beide Fluchtpunkte (Diagonalrechts und Diagonallinks) vorzusehen, um notwendige Tiefenteilungen im Bereich der senkrechten Standortachse präzise durchführen zu können. Darüber hinaus ist der entsprechende

Neigungsfluchtpunkt für die geschoßverbindende Rampe erforderlich.

Die im Vordergrundbereich tieferliegende, kurvenförmige Deckenfläche wird mit Hilfe eines perspektivisch verkürzten Rasters konstruiert. Zum besseren Absichern des konstruktiven Gefüges des Schaubilds sollte man auf das Zeichnen der verdeckt liegenden zweiten Kurve, die den Anschluß der teilweise tiefergelegten Decke an die Normalgeschoßdecke darstellt, nicht verzichten.

Ein von dem bisherigen Konstruktionsverlauf losgelöstes Verfahren stellt die im Vordergrund befindliche Tischgruppe dar. Die notwendige Umsetzung der in die Gesamtprojektion eingebundenen Fluchtung der Tischgruppe stellt zwar im konstruktiven Bereich kein besonderes Problem dar, jedoch ist die Darstellung der aus Stahlrohr gebogenen Stühle in der Perspektive so schwierig, daß eine gesonderte Behandlung sinnvoll erscheint.

DARSTELLUNG

Im darstellerischen Bereich stellt sich als Ziel, die großzügige Eleganz und Klarheit, die das Haus außen wie innen vermittelt, optimal wiederzugeben. Ganz bewußt zeige ich anhand einer Vorskizze die sich ergebenden Gesichtspunkte: Korrespondenz von Innen nach Außen – allerdings mit einer verfremdeten Umgebung –, die Abstimmung der Grautonwerte und die Materialwiedergabe. Das Ergebnis in der Skizze ist mehr oder weniger eine Sammlung von Darstellungsmöglichkeiten, zum Beispiel die Zeichnung der Zimmerlinde, der Figurengruppe oder auch die Variante von Schraffurlagen in der Holzverschalung. Das zu Anfang angesprochene Ziel, die Haltung des Hauses wiederzugeben, kann in diesem Fall nur mit zeichnerischer Disziplin und Konzentration auf die wesentlichen Punkte, die die räumliche Großzügigkeit wiedergeben, erreicht werden; dies bedeutet auch ein Weglassen von Strichen an der richtigen Stelle. Darüber hinaus erscheint es mir wichtig, daß die Fensterkonstruktionen mit kräftigen, klar dimensionierten Profilen gekennzeichnet werden, dabei sollte die seitliche Wandung (Leitung) des Profils nicht vergessen werden.

HORIZONT

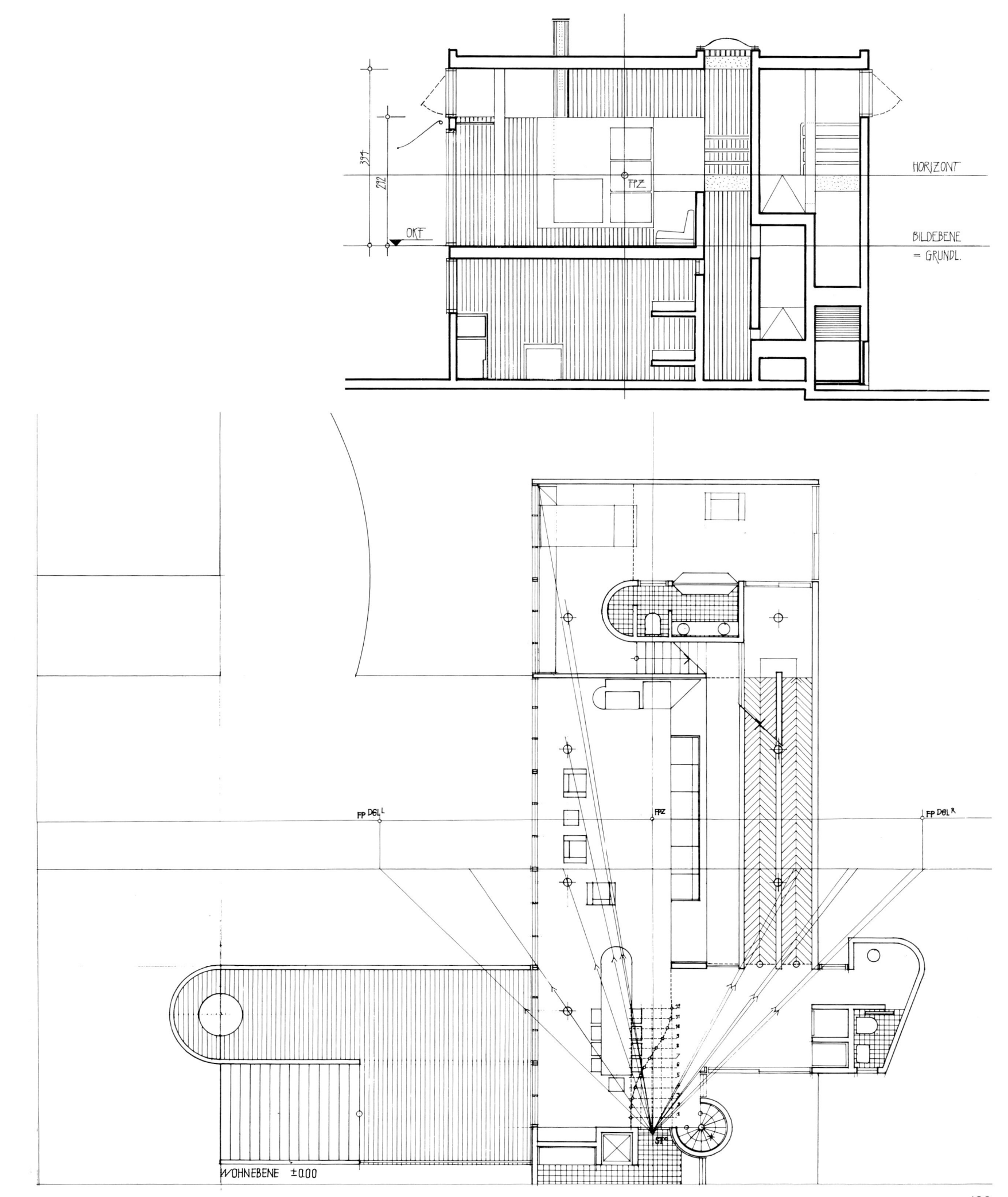

BILDEBENE
= GRUNDL.

FP DGL L   FPZ   FP DGL R

WOHNEBENE ±0.00

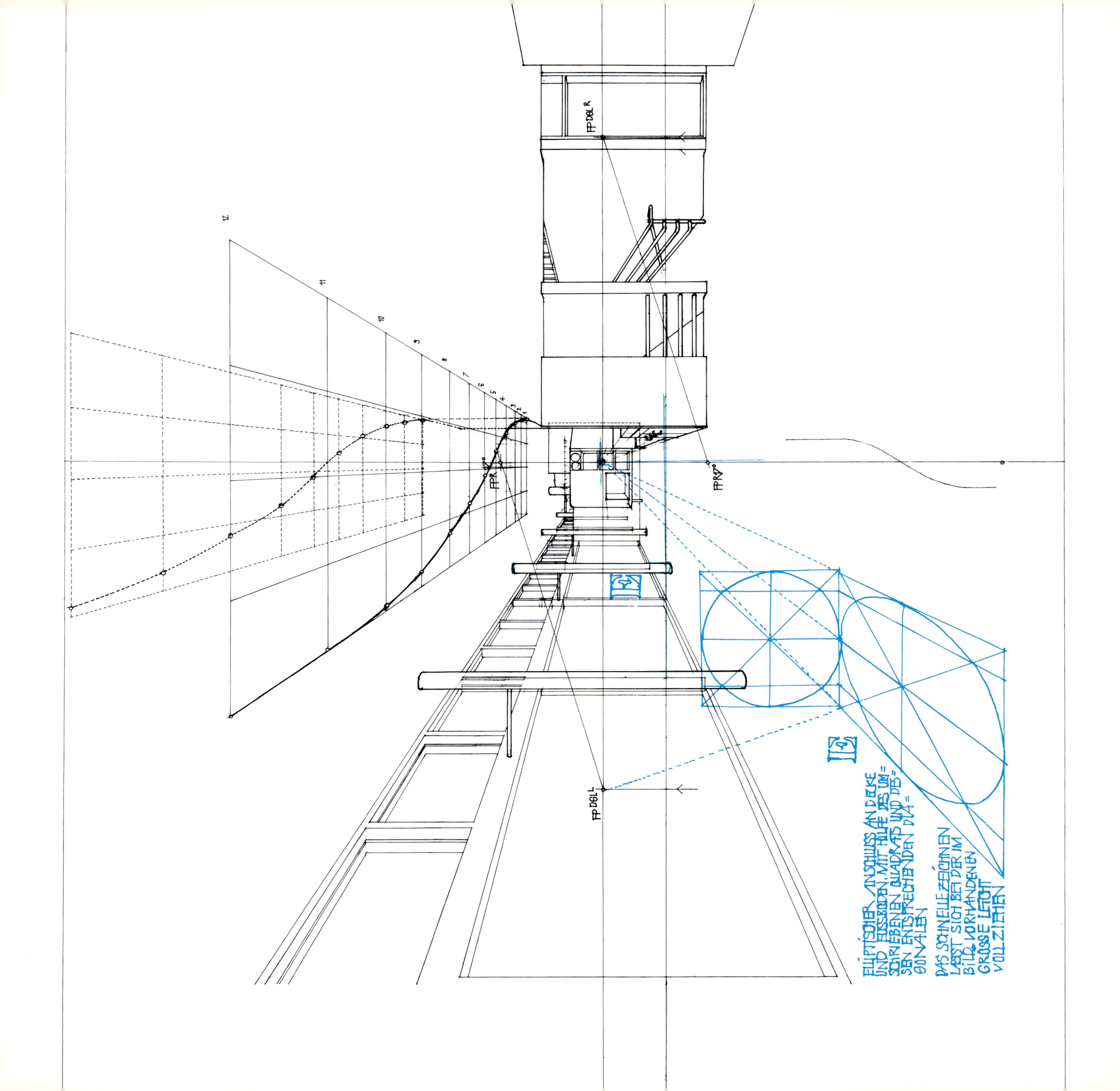

ELLIPTISCHER ANSCHLUSS AN DECKE
UND FUSSBODEN. MIT HILFE DES UM=
SCHRIEBENEN QUADRATS UND DES=
SEN ENTSPRECHENDEN DIA=
GONALEN

DAS SCHNELLE ZEICHNEN
LÄSST SICH BEI DER IM
BILD VORHANDENEN
GRÖSSE LEICHT
VOLLZIEHEN

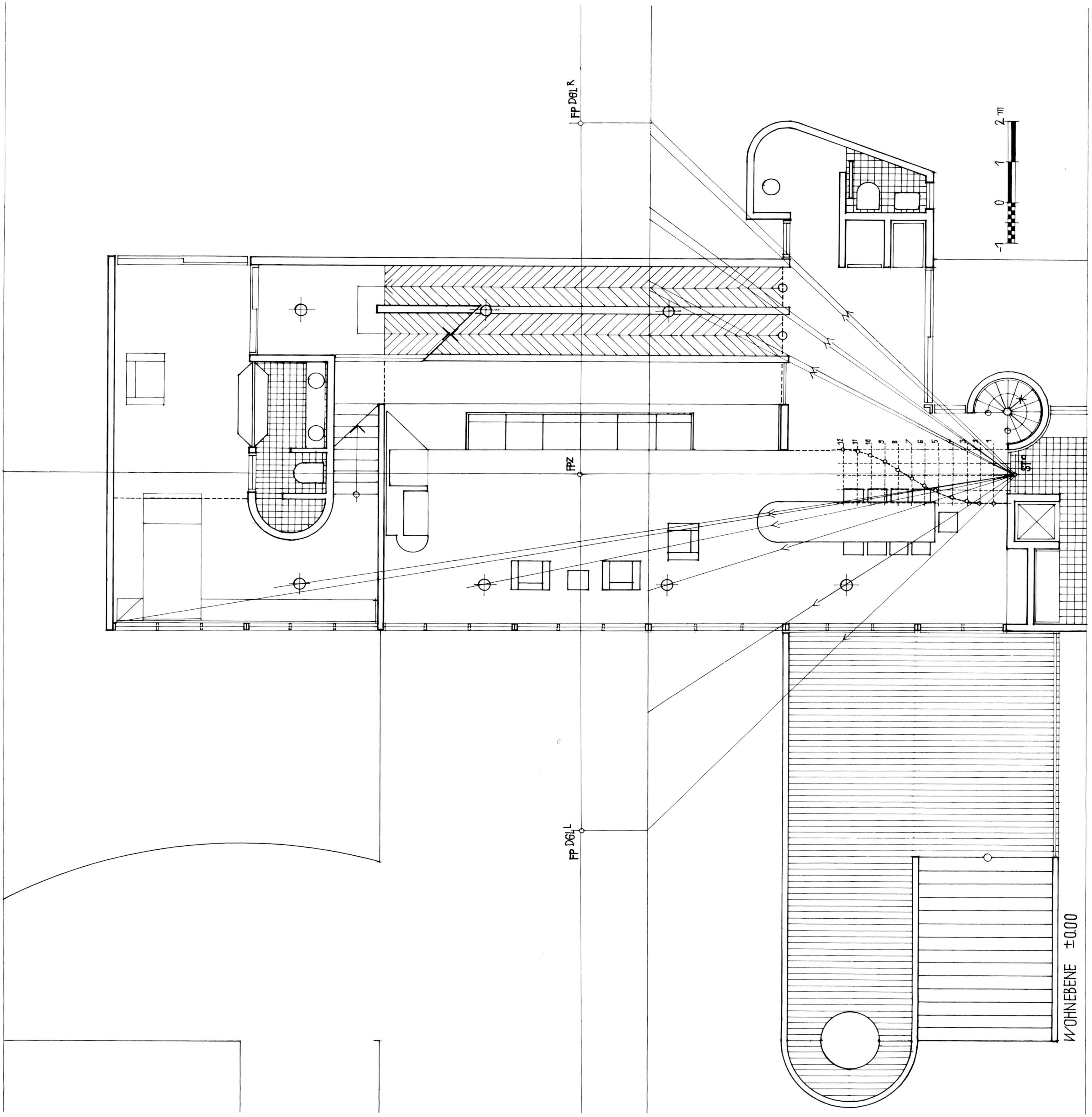
FP DGL R
FPZ
FP DGL L
ST
WOHNEBENE ±0.00
2 m
1
0
-1

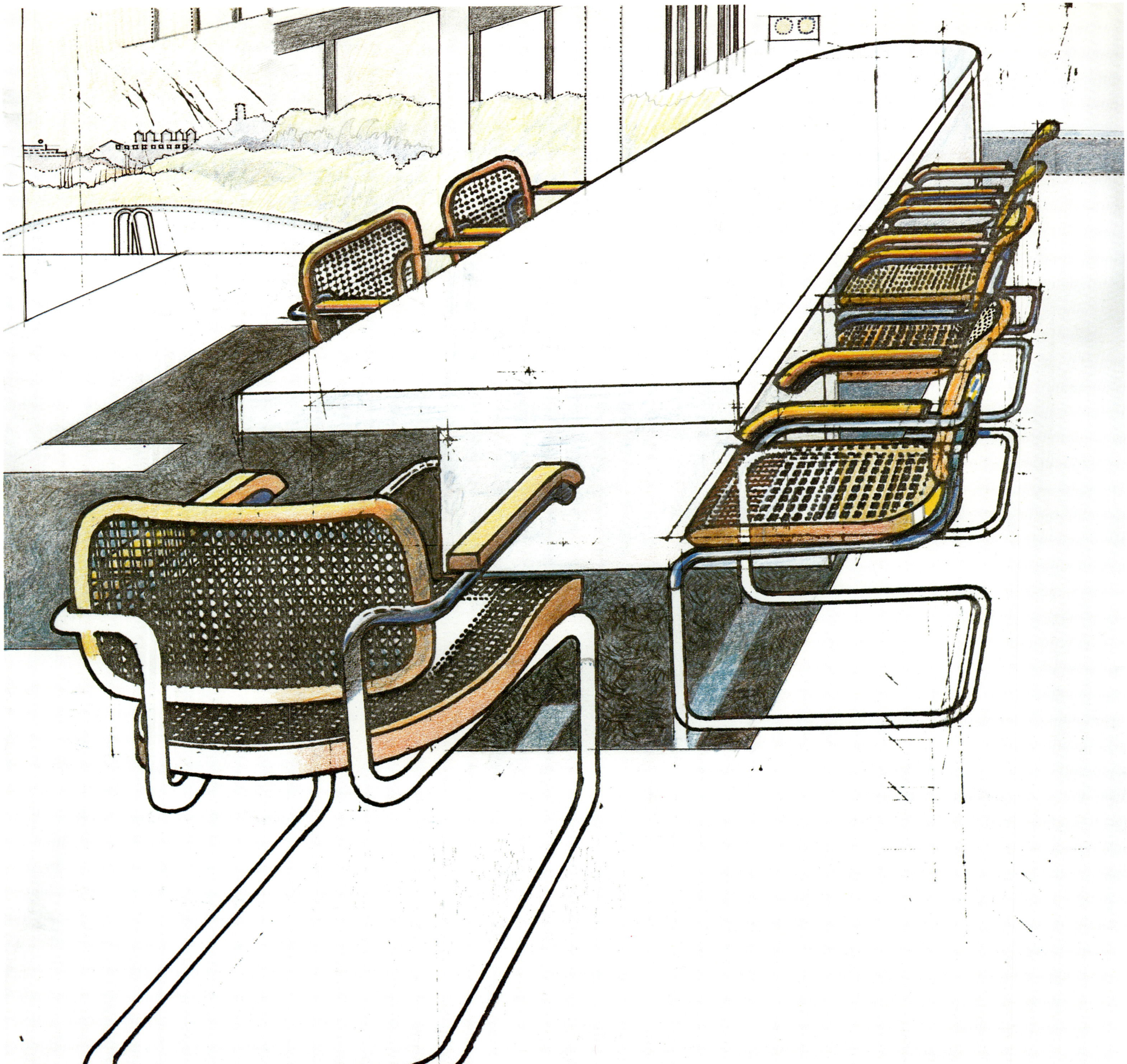

Roughly 20 years ago the architects Charles Gwathmey and Robert Siegel completed a whole series of remarkable houses on the east coast of the USA. The buildings are strongly influenced by the formal language of the Bauhaus and le Corbusier. At the same time, these houses are so polymorphic and yet disciplined in their spatial arrangement that even today they have lost none of their quality. A particularly fine example is the Cogan Residence, a house erected on the shores of the Atlantic Ocean. The heart of the house is formed by the living-dining-room, which provides an eminently suitable vehicle for an interior perspective drawing.

CONSTRUCTION

Almost all interior perspectives are drawn as single-point central perspectives. The reasons for this are firstly the simpler procedure in comparison with two-point perspective drawing; and secondly, the possibility of setting the standpoint closer to the object, which results in a broadening of the angle of view or visual cone. The standpoint should also be fixed in such a position that as many views as possible that reflect the specific characteristics of the building can be included in the picture – views to other internal spaces and to the outside. The axis through the standpoint – and the central vanishing point (ZFP), which lies on it – should be aligned as far as possible with the central axis of the space along which the most interesting view of the room is to be obtained. The horizon line is set at normal eye level, thus capturing the first spatial impression gained by a person entering the room. Setting the standpoint at a normal height also allows better scope for drawing furnishings such as tables and chairs, which have a major influence on the spatial effect of the room.

The first step is to draw the space without furniture, however, in order to concentrate on the construction of the window wall to the left of the observer and the row of columns in front of it. The columns are circular in section. In order to draw their apparently elliptical intersections with the floor and ceiling, the construction illustrated in the detailed sketch will be necessary. This is executed by projecting the square containing the circle and the diagonals as shown. Drawing elliptical forms with a swift, fluent movement is a technique the perspective draughtsman should practise regularly. Other recommended aids are the construction of the two vanishing points (diagonals to left and right) to facilitate the accurate marking off of dimensions of depth near the vertical axis through the standpoint. In addition, the vanishing point for the inclined plane of the ramp between floors is required.

The curving outer line of the lower ceiling level in the foreground can be constructed with the aid of a perspectively foreshortened grid. As a cross-check for the correct relationship of the various parts of the construction, one should also draw the concealed second curving line, which marks the junction between the vertical edge of the suspended soffit and the normal soffit.

The table and chairs in the foreground should be drawn in a separate process. Aligning this group with the overall perspective of the room presents no great problem in terms of construction. The perspective representaion of the bent tubular steel chairs, however, is so difficult that a separate treatment is advisable.

FORM OF REPRESENTATION

From the point of view of the graphic presentation, the aim must be to capture in optimal manner the spacious elegance and clarity of the house, both internally and externally. In a preliminary sketch I try to show the various aspects to be considered: the correlation between interior and exterior (with changed surroundings, however); the distribution and balance of grey tones; and the reproduction of materials. The outcome in the sketch is more or less a collection of some of the possible techniques of presentation that are available; for example, the inclusion of the room plant (an African hemp tree), the group of figures, or the different hatching structures to the timber cladding. The aim of the drawing, described at the outset – the communication of the style and bearing of the building – can only be achieved here with graphic discipline and by concentrating on the essential aspects that reflect the sense of spaciousness. This also implies the omission of shading at relevant points. Furthermore, it is important, I feel, to draw the window construction with bold, clearly dimensioned frames. The lateral faces and glazing lines should not be forgotten.

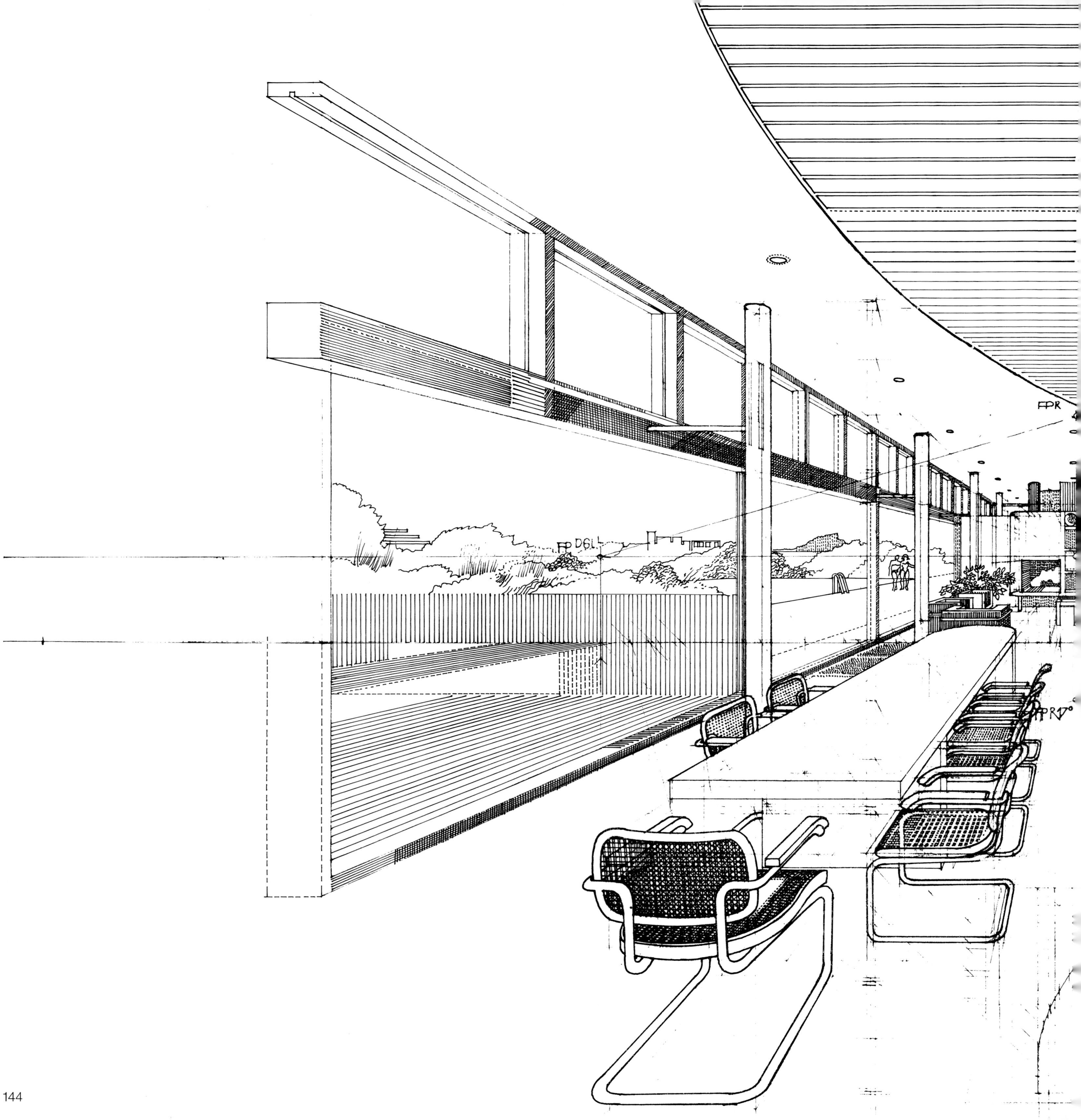
FPR
FP D6L
FPR17°

HORIZONT

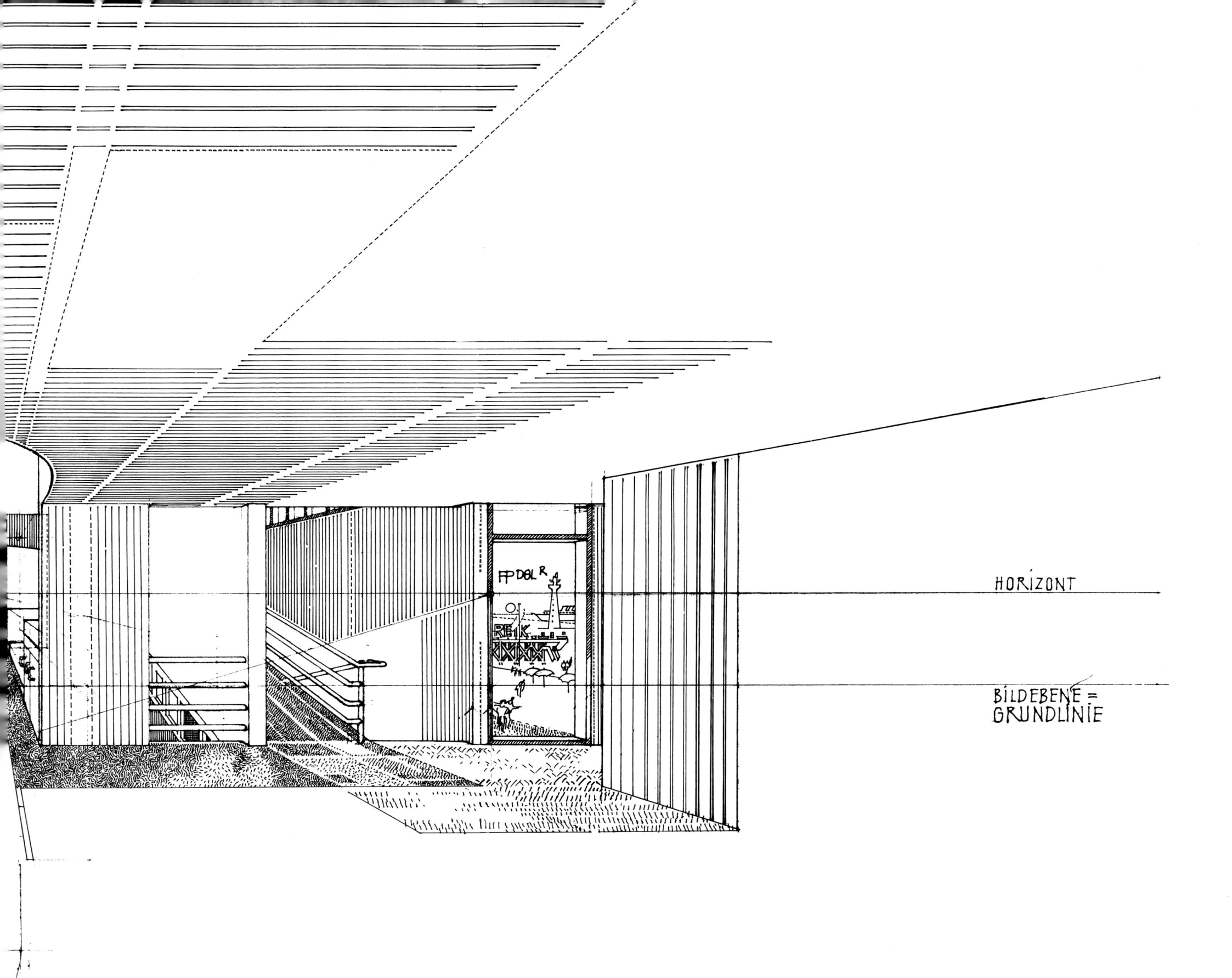

BILDEBENE = GRUNDLINIE

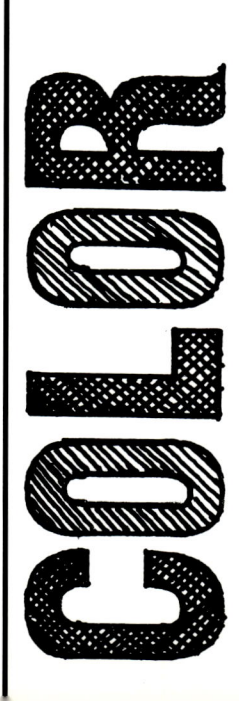

FARBE
IN DER ARCHITEKTUR-ZEICHNUNG

"A UDINE, UN OPERA DI CARLO SCARPA"

COLOR IN THE ARCHITECTURAL DRAWINGS

Die Farbe als architektonisches Gestaltungselement tritt in zunehmendem Maße in den Architekturzeichnungen der letzten Jahre in Erscheinung. Der Grund dürfte darin liegen, daß mit der Farbe intensivere Aussagen, insbesondere im atmosphärischen Bereich, erreicht werden können. Auffallend ist, und das hängt zweifellos mit den sich ständig in Bewegung befindlichen Ausdrucksformen der Architektur zusammen, die Zusammensetzung der Farbpalette.

Ganz deutlich wird dies an den Zeichnungen eines Aldo Rossi, der die Farbkombinationen ganz früh schon in seinen Fassadenaufrissen einbringt. Eine Steigerungsmöglichkeit im farbigen Ausdruck erreicht er durch ein Zeichnen auf einem ockerfarbenen Karton. Dadurch gelingt es ihm, die für ihn typischen Material- und Farbkombinationen, wie die eines rotbraunen Klinkers neben einer türkisfarbenen, beinah stechend grünen Stahlkonstruktion entsprechend zu akzentuieren.

Daneben gibt es noch eine ganze Reihe anderer Architekten, die mehr experimentell mit dem Gestaltungsmittel Farbe umgehen, zum Teil mit deutlich zurückgenommenen Farbkombinationen, bei denen der Grundton Grau eine besondere Rolle spielt. Die Architekturbilder von Zaha Hadid gehören beispielsweise dazu. Diese Arbeiten sind jedoch von der Technik her außerordentlich aufwendig und damit arbeitsintensiv. Eine schnellere und einfachere Methode ist zum Beispiel die Farbbehandlung mit dem simplen Farbstift. Es gibt da die herrlichen farbstiftkolorierten Zeichnungen von Frank Lloyd Wright oder die von Carlo Scarpa, die noch heute beispielhaft sind. Wichtig und entscheidend für die Qualität dieser Arbeiten ist die Auswahl der Farbe, bei der ein Mischen verschiedener Farbtöne durch Übereinanderlegen für die Vielgestaltigkeit und innovative Wirkung eine große Bedeutung hat.

Auf Seite 175 ist eine Darstellung der Farbmischungen abgebildet. Natürlich stellt sich die Frage nach der Notwendigkeit des Überlagerns von Farben, nachdem heutzutage außerordentlich differenzierte Farbstiftpaletten auf dem Markt erhältlich sind. Die Antwort liegt eindeutig in der Möglichkeit, die Farbstellungen eines Bilds dadurch zu steuern: Erfahrungsgemäß besteht bei farbigen Darstellungen sehr leicht die Gefahr allzu bunter Bilder. Das Mischen erlaubt es hier, dämpfend zu wirken und dabei die vornehme und zurückhaltende Wirkung von Grautönen nicht aus dem Auge zu verlieren.

Für das Auftragen von Farbstifttönen bietet die Wahl verschiedener Papiere Differenzierungsmöglichkeiten. Rauhe oder glatte Papieroberflächen ermöglichen unterschiedliche Strukturen der Farbflächen. Im allgemeinen dürften ausgeglichene feine Auftragungen ohne Strichstrukturen richtig sein; es sei denn, der Zeichner ist in der Lage, so virtuos mit Farbe und Struktur umzugehen, wie das bei den farbigen Zeichnungen Aldo Rossis festzustellen ist. Bei diesen dominieren sehr feine, wolkig aufgetragene Farbflächen, jedoch setzt er an einzelnen Stellen Akzente von der Farbe und der Strichlage her, was dem ganzen Bild die für ihn typische Lebendigkeit verleiht.

The use of colour as an element of design has become increasingly evident in architectural drawings in recent years. The reason for this probably lies in the fact that colour facilitates a more intensive statement, particularly in the atmospheric realm. Many fine architectural drawings testify to this. What is new, however, is the range of colours used, which is certainly a product of the constantly changing forms of architectural expression.

This is clearly illustrated in the drawings of Aldo Rossi, who introduced colour combinations at a very early stage in his elevational studies. He has heightened the range of coloured expression even further by drawing on ochre-coloured card. In this way he is able to accentuate his characteristic combinations of materials and colours, such as reddish-brown brickwork juxtaposed with a turquoise-coloured, almost stridently green steel structure.

A number of other architects use colour as a design element in a more experimental wy – partly in subdued combinations, in which a basic tone of grey plays an important role. The architectural drawings of Zaha Hadid, for example, could be cited among these. But they are extremely elaborate in terms of technique and therefore require a great deal of work. A quicker, more straightforward method is to apply colour with a simple coloured pencil or crayon. There are marvellous pencil-coloured drawings by Frank Lloyd Wright or Carlo Scarpa that can be regarded as models of their kind even today. The decisive factor determining the quality of these works is, of course, the choice of colours and the mixing of different shades. These are overlaid on each other, so to speak, a technique that is of great importance for the diversity and innovative effect of a drawing.

Page 175 shows an illustration of colour blending. One can, of course, question the need to mix colours at all, when there is such a finely graduated range of coloured pencils on the market today. The answer is clearly to be found in the scope this technique offers for controlling the coloration of a drawing. One knows from experience that colour depictions can all too easily become too gaudy. Mixing colours enables one to subdue the coloration and not to lose sight of the refined, restrained effect of grey tones. Different textures in the coloured surfaces can be achieved by selecting different sorts of paper. Rough or smooth surfaced papers lend coloured areas quite different textures. As a rule, an even, light application of colour without linear structure will be best, unless, of course, the draughtsman is capable of handling colours and textures with as much virtuosity as is evident in the drawings of Aldo Rossi. In these, an extremely fine, cloud-like application of colour predominates. But at certain points Rossi uses colour and linear structures to set bolder accents, a feature that gives his drawings their typical sense of liveliness.

IL CASTELLO IN ARIA
UN OSSERVATORIO ABITABILE

ARCH. PIERO FRASSINELLI E ALESSANDRO MAGRIS

Erwähnt werden müssen auch die farbigen Architekturperspektiven aus dem amerikanischen Büro Venturi, Rauch & Scott Brown (S. 155). Die hier zur Anwendung kommenden Farbpaletten beinhalten neue Kombinationen, die die Stimmungen der Bilder außerordentlich interessant beeinflussen. Dazu gehört allerdings auch eine ganz spezifische, disziplinierte Strichtechnik, deren typisches Merkmal in der Kunst des Weglassens von Linien besteht. Dadurch wird dem Betrachter unwillkürlich eine große Phantasie im Rahmen der Ergänzung überlassen und eine gestalterische Form der Zuordnung erreicht, die sich bewußt von der Trockenheit schematischer unreflektierter Darstellungen distanziert.

Mention should also be made of the colour architectural perspectives by the American office of Venturi, Rauch and Scott Brown (p. 155). The range of colours used here contains new combinations that have an extremely interesting influence on the mood of the pictures. An essential part of this is the use of a quite specific, disciplined linear technique, a typical feature of which consists in the art of omitting lines at vital points. This presupposes a great deal of imagination on the part of the observer, who is expected to complete the picture in his own mind. In addition, an associative design form is attained that is consciously removed from the dryness of unconsidered diagrammatic depictions.

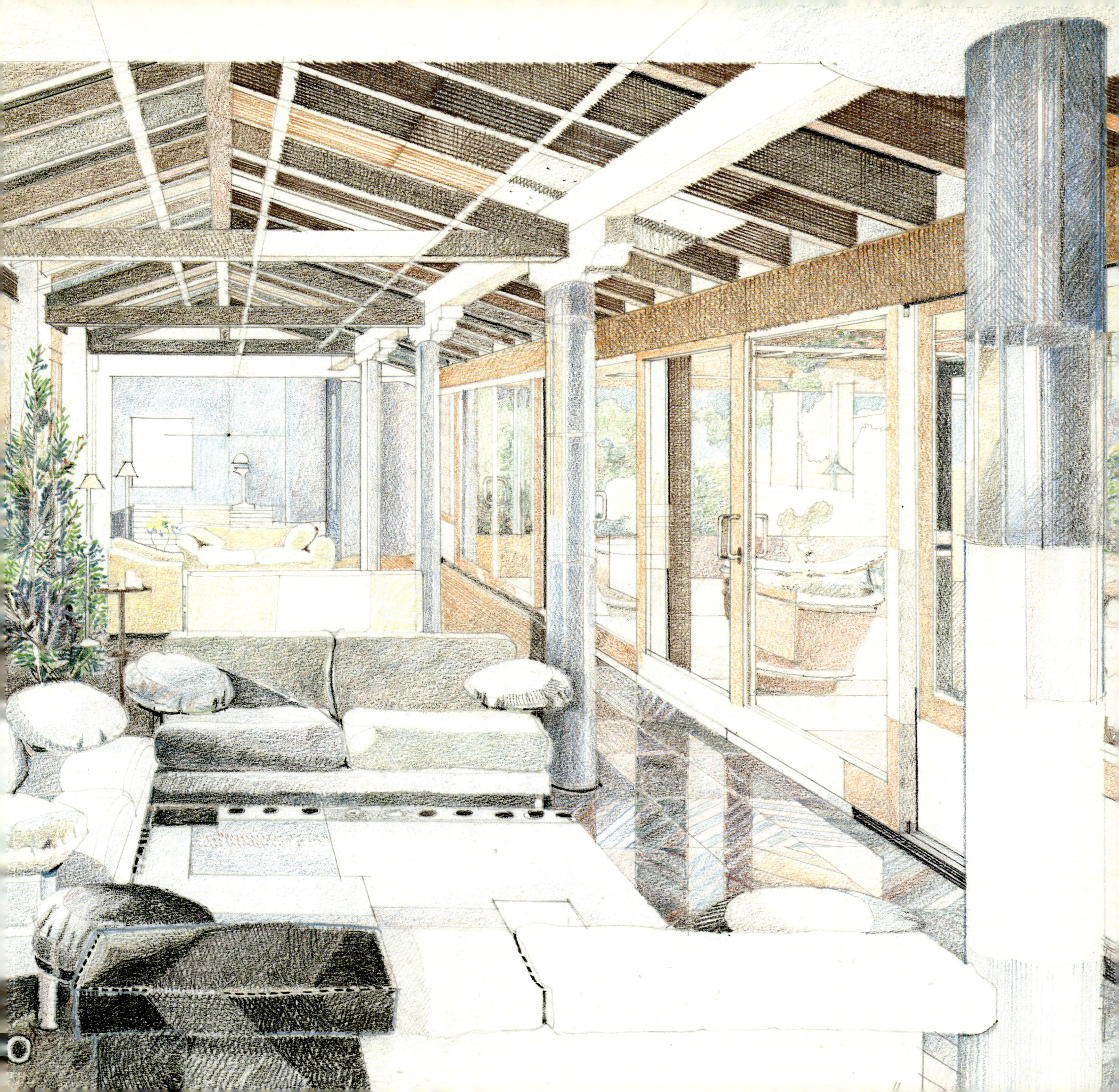

THE FARMER'S HOUSE

ARCHITECTS: OSAMU ISHIYAMA + DAM DAN

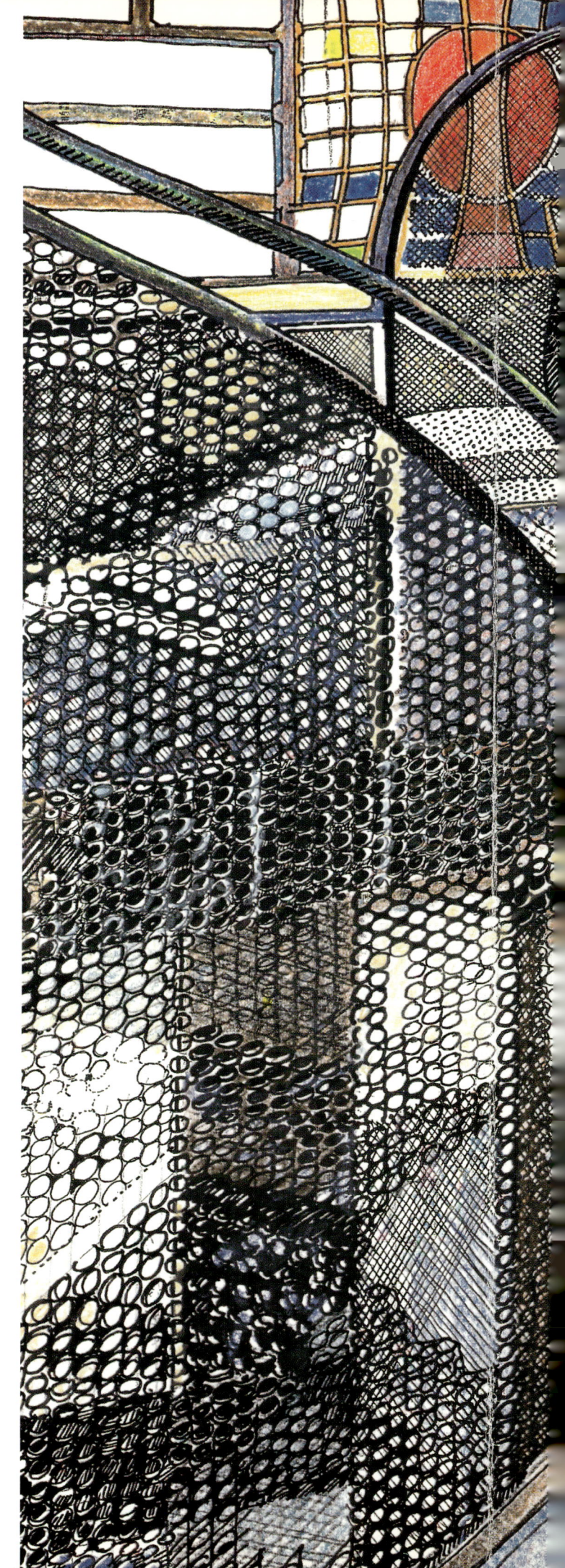

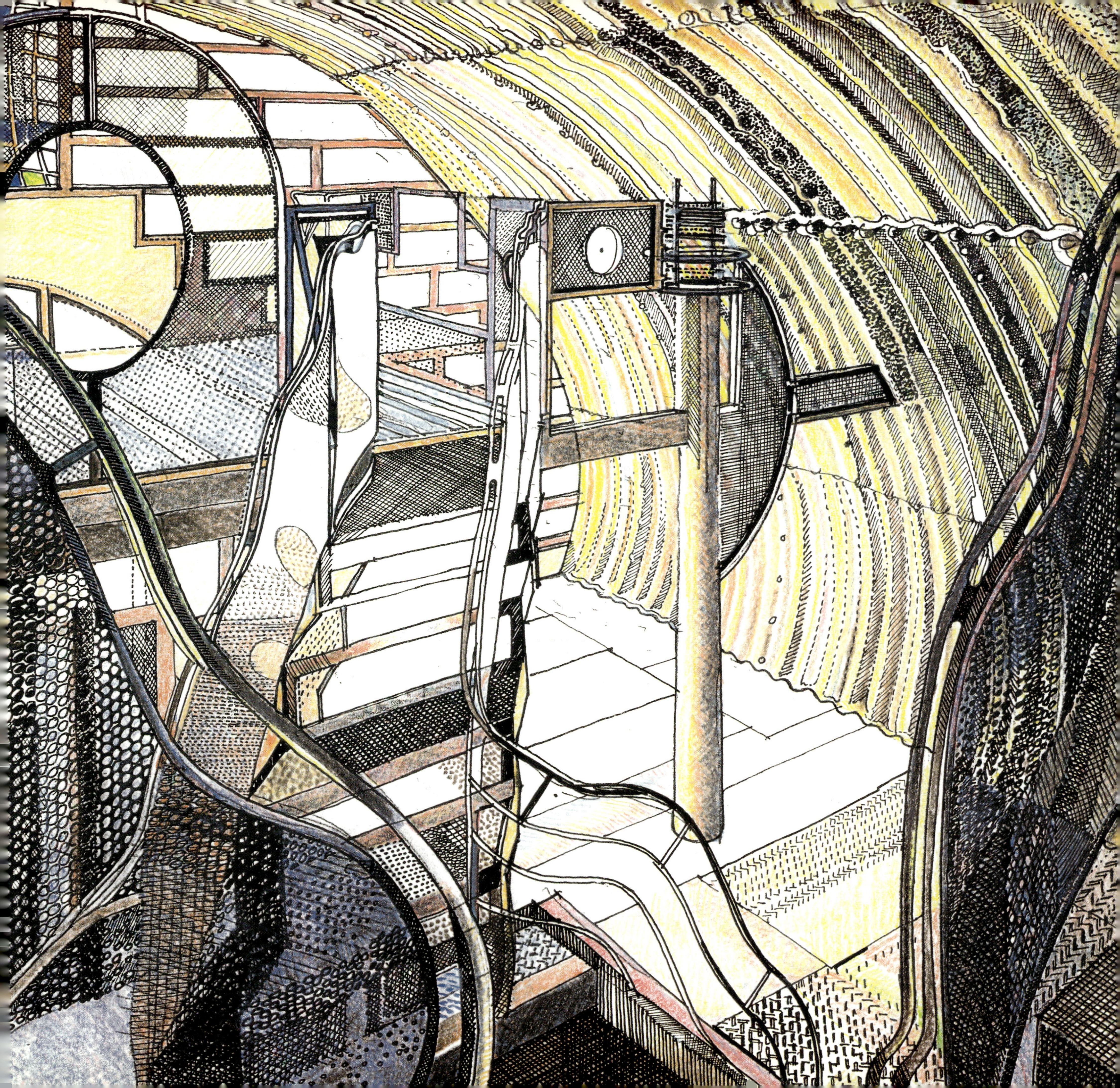

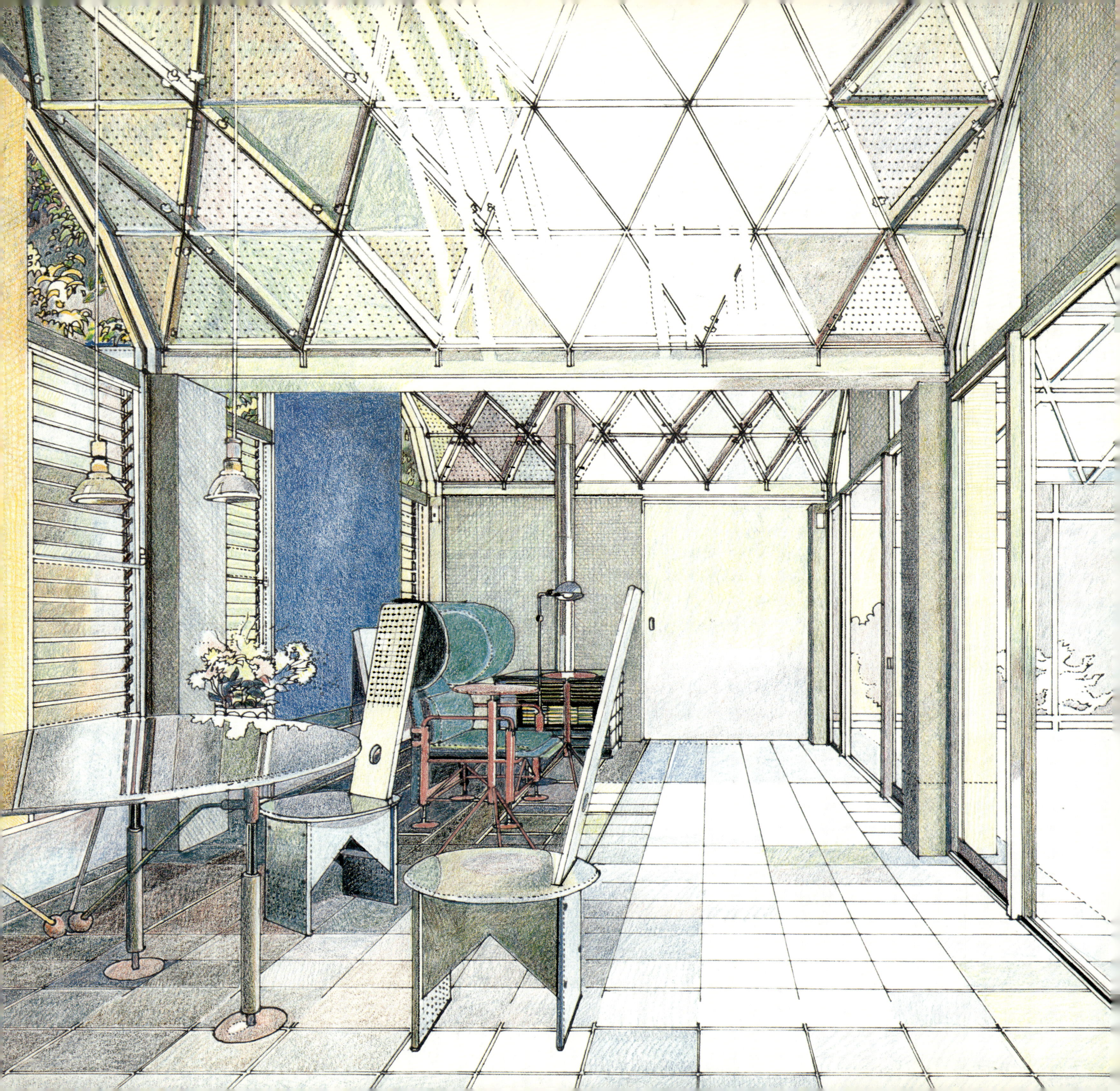

WOHNHAUS IN TOKIO
ARCHITEKT: TOYO ITO

NEBEN DER FARBIGEN DARSTELLUNG ÜBERRASCHEN IMMER WIEDER AUSGEZEICHNETE ARBEITSERGEBNISSE DIE MIT **SCHWARZ-WEISS** ZEICHNUNGEN ERREICHT WERDEN KÖNNEN. EINE GRAFISCH-STRUKTURELL AUSSERGEWÖHNLICHE ZEICHNUNG AUS DEM BÜRO **ALSOP, BARNETT+LYALL**, SOLL AN DIESER STELLE DEN REIZVOLLEN KONTRAST ZWISCHEN FARBE UND SCHWARZ-WEISS IN DER ARCHITEKTURDARSTELLUNG VERMITTELN.

DESPITE THE USE OF COLOUR IN DRAWINGS, ONE IS REPEATEDLY SURPRISED BY THE EXCELLENT RESULTS THAT CAN BE ACHIEVED WITH BLACK AND WHITE TECHNIQUES. A DRAWING BY THE **ALSOP BARNETT LYALL OFFICE** REMARKABLE FOR ITS GRAPHIC-STRUCTURAL QUALITIES, SHOWS HOW A STRIKING AND ATTRACTIVE CONTRAST BETWEEN COLOUR AND BLACK AND WHITE CAN BE ACHIEVED IN ARCHITECTURAL DEPICTIONS.

Perspektive der Architekten Venturi, Rauch & Scott Brown.

Perspective of the Architects Venturi, Rauch & Scott Brown.

+9.65
+8.75

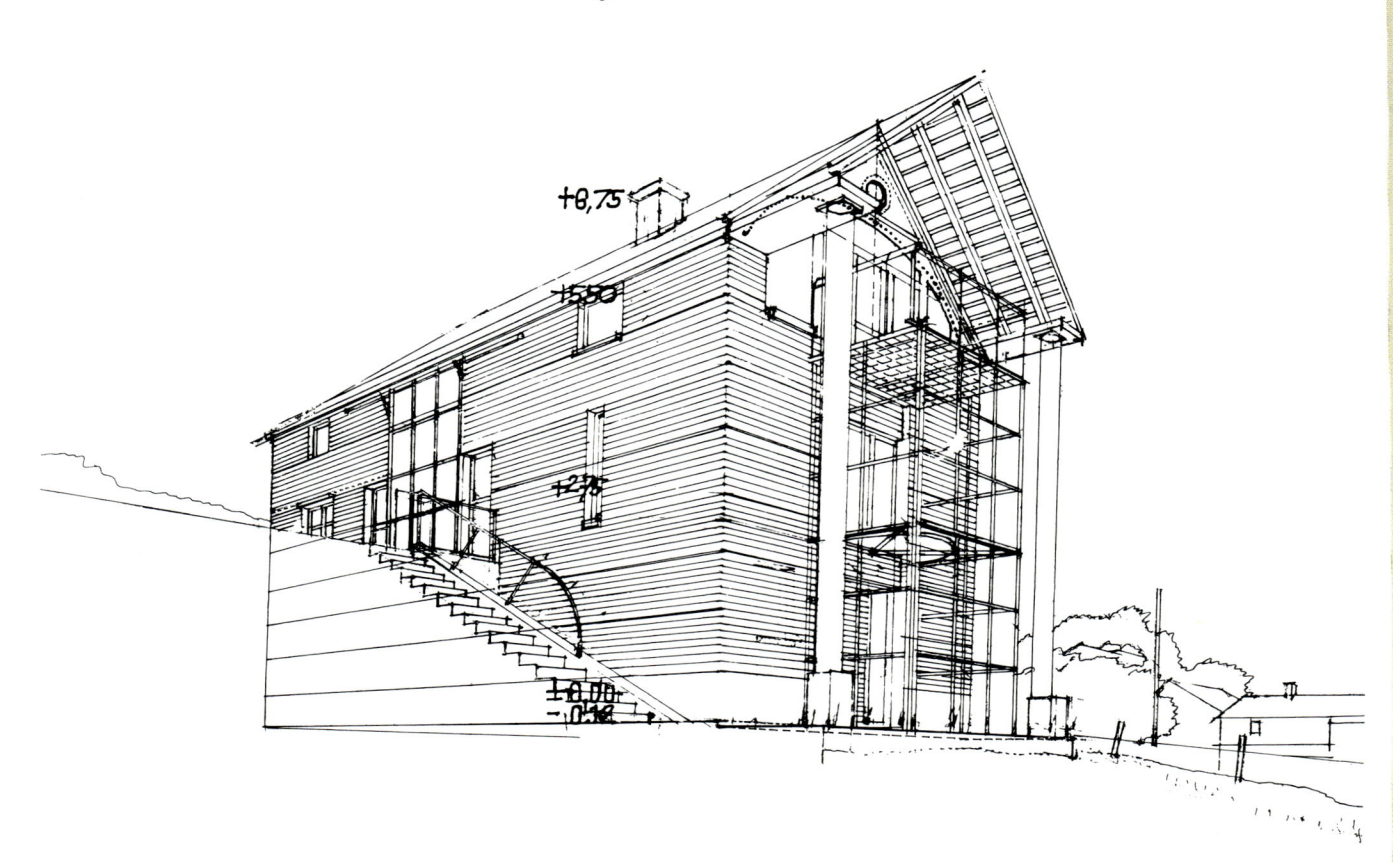

WOHNHAUS IN BIEL-BENKEN/BASEL
ARCHITEKTEN: XAVER NAUER + URS B. ROTH

WENN MAN EINZELNE BAUTEN IN DER SCHWEIZ SIEHT, SO HAT MAN IMMER DAS GEFÜHL, DASS DIE KOLLEGEN AUS DEM BENACHBARTEN BUNDESLAND MIT GROSSER GELASSENHEIT UND SELBSTBEWUSSTSEIN AN DIE AUSFORMUNG IHRER BAUAUFGABEN HERANGEHEN. DABEI IST DER BEZUG ZUR DETAILQUALITÄT MINDESTENS GENAUSO AUSGEPRÄGT WIE DER ZUR BESTEHENDEN HISTORISCHEN BAUTRADITION. DIES IST AUCH BEI DEM HAUS IN BIEL FESTZUSTELLEN, BEI DEM ES GELUNGEN IST, DIE ALTEN FORMEN DES ANTEN HAUSES IN EINE NEUE ZEITGEMÄSSE BAUGESTALT ZU ÜBERFÜHREN.

DIE ÜBERECKSITUATION MIT DEM „TALGIEBEL" HAT DEN PERSPEKTIVE-ZEICHNER BESONDERS INTERESSIERT.

DA DER AKZENT BEIM HAUS SELBST LIEGEN MUSS, DESSEN FLÄCHENANTEIL ABER IM VERHÄLTNIS ZUM GEWÄHLTEN GESAMTFORMAT RELATIV KLEIN IST, ERGEBEN SICH HIERAUS GEWISSE SCHWIERIGKEITEN IN BEZUG AUF DIE GEGENSEITIGE ABSTIMMUNG VON HAUS UND LANDSCHAFT. MEIN VORSCHLAG: DAS HAUS, QUASI ALS KLEINOD, IN ALLER PRÄZISION ZU ZEICHNEN, DIE LANDSCHAFT HINGEGEN NICHT ZU TROCKEN, SONDERN IN GROSSZÜGIGER NASSER AQUARELLTECHNIK DAGEGENZUSTELLEN.

DWELLING HOUSE IN BIEL-BENKEN/BASEL
ARCHITECTS: XAVER NAUER + URS B. ROTH, ZÜRICH

LOOKING AT INDIVIDUAL BUILDINGS IN SWITZERLAND ONE HAS THE FEELING THAT THE COLLEAGUES OF THE NEIGHBOURING CONFEDERATION SET ABOUT THE REALIZATION OF THEIR ARCHITECTURAL TASKS WITH GREAT COMPOSTURE AND SELF-CONFIDENCE. AT THE SAME TIME THE REFERENCE TO THE QUALITY OF DETAIL IS AT LEAST AS DISTINCT AS TO THE EXISTING HISTORICAL BUILDING TRADITION.

THIS CAN ALSO BE OBSERVED WITH THE DWELLING HOUSE IN BIEL-BENKEN NEAR BASEL WHERE THE ARCHITECTS SUCCEEDED IN TRANSFERRING THE OLD TYPE OF THE „ANTENHAUS" INTO A NEW AND MODERN ARCHITECTURAL FORM.

THE DIAGONAL SITUATION WITH THE GABLE LOOKING DOWNHILL HAS BEEN OF SPECIAL INTEREST FOR THE PERSPECTIVE DRAUGHTSMAN.

SINCE THE ACCENT HAS TO BE PUT ON THE HOUSE ITSELF, THE AREAL SHARE OF WHICH, HOWEVER, IS RELATIVELY SMALL COMPARED WITH THE CHOSEN FORMAT, CERTAIN DIFFICULTIES IN THE MUTUAL HARMONIZATION OF HOUSE AND SCENERY ARE RESULTING FROM THAT.

MY SUGGESTION: IS TO DRAW THE HOUSE QUASI LIKE AN ARCHITECTURAL JEWEL, WITH ALL PRECISON AND TO SET THE LANDSCAPE AGAINST IT USING A GENEROUS AND WET WATERCOLOR TECHNIQUE.

WOHNHAUS IN BIEL-BENKEN · SCHWEIZ
ARCHITEKTEN: XAVER NAUER UND URS B. ROTH, ZÜRICH

157

BEMERKENSWERTE BAUSTRUKTUREN IN DER TESSINER LANDSCHAFT

TURNHALLE

UMKLEIDE   SCHNITT A A

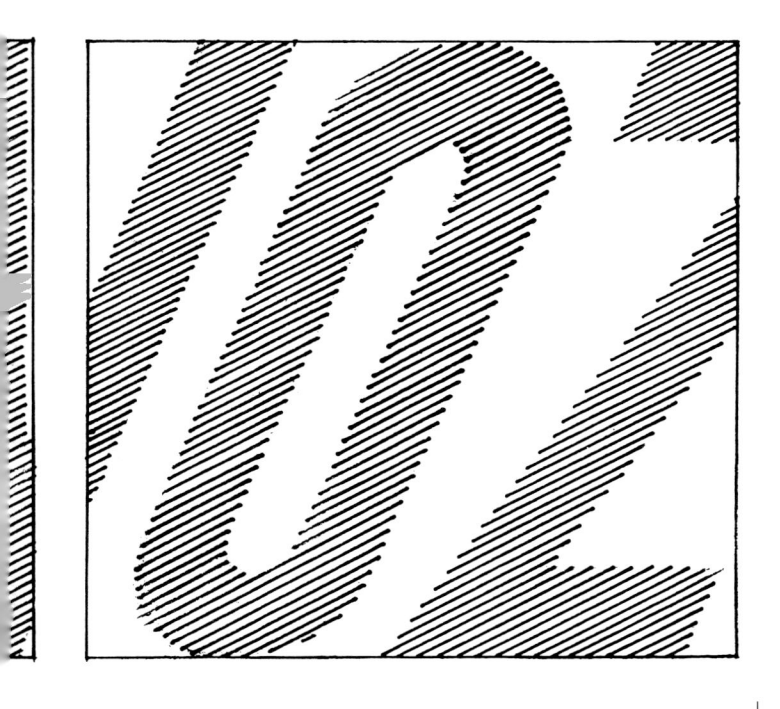

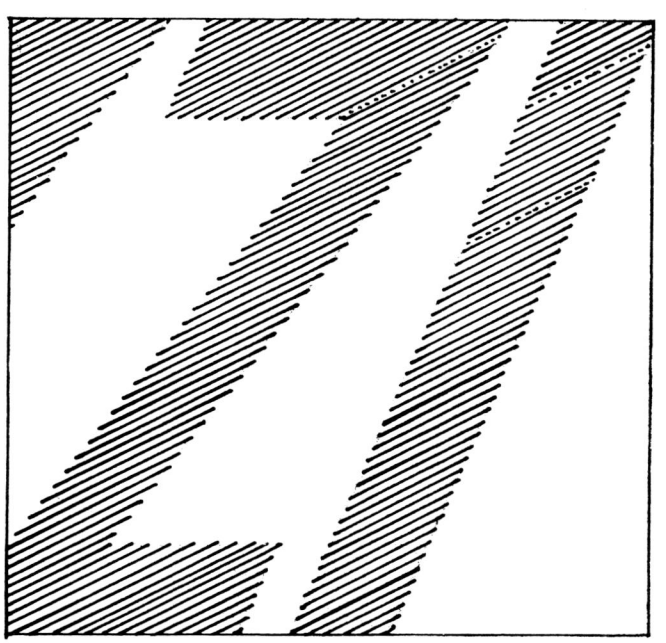

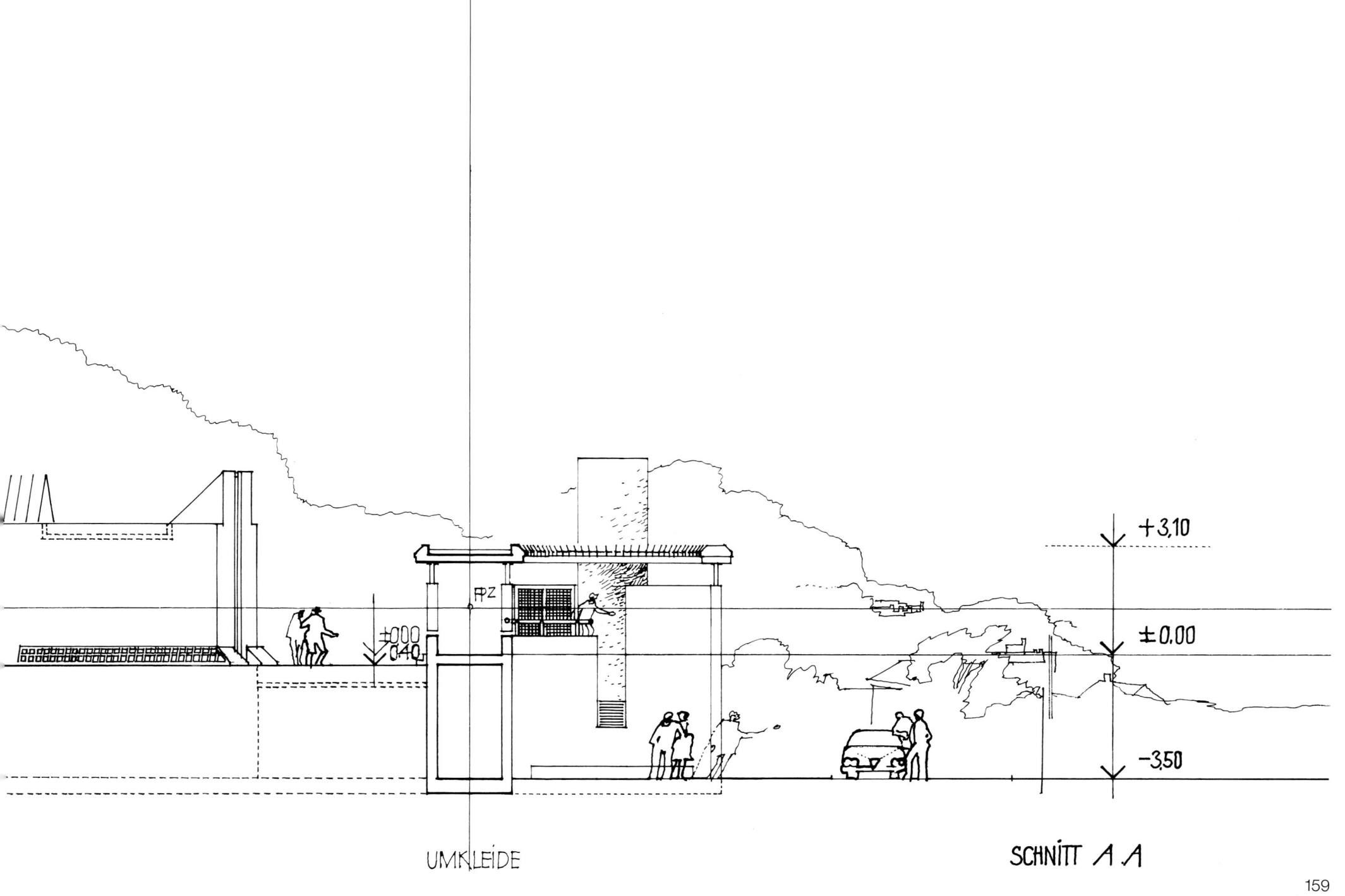

159

160

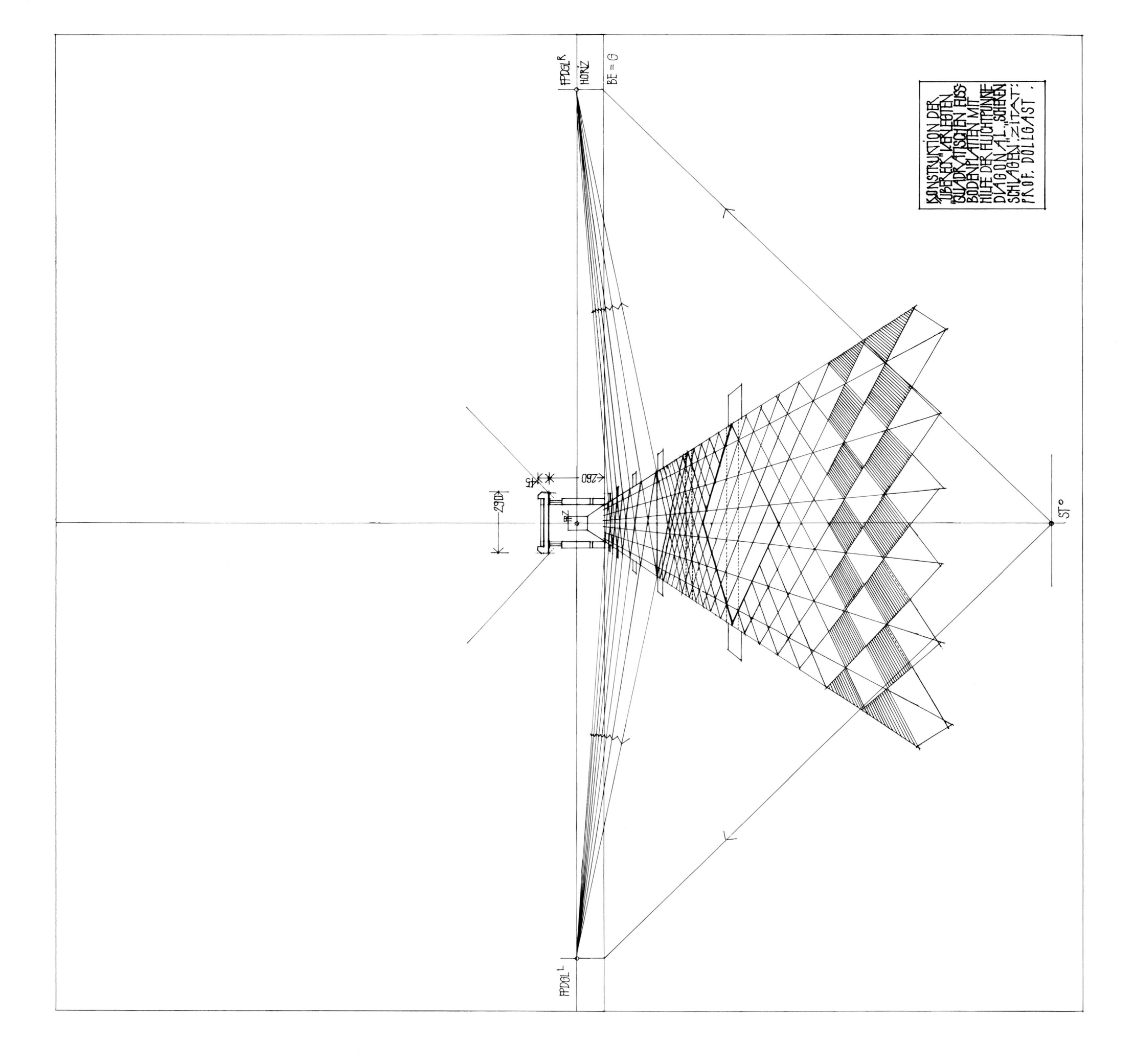

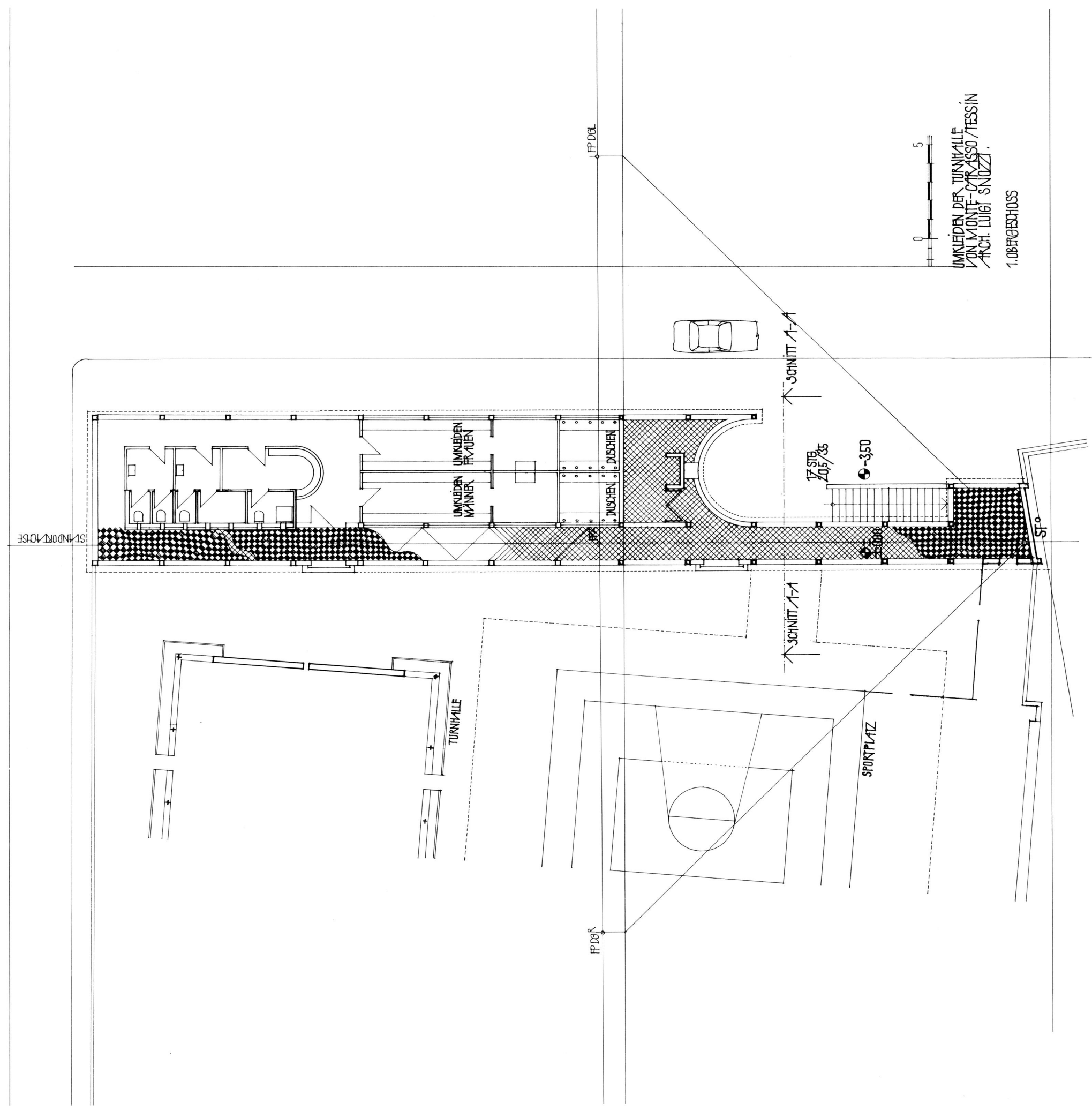

UMKLEIDEN DER TURNHALLE
VON MONTE-CARASSO/TESSIN
ARCH. LUIGI SNOZZI

1. OBERGESCHOSS

SAN GIMIGNANO 83

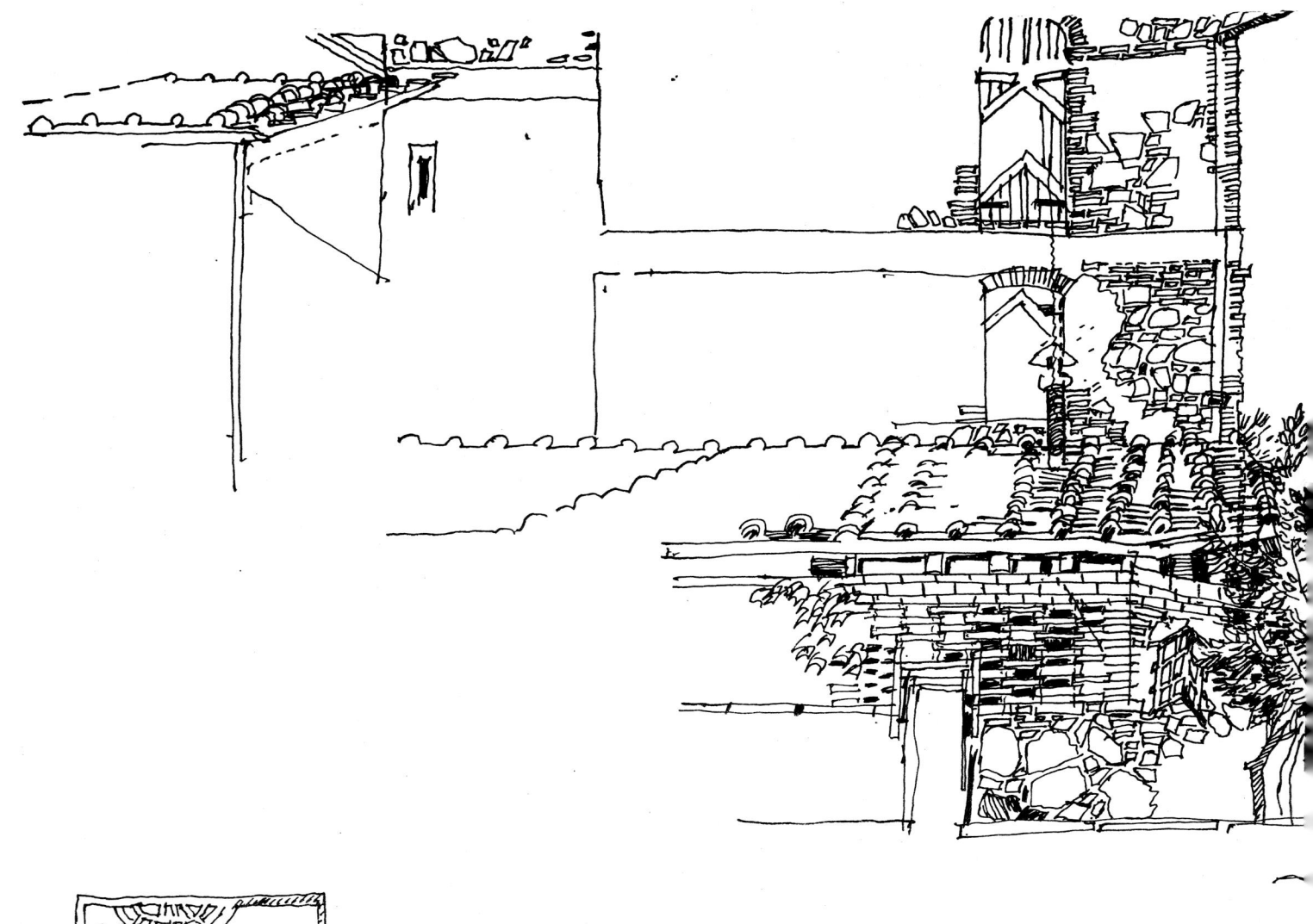

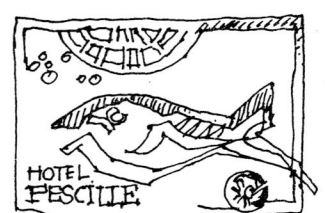

Das folgende Beispiel befaßt sich mit dem Umkleidegebäude der Turnhalle, genauer gesagt mit dessen Erschließungsgang. Er ist mit quadratischen, übereck liegenden Fliesen ausgelegt und deshalb ein interessantes Beispiel nicht nur für die Zentralperspektive, sondern auch für die Methode der Anwendung des Fluchtpunkt-Diagonals. Für die Perspektivekonstruktion ist wieder als erstes die ausreichende Entfernung des Standorts vom Objekt wichtig, zum anderen die Darstellung des Gangs mit seinen diagonal angeordneten Fußbodenplatten. Die gewählte Entfernung von rund 20 m wird nach dem Versuch mit verschiedenen Distanzen beibehalten, weil sich einerseits für ein Detailbild ein nicht zu großes Format ergeben sollte, andererseits aber die Größenordnungen von Stützen und Fußbodenplatten ausreichend groß sein müssen, um die Konstruktionsgenauigkeiten zu gewährleisten. Für die Standortachse ist die mittige Anordnung, bezogen auf die Gangbreite, schon deshalb notwendig, weil nur so die Schwierigkeiten, die sich durch die Ungenauigkeiten der Sehstrahlen einstellen, einigermaßen erfolgreich bestanden werden können.

Für eine möglichst große Konstruktionsgenauigkeit bietet sich die Fluchtpunkt-Diagonale-Konstruktion an. Die sogenannten Beziehungslinien mit dem Winkel von 45° besorgen mit ihren Anschnitten auf den Fluchtlinien zum »Fluchtpunkt-Zentral« die gewünschten Tiefenteilungen. Der Einstieg für das Verfahren wird am einfachsten gefunden, indem man als Ausgangspunkt den linken oder rechten Punkt (Punkt A oder B) des Gangs auf der Grundlinie annimmt, diesen mit dem zugeordneten

Diagonalfluchtpunkt verbindet und diese Fluchtungslinie mit der gegenüberliegenden, zum ZPF verlaufenden Linie schneidet. Der Anschnitt bildet den Ansatz für die Fortführung des Verfahrens, indem nämlich von hier aus auch wieder eine Verbindung zum jenseits der Standortachse liegenden Diagonalfluchtpunkt gezogen wird. Das so im Kontinuum durchzuführende Verfahren wurde von dem bekannten Münchner Perspektivezeichner Döllgast »Schere-Schlagen« genannt.

Die Genauigkeit der Konstruktion kann durch das »Einziehen« von zur Bildebene parallel verlaufenden Geraden kontrolliert werden, die dann in ihrer Summe jeweils umhüllende, perspektivisch fluchtende Quadrate um die übereck liegenden Rhombenformen bilden.

Bei dem relativ kleinen Flächenausschnitt der Zeichnung besteht allerdings die Gefahr einer grafischen Überfrachtung von Linien, deshalb wurden in der Beispielskizze diese Parallelen weggelassen.

DARSTELLUNG

In dem Begleittext zur Konstruktion wurde bereits auf den Ausschnittcharakter des Motivs hingewiesen. Die Arbeiten der Architekten der sogenannten Tessiner Schule sind andererseits nicht ohne den reizvollen Hintergrund der Landschaft denkbar. Deshalb kommt es darauf an, mit wenig Schwarzweiß-Struktur und mit einfachen Linien zu zeichnen, um den schönen Farbskalen des Südens entsprechend Geltung verschaffen zu können.

Auch bei diesen Beispielen ist mir die Begrenzung des Bilds, die sogenannte Konturierung, wichtig: Umschließung des Bilds auf drei Seiten mit Geraden und Öffnung auf der der Landschaft zugewandten Seite. Konstruktionshilfslinien, die über die gerade Begrenzung hinausgehen, stören nicht, im Gegenteil, sie fördern die Lebendigkeit des Bilds.

Schlußbemerkung: Bei aller Ausschnittcharakteristik ist die exakte, konstruktiv richtige Wiedergabe des Bauwerks entscheidend, einschließlich der im Umkreis des Hauptmotivs befindlichen Bauteile, insbesondere auch der Turnhalle.

Eingestreut ist eine toskanische Skizze, die zum einen das südliche Flair vermitteln, zum anderen eine Variante zum Zeichnen von Räumen aufzeigen soll.

The following perspective takes as its subject the changing-room tract of the gymnasium, or, to be more precise, the access corridor of this area. It is paved with square tiles laid diagonally and thus provides an interesting example not merely of central perspective, but also of the method of using diagonal vanishing points.

In setting out the perspective construction it is again important first of all to ensure an adequate distance between the standpoint and the object. The second consideration is the depiction of the corridor with its diagonal floor tiling. The distance chosen – approximately 20 m – is determined on a basis of trial and error. For a detail drawing, the format should not be too large. On the other hand, the scale must be big enough to allow an accurate construction of the columns and floor tiles. The axis of the standpoint should be set in the middle of the corridor in order to minimize the problems caused by the imprecision of visual rays.

The accuracy of the construction can be checked by drawing straight lines parallel to the picture plane. These lines, in conjunction with visual rays, form a grid, the »squares« of which, seen in perspective, should precisely enclose the rhombuses of the diagonally laid tiles.

Since the drawing shows a relatively small section of the overall view, there is a danger of overloading it graphically with lines. For that reason these parallel lines are left out in the sketch shown.

In order to achieve a maximum of accuracy, a diagonal vanishing point or distance point construction should be used. The intersections of the diagonal lines with the vanishing lines converging on the central vanishing point mark the required dimensions of depth. The simplest method of approach is to start with the right or left-hand point of the corridor on the base line (point A or B) and connect it with its respective diagonal vanishing point (distance point) FPDGLL or FPDGLR. This line is extended across the corridor to intersect the vanishing line that coincides with the opposite edge of the corridor. This point of intersection marks the beginning of the next cycle of the construction. Through the point of intersection a line is drawn from the diagonal vanishing point on this side and again extended across the corridor to intersect the opposite edge. The procedure is continued by projecting lines on alternate sides. The well-known Munich perspective draughtsman Döllgast refered to this continuing procedure as a »scissors motion«.

FORM OF REPRESENTATION

The drawings of the architects belonging to what is known as the Ticino School would not be conceivable without their attractive landscape backgrounds. To do justice to the beautiful range of colours of the south it is important to draw in a simple linear manner and with a limited amount of black and white texture.

In these examples, too, the demarcation of the picture – the drawing of an outer border – is important, in my opinion; in other words, enclosing the picture on three sides with straight lines and leaving it open on the side where it flows out into the landscape. Construction lines extending out over the borders of the drawing are not disturbing. On the contrary they enliven the overall pictorial impression.

In conclusion, one should remark that, despite the excerpt-like character of the drawing, as only part of the overall picture, a correct and accurately constructed representation of the building is important. This applies equally to the structural elements on the periphery of the drawing and in particular to the gymnasium itself. A Tuscan sketch is also included here to convey a sense of southern flair and to complement the drawing of internal spaces.

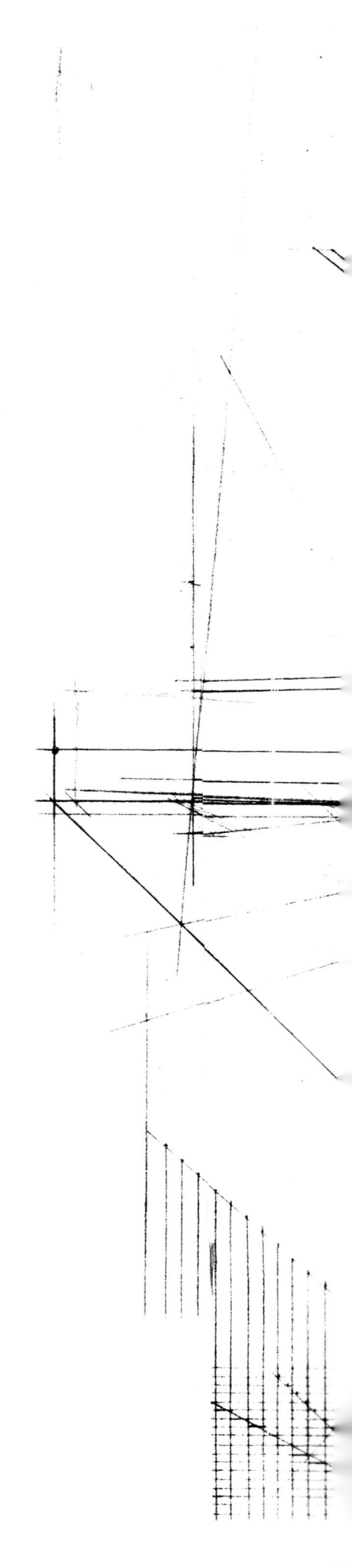

165

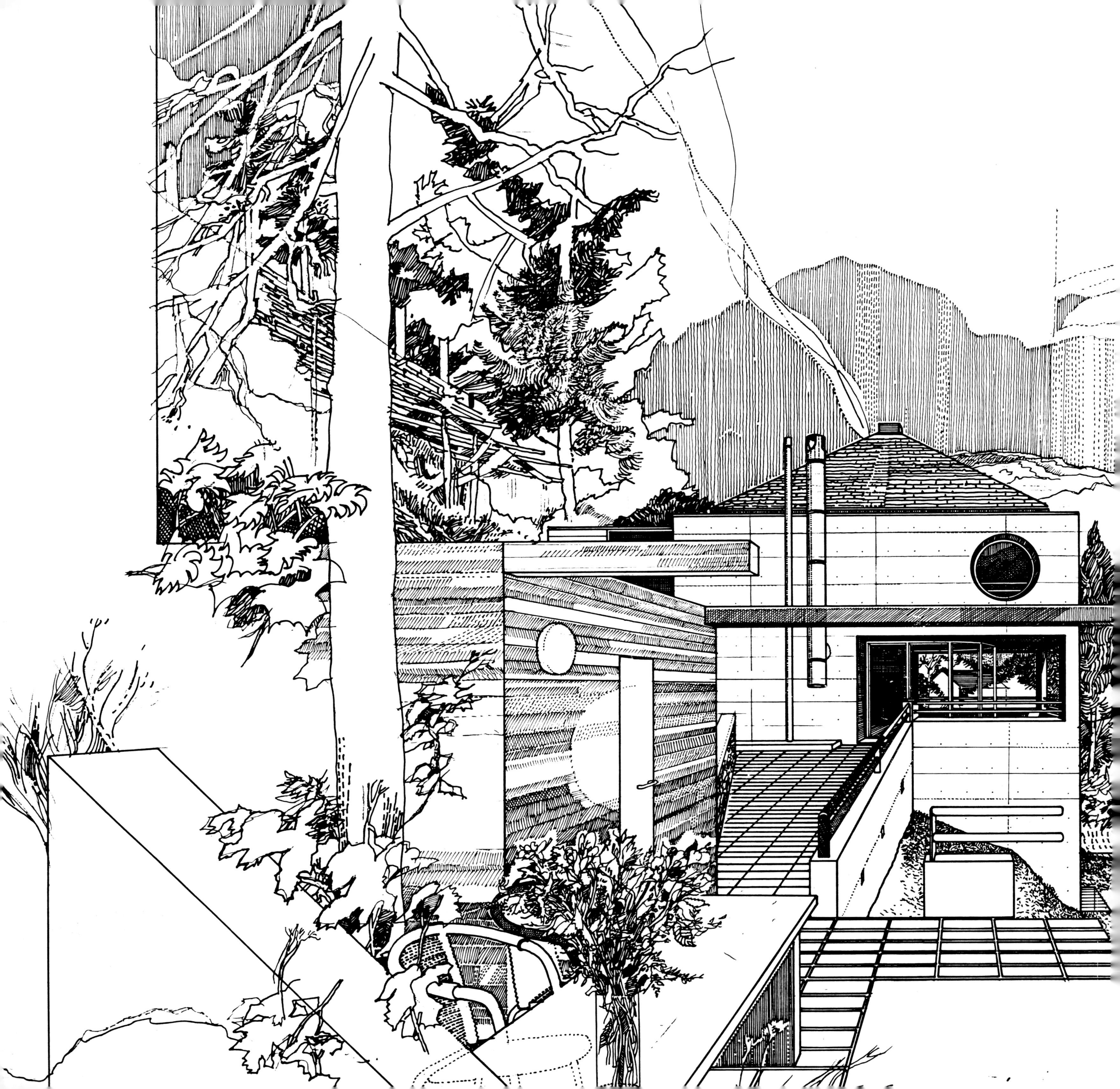

STANDORT
GRUNDRISS
SCHNITT A
ANSICHT

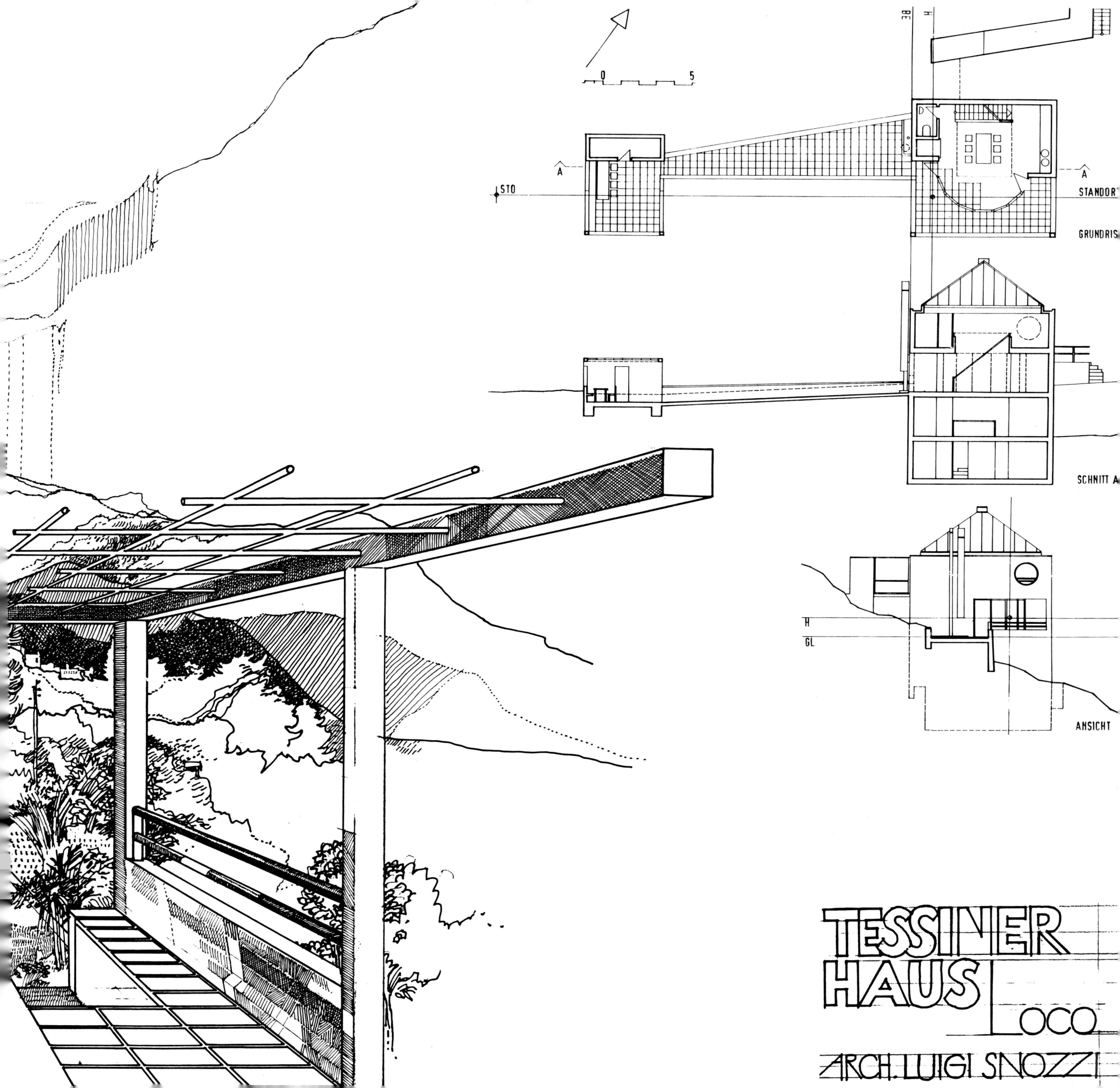

TESSINER HAUS
LOCO
ARCH. LUIGI SNOZZI

UNDER THE POOL
ARCHITECTS: JIRO MUROFUSHI/ARTEC ARCHITECTS AND ASSOCIATES

Ein originelles Beispiel stellt ein kleines Haus in einem der vielen Vororte von Tokio dar, das der Architekt Jiro Murofushi für einen Grafik-Designer und dessen Familie entworfen hat. Es steht in einer sehr belebten Gegend, in der nicht nur gewohnt wird, sondern wo sich auch Läden und ein breites Angebot von Freizeitaktivitäten befindet. Deshalb hat Murofushi das Haus nach außen hin weitgehend geschlossen und den eigentlichen Akzent auf einen zentralen Wohnraum gelegt. Dieser wird ausschließlich durch eine Vielzahl kleiner runder Glasbausteinöffnungen, die in der Decke des Raums eingelassen sind, belichtet. Darüber befindet sich ein kleiner Swimming Pool. Der in seinen Abmessungen kleine Wohnraum erfährt durch die geschickte Anordnung von großen, halbkreisförmigen Spiegelflächen eine optische Erweiterung. In den Spiegeln vervielfältigen sich die Lichtpunkte der Decke und setzen damit in Kontrast zu den Sichtbetonwänden heitere Glanzpunkte.

Für die zentralperspektivische Darstellung des zentralen Innenraums kann der Standort in einer Entfernung von 3,75 m zur Bildebene festgelegt werden, ohne daß unangenehme Verzerrungen auftreten. Die Horizonthöhe liegt auf 1,25 m, um einerseits noch eine Aufsicht auf die Eßtischplatte zu ermöglichen und um den kreisrunden Deckenausschnitt in der perspektivischen Wiedergabe (Ellipse) so weit zu öffnen, daß der Durchblick bis zur Deckenuntersicht mit ihren Lichtöffnungen gewährleistet wird.

Der Raum mit seinem Interieur wird aus Grundriß und Ansicht bzw. Schnitt nach der Sehstrahlen-Konstruktion unter Zuhilfenahme des zentralen Fluchtpunkts FPz und der beiden Fluchtpunkte »Diagonal« (links und rechts) gezeichnet, dabei sind die letzteren für das Konstruieren der übereckliegenden Fußbodenplatten unerläßlich.

Die Kreisöffnung in der Decke stellt sich in der Zentralperspektive als Ellipse dar, deren Darstellung mit dem Tangententrapez erfolgt. Ausgangspunkt für die Konstruktion ist der Grundriß: Zwei Quadratfiguren umhüllen den Kreis und erzeugen mit ihren Tangenten Berührungspunkte auf der Kreislinie. Zuerst erfolgt die Abbildung des zur Bildebene parallelen Quadrats mit Hilfe der Zentralprojektion. Dabei entsteht ein Trapez, dessen Fluchtungslinien sich im FPz schneiden. Durch Einzeichnen der Diagonalen erhält man in deren Schnittpunkt nicht nur den Mittelpunkt M der Ellipse, sondern auch vier weitere Ellipsenpunkte als

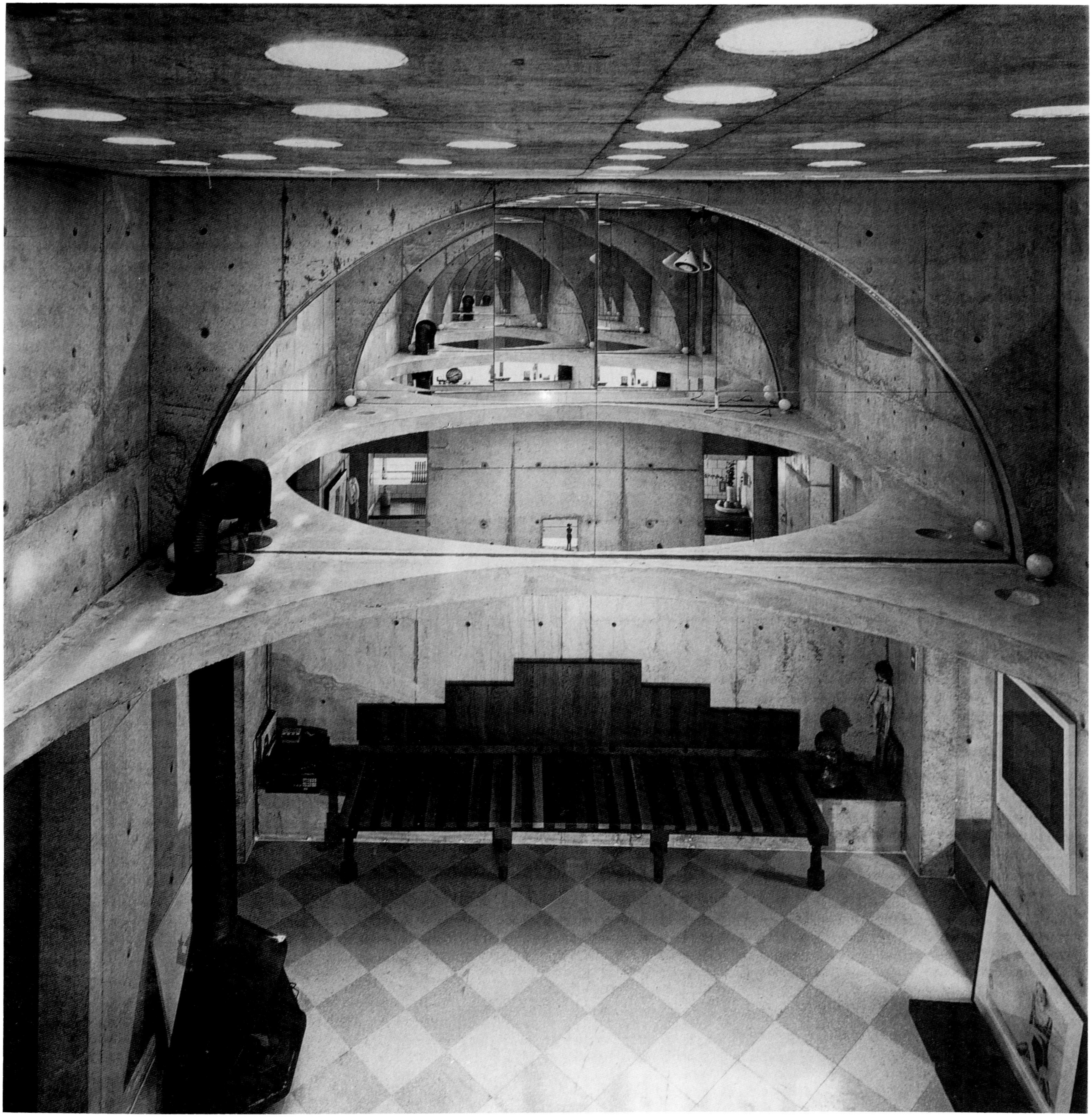

Schnittpunkte der Durchmesser mit der Trapezfigur. Die Darstellung des übereck liegenden Quadrats im Bild führt zu weiteren Ellipsenpunkten (E1 und E2), so daß man in der Lage ist, mit Hilfe von 8 Ellipsenpunkten und den umhüllenden Tangenten die Ellipsen zu zeichnen. Reichen dem Zeichner die so erhaltenen Hilfspunkte nicht aus, so kann er zusätzlich mit Hilfe der Ellipsen-Konstruktion nach der Methode Rytz die Anzahl der Kurvenpunkte noch entsprechend ergänzen.

Das Vertrautmachen mit der Raumsituation und die Auseinandersetzung mit den *beiden* Ellipsenfiguren (zwei deshalb, weil sie sich aus der Deckenstärke ergeben), erfolgt zuerst in dem übersichtlicheren Maßstab 1:50. Für das Herstellen des endgültigen Bilds empfiehlt es sich allerdings, vom Grundriß- und Schnittmaßstab 1:20 auszugehen, um die Lichtöffnungen in der Decke exakt einzeichnen zu können und die Wiedergabe der sehr speziellen, antikgestylten Möbel zu ermöglichen. Nach konsequenter Durchzeichnung aller Einzelheiten mit einem Tuschegerät nicht zu dünner Strichstärke (Rapidograph 0,5) bietet sich eine Kartonlichtpause bzw. eine Fotokopie (ohne Blauton) an, um mit der farbigen Bearbeitung fortzufahren.

Die einfachste Art ist die einer Colorierung mit Farbstiften. Die Betonoberfläche herrscht vor, sie ist in der vorhandenen Kombination von Kunst- und Tageslicht mehr türkisgrün als grau zu nennen, der Fußboden hat hellgraue und sanftblaue Felder, die Stühle mit den hohen Lehnen sind dunkelblau mit einem Rotzusatz usw. ... Der Zeichenbedarfsmarkt bietet die tollste Auswahl an Farbstiftsortimenten, doch plädiere ich nach wie vor in den meisten Fällen dafür, die Farben untereinander zu mischen. Dabei möglichst kein Schwarz einsetzen, stattdessen lieber eine Mischung aus Dunkelblau mit Englischrot und Olivgrün, Farben die in einer lockeren Schraffurtechnik schichtenweise überdeckt werden. Die Lichtreflexe auf dem Fußboden sollten dazu benutzt werden, Stereotypes zu unterbrechen und gleichzeitig mit den zentralfluchtenden Lichtlinien die Tiefenwirkung des Bilds zu intensivieren.

This original example is provided by a small house in one of the many suburbs of Tokyo. The building was designed by the architect Jiro Murofushi for a graphic designer and his family. It is situated in an extremely busy area in which not only residential uses are to be found, but shops and wide range of leisure facilities. For that reason Murofushi closed the house off to the outside world to a large extent and placed the main accent on the central living space. This is illuminated exclusively by a series of small circular openings with glass blocks set in the ceiling. Above this, on top of the house, so to speak, is a small swimming pool. The living room, which is relatively modest in size, is visually extended by the skilful arrangement of large, semicircular mirrors. The points of light in the ceiling are multiplied by the reflections in these mirrors and establish an array of bright highlights that are contrasted with the exposed concrete walls.

In drawing a single-point perspective of this central space the standpoint can be set 3.75 m from the picture plane without causing awkward distortions. The height of the horizon line is fixed at 1.25 m in order to allow a view of the top of the dining table on the one hand, and at the same time to open the circular aperture in the ceiling slab wide enough to permit a view through to the soffit above with its light openings.

The interior space is constructed on the basis of plan and elevation (or section) in accordance with the visual ray method, using the central vanishing point (FPZ) and two diagonal vanishing points to left and right as additional aids. The latter are essential for the construction of the diagonal pattern of the flooring. In a central perspective the circular opening in the ceiling takes the form of an ellipse, the setting out of which is based on a tangential trapezium.

The starting point for the construction is the ground plan. The circle is bounded by two squares, the sides of which are tangents. The first step is to draw the square parallel to the picture plane with the help of the central projection. In the perspective, the square takes the form of a trapezium, the vanishing lines of which intersect at FPZ. The diagonals are then drawn. At their point of intersection lies the centre of the ellipse M. In addition, four other points on the ellipse are determined by this construction – at the points of contact between the circumference and the tangential lines of the trapezium. By drawing the second square – on the diagonal – further points on the ellipse can be obtained in the same way (E1 and E2). One is thus in a position, with the help of 8 points along the line of the curve and the defining tangential lines, to draw the ellipses. If these construction points are not sufficient, the draughtsman can determine further points along the perimeter using the Rytz method for ellipse construction.

One can only gain an intimate knowledge of the space and explore the two ellipses (one for each surface of the floor slab), if one works to a larger scale (1:50). In constructing the final drawing it is in fact advisable to use a plan and cross-section to a scale of 1:20, in order to represent the precise form of the (window) openings in the ceiling and to draw the extremely individual, antique-styled furniture. After tracing all the details with a not too thin drawing pen (line thickness 0.5 mm), a card dye-line or a photocopy (without blue tone) is recommended as a basis for subsequent colouring. The simplest means of coloration is with coloured pencils or crayons. In the present example the concrete surfaces dominate. Seen in a combination of artificial and natural lighting they appear more turquoise-green in colour than grey. The floor is pale grey and soft blue. The chairs, with their high backs, are dark blue with traces of red; and so on...

There is a tremendous selection of coloured pencils, crayons, etc. on the market. Nevertheless, in most cases, I still recommend blending one's own colours, avoiding black as far as possible. Instead, it is better to use dark blue in combination with Venetian red and olive green. These colours should be applied in a light shading technique, adding layers on top of each other. Reflections of light in the surface of the floor should be employed to prevent the picture becoming too stereotype. At the same time, by drawing the strips of light along vanishing lines, the effect of depth can be intensified.

SCHNITT
M 1:50

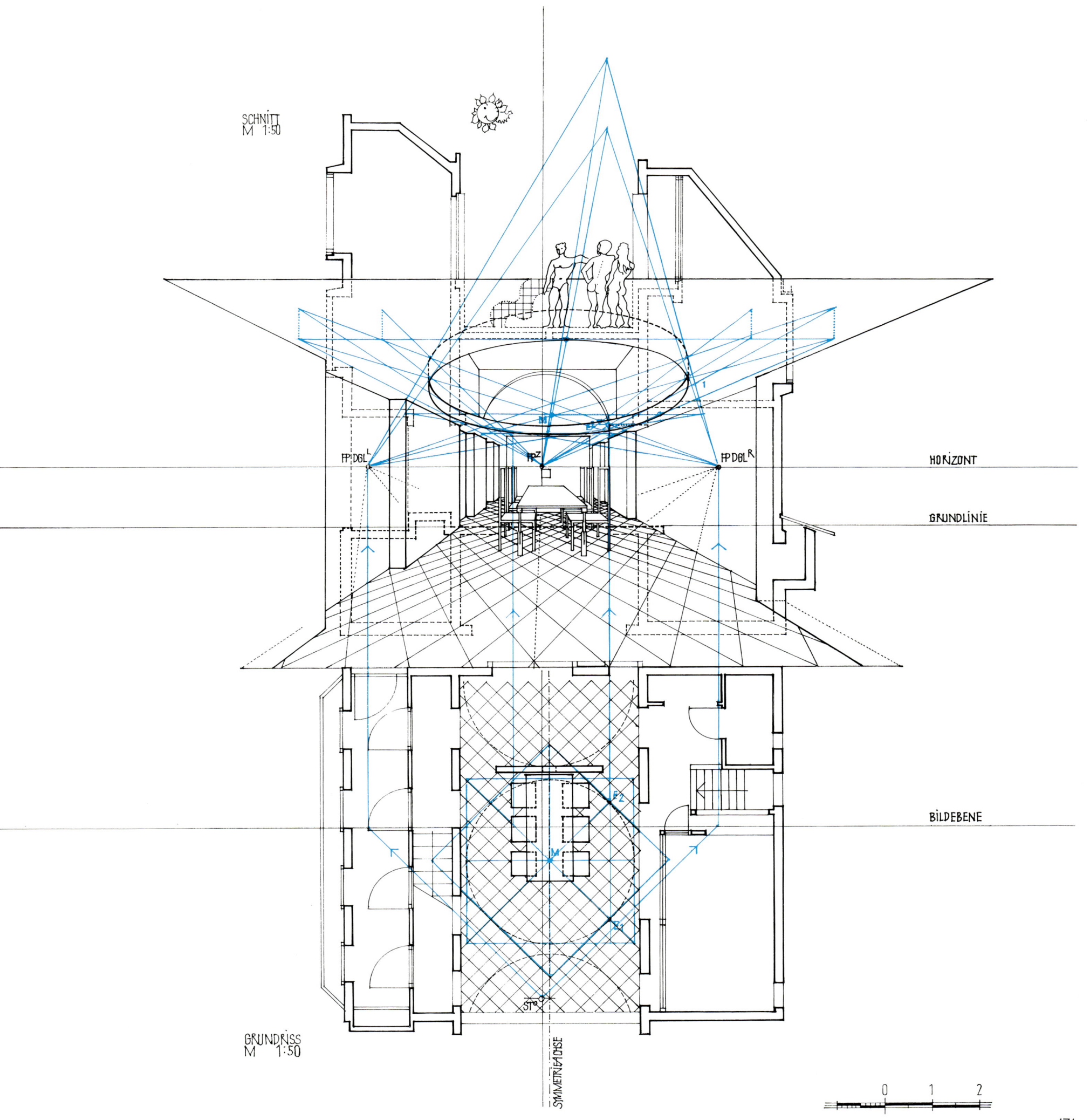

HORIZONT

GRUNDLINIE

BILDEBENE

GRUNDRISS
M 1:50

SYMMETRIEACHSE

0 1 2

172

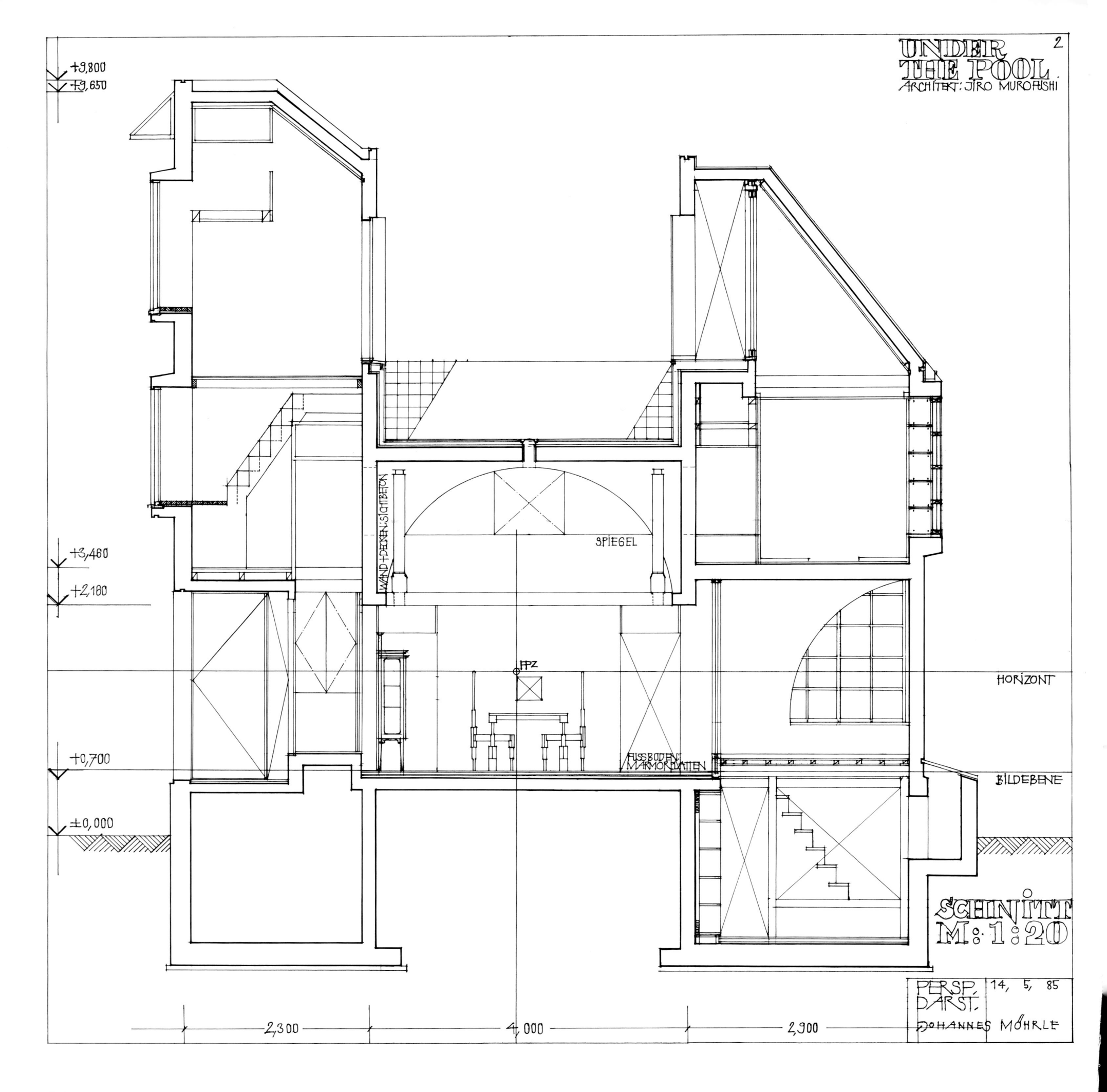

HORIZONT

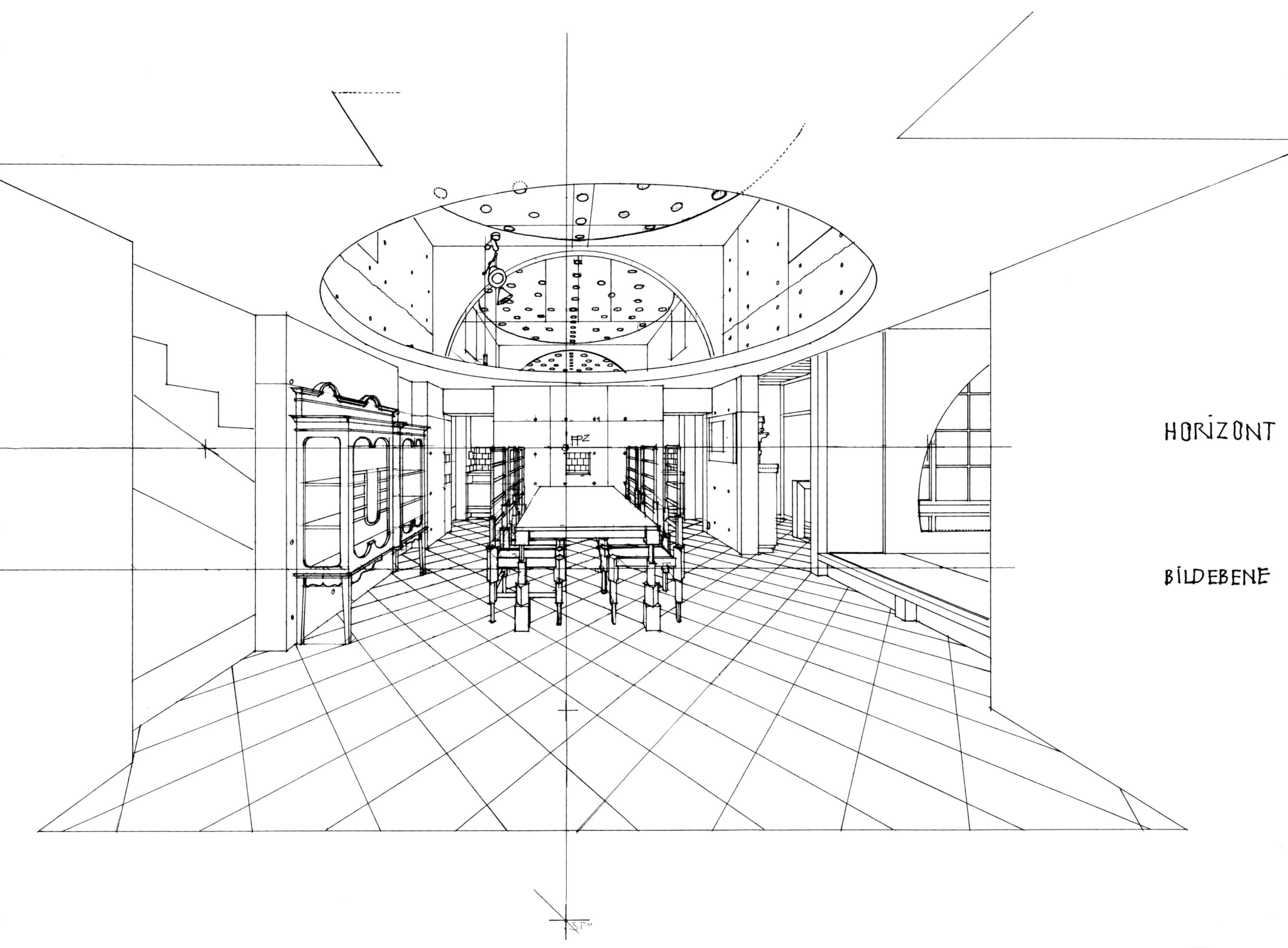

BILDEBENE

173

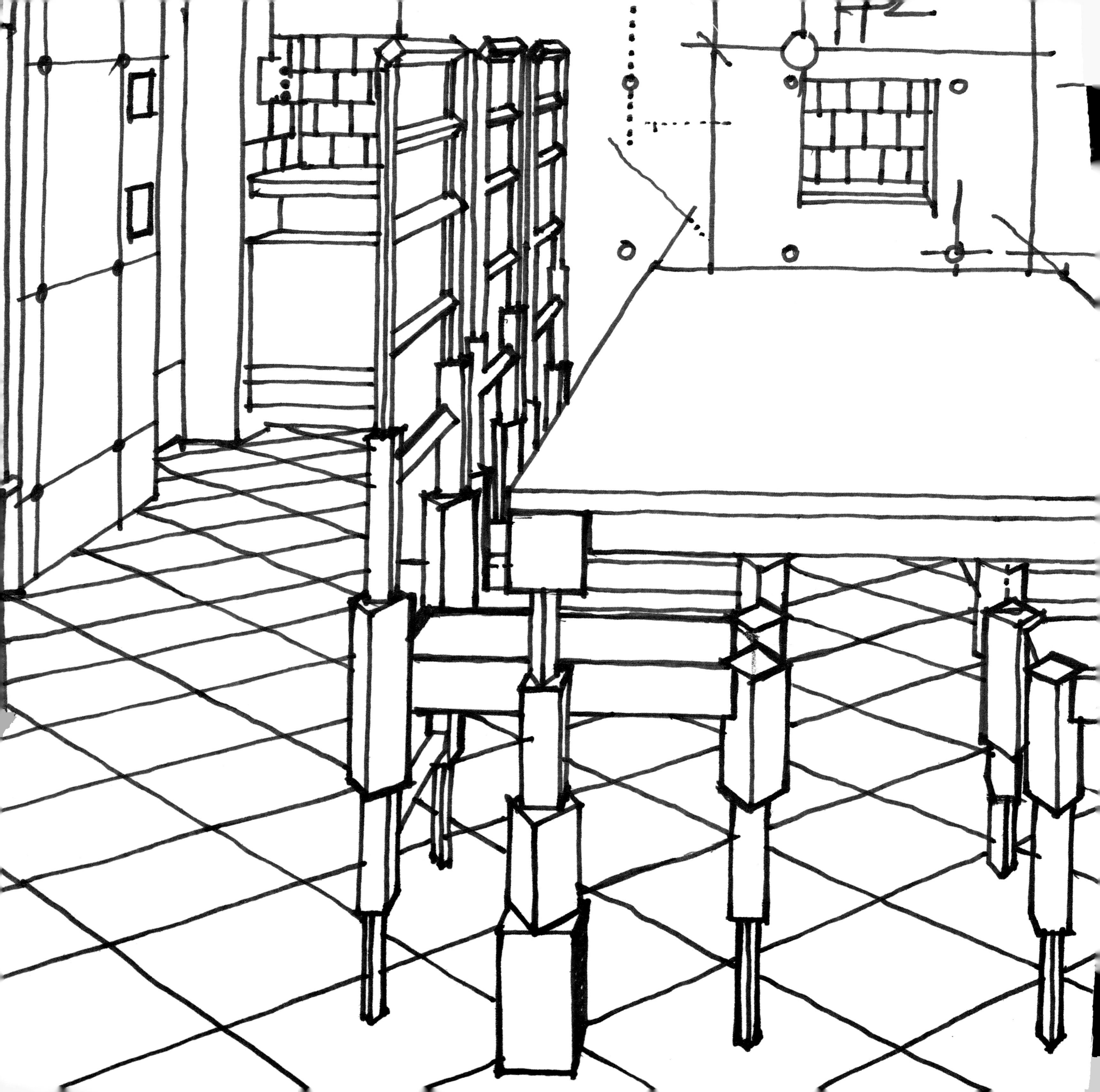

FARBMISCH-UNGEN FÜR FARBSTIFTE

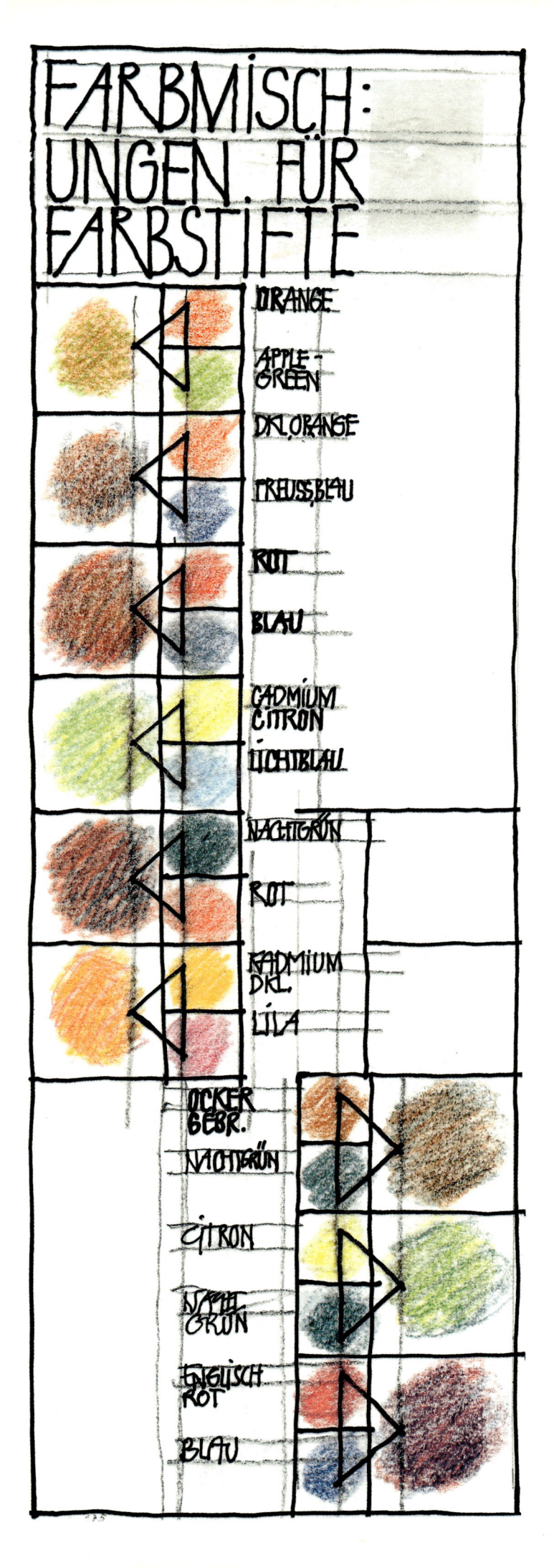

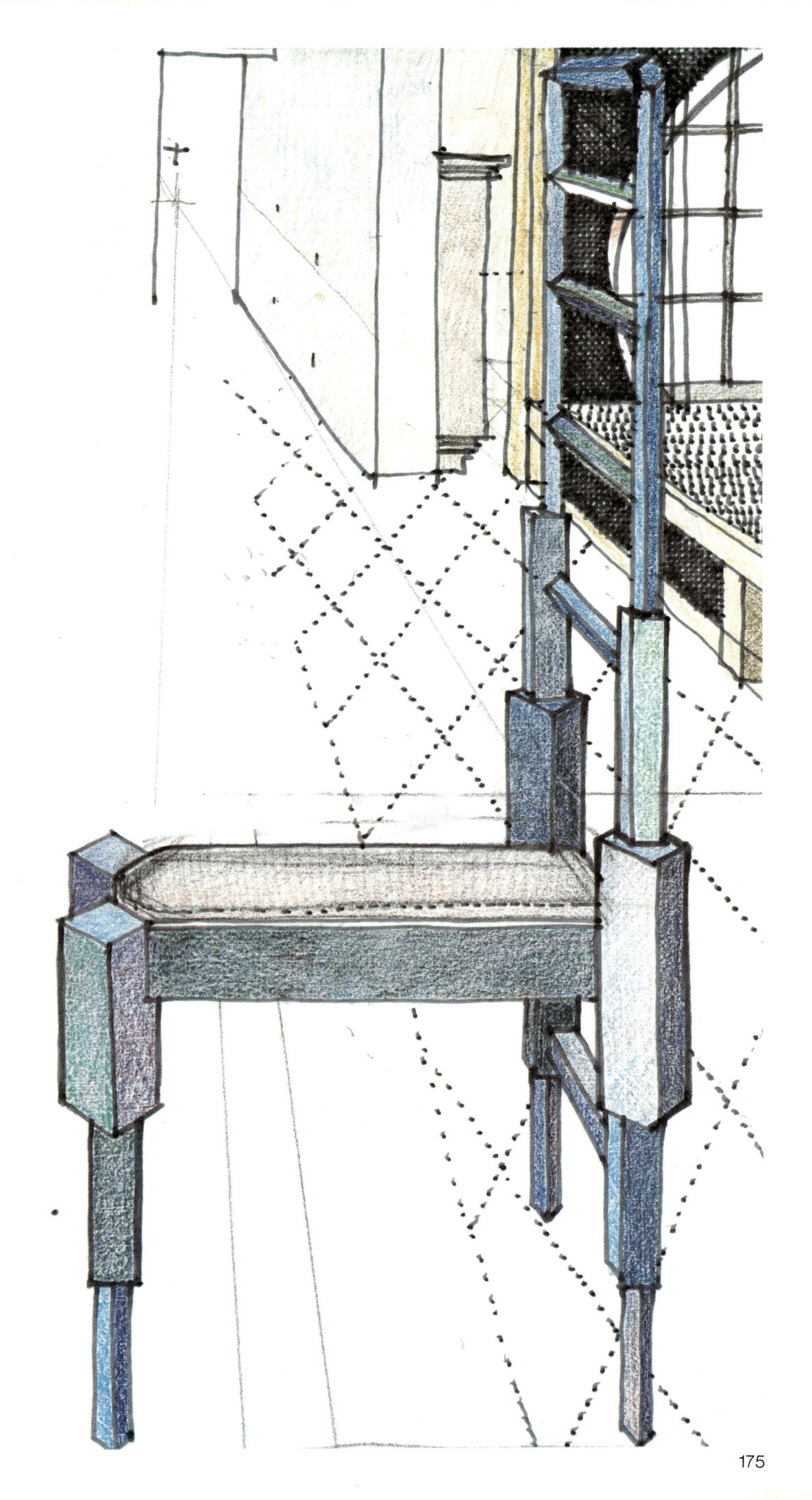

●	▷	●	ORANGE
●	▷	●	APPLE-GREEN
●	▷	●	DKL. ORANGE
●	▷	●	PREUSSBLAU
●	▷	●	ROT
●	▷	●	BLAU
●	▷	●	CADMIUM CITRON
●	▷	●	LICHTBLAU
●	▷	●	NACHTGRÜN
●	▷	●	ROT
●	▷	●	KADMIUM DKL.
			LILA
OCKER GEBR.	▷	●	
NACHTGRÜN			
CITRON	▷	●	
NACHT GRÜN	▷	●	
ENGLISCH ROT	▷	●	
BLAU			

175

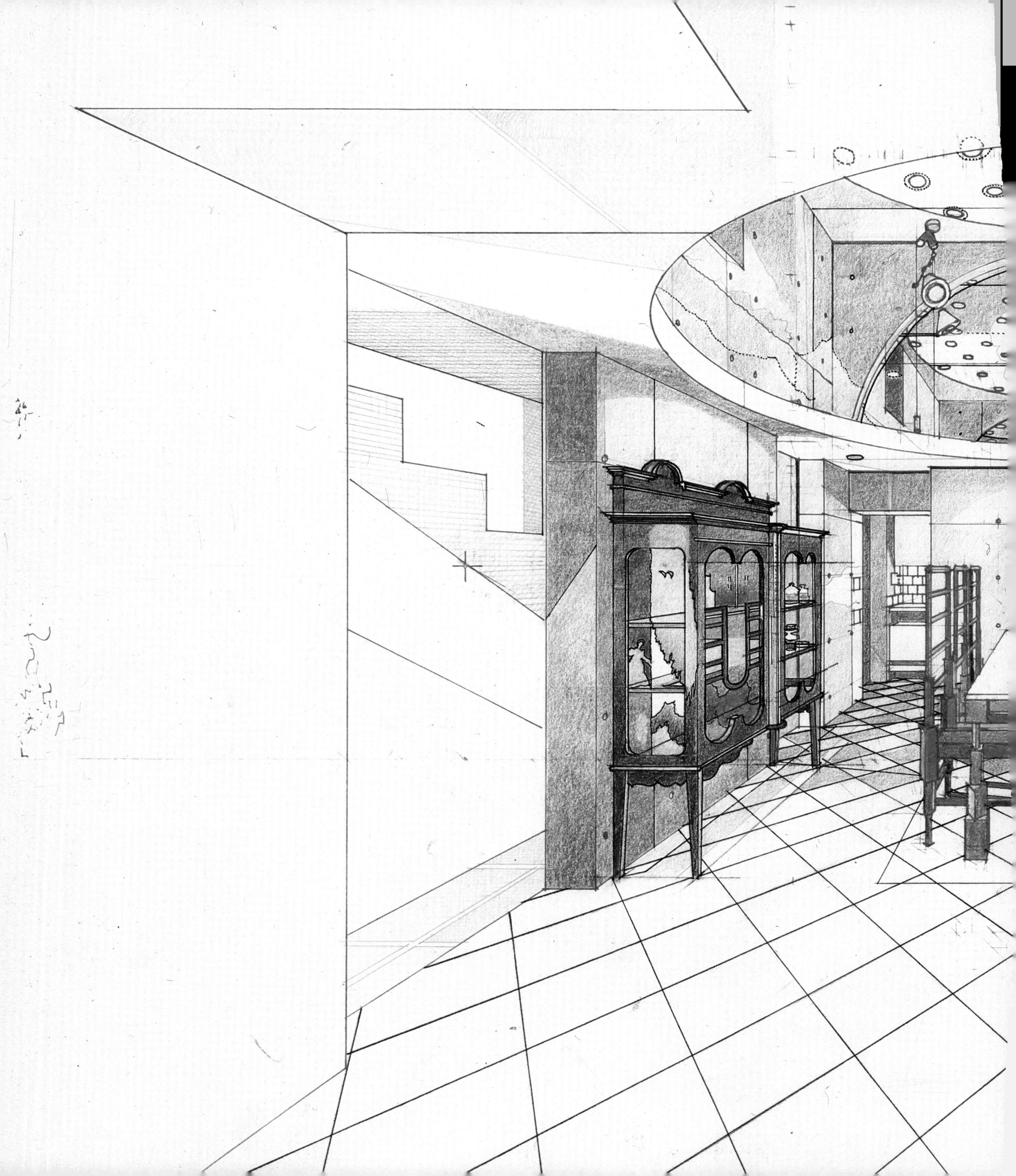

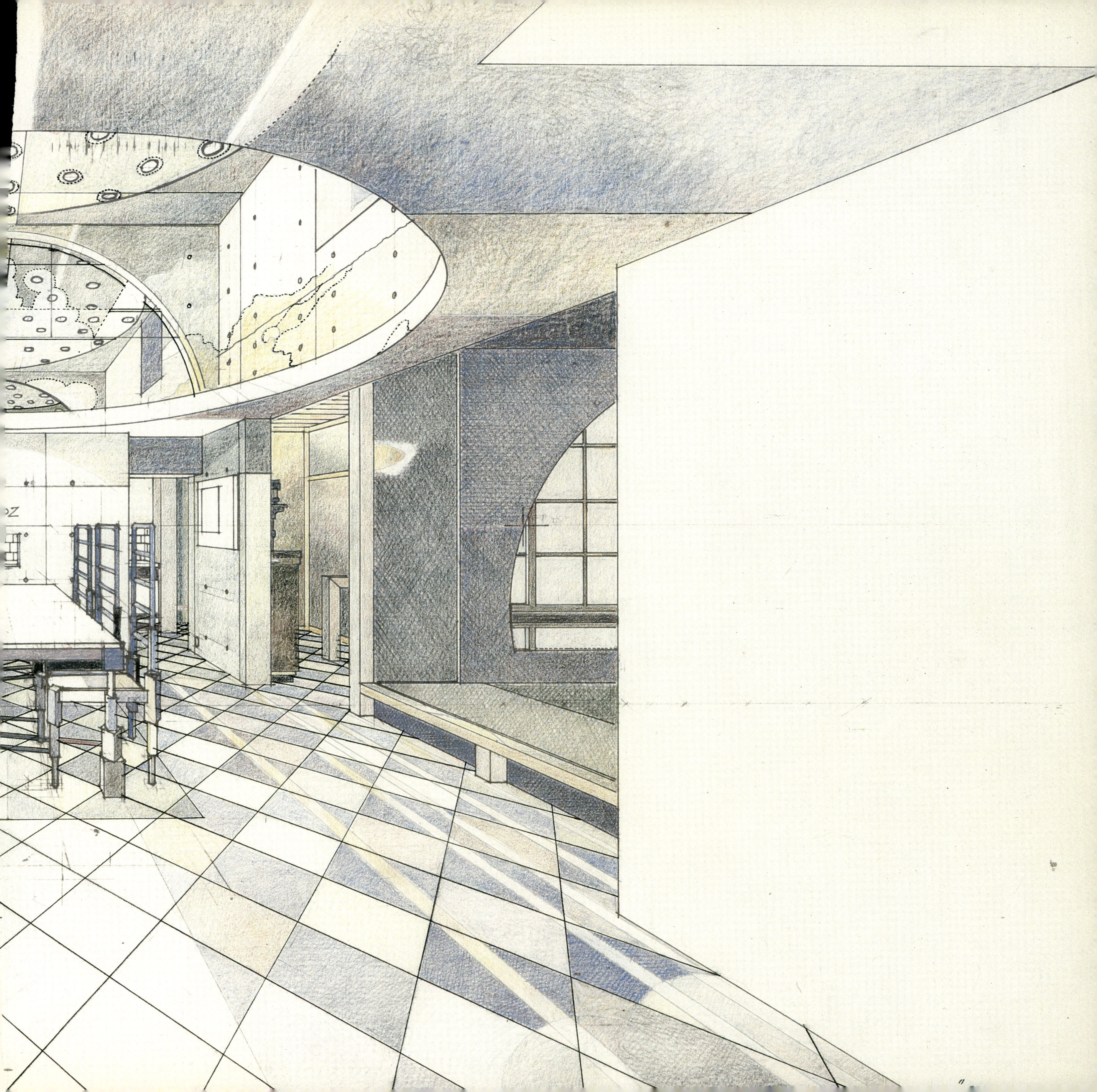

THE HUMANA BUILDING
ARCHITEKT: MICHAEL GRAVES

Das Humana Building wurde im Jahr 1985 fertiggestellt. Bauherr ist eine Gesellschaft für Gesundheitsfürsorge mit Sitz in Louisville in Kentucky. Michael Graves, der Architekt, zählt zu den profiliertesten Planern in den USA. Er selbst nennt seine Architektursprache »figurativ« und spricht damit die Betonung eines unverwechselbaren Ausdrucks an, der von einem Bauwerk ausgehen sollte. Graves, der sich noch in den 70er Jahren mit Wohnhäusern einen Namen machte, die stilistisch der internationalen, modernen Architekturlinie zuzuordnen sind, hat inzwischen ein eigenes Vokabular entwickelt, das nur schwer mit den heute gängigen Stilbegriffen wie postmodern oder historisierend zu definieren ist. An seinen neueren Bauten ist eine intensive Auseinandersetzung mit der Baugeschichte vergangener Jahrhunderte ablesbar, aber ebenso das geschickte Einfließenlassen ganz moderner Stilelemente.

Das Humana Building gehört neben dem fünf Jahre zuvor entstandenen Portland Building zu seinen markantesten Projekten und bietet sich mit seinem ungewöhnlichen Profil als Objekt für eine zeichnerische Auseinandersetzung an.

KONSTRUKTION

Wie bei den meisten Außenperspektiven kommt auch für das Hochhaus nur eine **zweifluchtende Perspektive** in Frage, da die Fassadengestaltung von zwei Schauseiten gezeigt werden soll. Die einzige Schwierigkeit besteht in der richtigen Standortwahl, also der geeigneten Entfernung des Standorts vom Objekt. Zwei weitere Gesichtspunkte spielen für die Konstruktion eine wichtige Rolle: die Festlegung des Winkels, den die Seitenkanten des Grundrisses zur Bildebene einnehmen, und die Höhenannahme für den Horizont.

Die Varianten 1–3 machen deutlich, daß man vor einer Festlegung nicht ganz ohne Experimentieren auskommt: Beim Beispiel 2 wurde klar, daß die Lage der Bildebene in der vorderen Gebäudeecke A ein zu kleines Bild entstehen läßt; bei der Variante 1 wird die Bildebene durch den Punkt B gelegt, der den Ansatzpunkt des Hochhauses gegenüber dem niederen vorgelagerten Basisbau definiert. Die hierdurch erreichte Bildvergrößerung stellt bereits eine Verbesserung dar, die jedoch bei der Variante 3 noch einmal eine Optimierung erfährt, indem der Horizont höher gelegt wird. Dadurch werden nämlich die Fluchtungen im Kopfbereich des Hochhauses nicht so steil (siehe bei Variante 1) und, was noch wichtiger ist, die Überschneidung des niedrigeren Bauteils verdeckt weniger die vordere Fassadenfläche.

Im übrigen ermöglicht die relativ kurze Standortentfernung zur Bildebene zusammen mit der nahezu gleichen Winkelgradzahl, unter der die beiden Fassaden die Bildebene anschneiden, die bequeme Benutzung beider Fluchtpunkte (F links und F rechts). Auf diese Weise kann die teilweise komplizierte Dreidimensionalität des Baukörpers unproblematisch konstruktiv gelöst werden.

DARSTELLUNG

Nach der Konstruktion des Gebäudes ist für die räumliche Wirkung des Bilds die Ergänzung durch die umgebende Bebauung wichtig. Sie wird gekennzeichnet durch zwei in unmittelbarer Nähe befindliche Hochhäuser und eine niedrigere Straßenfront, die zum Teil noch aus der Jahrhundertwende stammt.

Vor dem Humana Building liegt ein etwas erhöhter freier Platz, dicht um das Haus verlaufen verkehrsreiche Straßenzüge. Eine geglückte Darstellung einer solchen Situation kann nur durch die Zuhilfenahme kompositorischer Gesichtspunkte herausgearbeitet werden. So kommt es unter anderem darauf an, das Zusammentreffen der verschiedenen Baustile zu verdeutlichen. Eine wirkungsvolle Darstellung des bereits erwähnten alten Straßenzugs muß ermöglicht werden, auch wenn es dafür notwendig wird, eine Gebäudeecke im Vordergrund auszuklinken.

In Anbetracht der Vielfältigkeit der Architektur des Hauptgebäudes ist es wichtig, den Platz im Vordergrund frei zu lassen. Um die vom Farbwert her weiße Platzfläche grafisch abzugrenzen, werden Grauwerte in Form von Schraffurlagen, Autos, Menschengruppen an die Begrenzungslinien herangeschoben. Um den Platz vor dem Haupteingang räumlich stärker zu betonen, wird lediglich links vorne ein kleiner Vordergrund, bestehend aus einem Kandelaber, ein paar Bänken und Figuren, aufgebaut.

Für die Darstellung dieses außerordentlich lebendigen Bauwerks ist eine genaue Wiedergabe aller Einzelheiten unerläßlich. Aufgrund der bei den Fassaden vom Architekten getroffene Materialauswahl in Form verschiedener Natursteine empfiehlt sich für die Darstellung eine farbige Behandlung. Dabei ist es wichtig, nicht alle Flächen bunt anzulegen, sondern einen Großteil, gerade auch die stark belichteten Fassadenbereiche, weiß zu lassen.

Bei der Abstimmung der Farbwerte sollte die vom Architekten ganz bewußt beabsichtigte lebhafte Farbigkeit des Bauwerks auch entsprechend mutig herausgearbeitet werden.

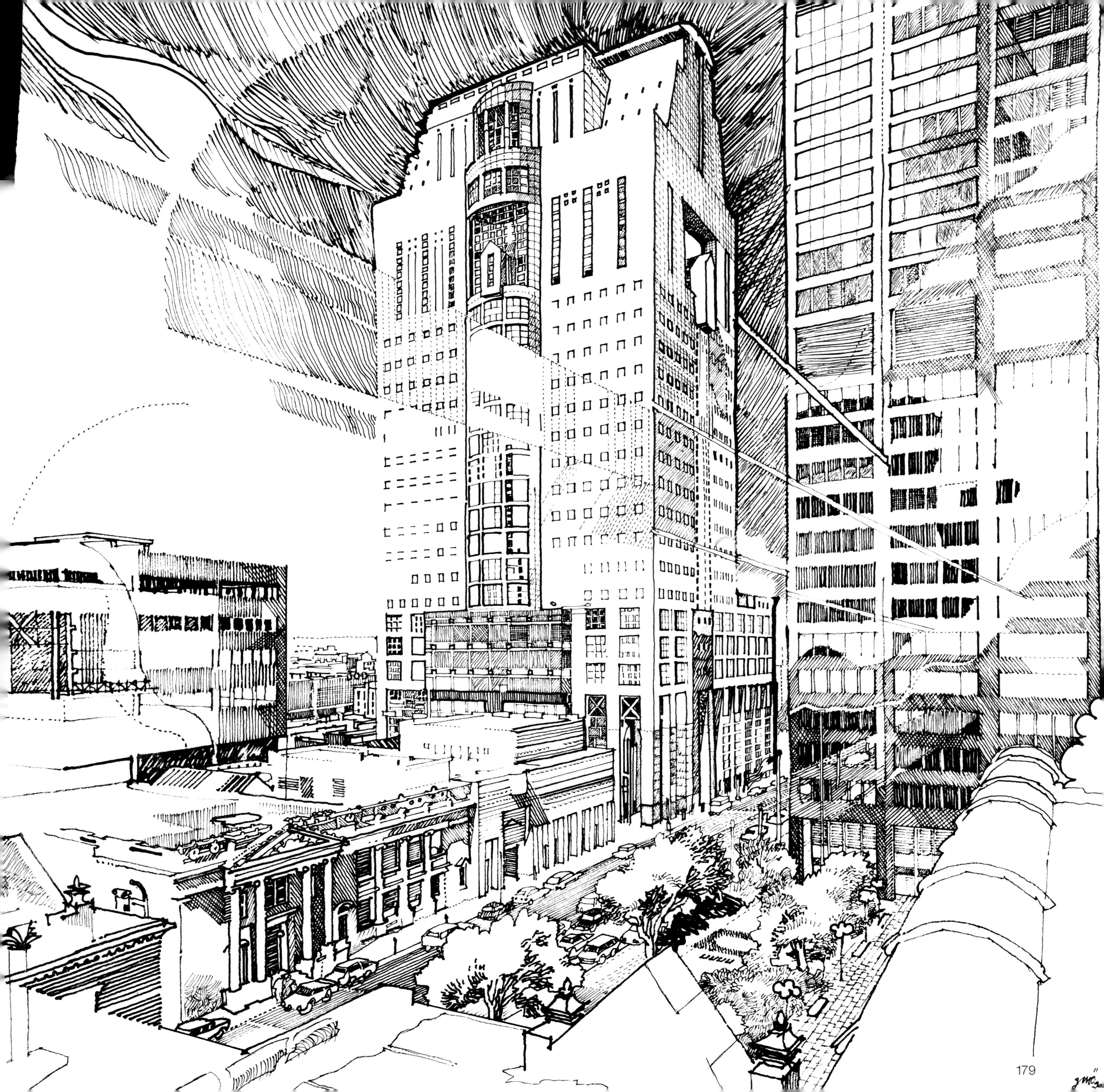

HUMANA

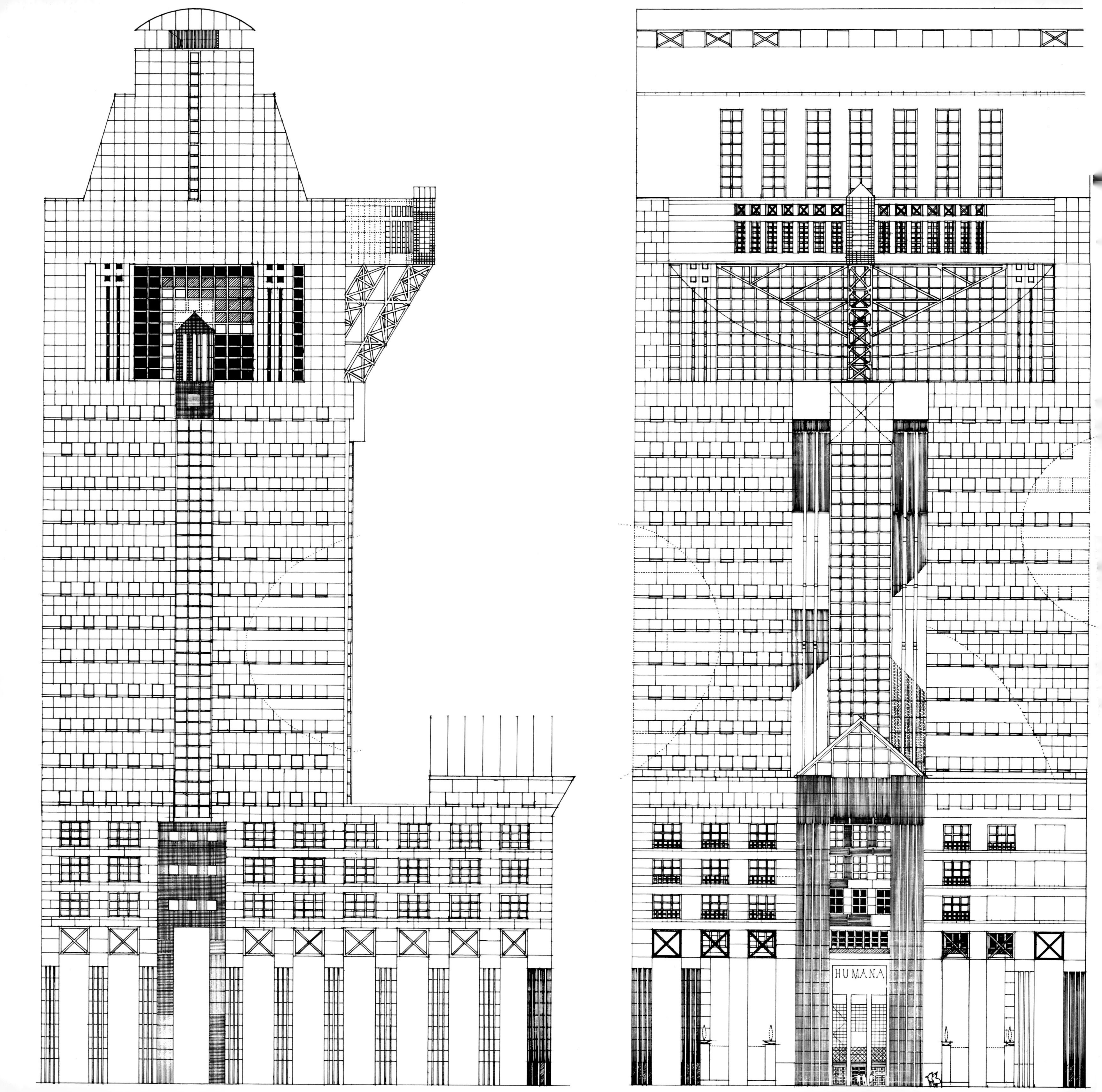

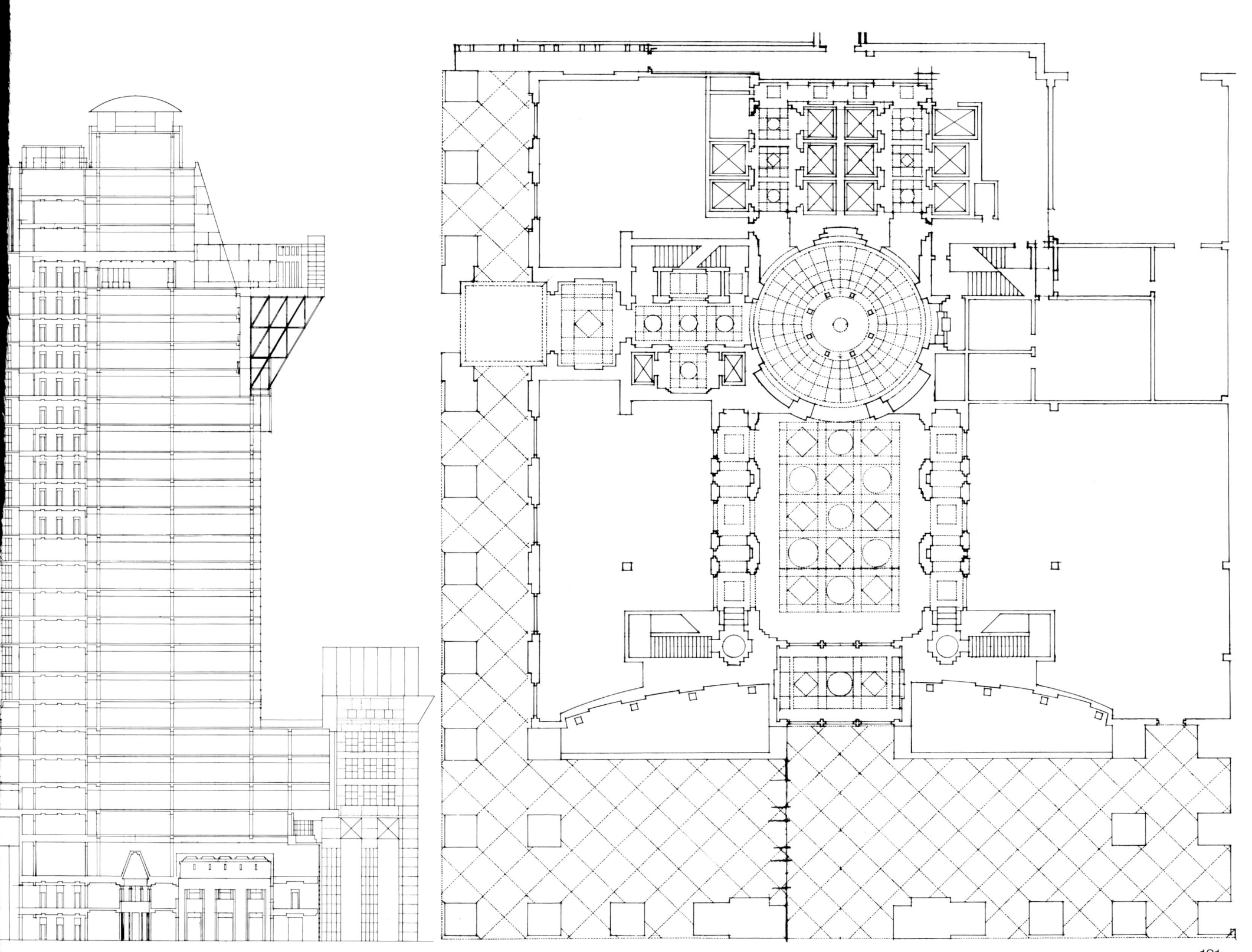

SCHNITT, ERDGESCHOSSGRUNDRISS + ANSICHTEN : THE HUMANA BUILDING
LOUISVILLE, KENTUCKY FESTLEGUNG DER LAGE DER BILDEBENE.

VARIANTE 1
BE DURCH B.
NIEDRIGER PUNZOI

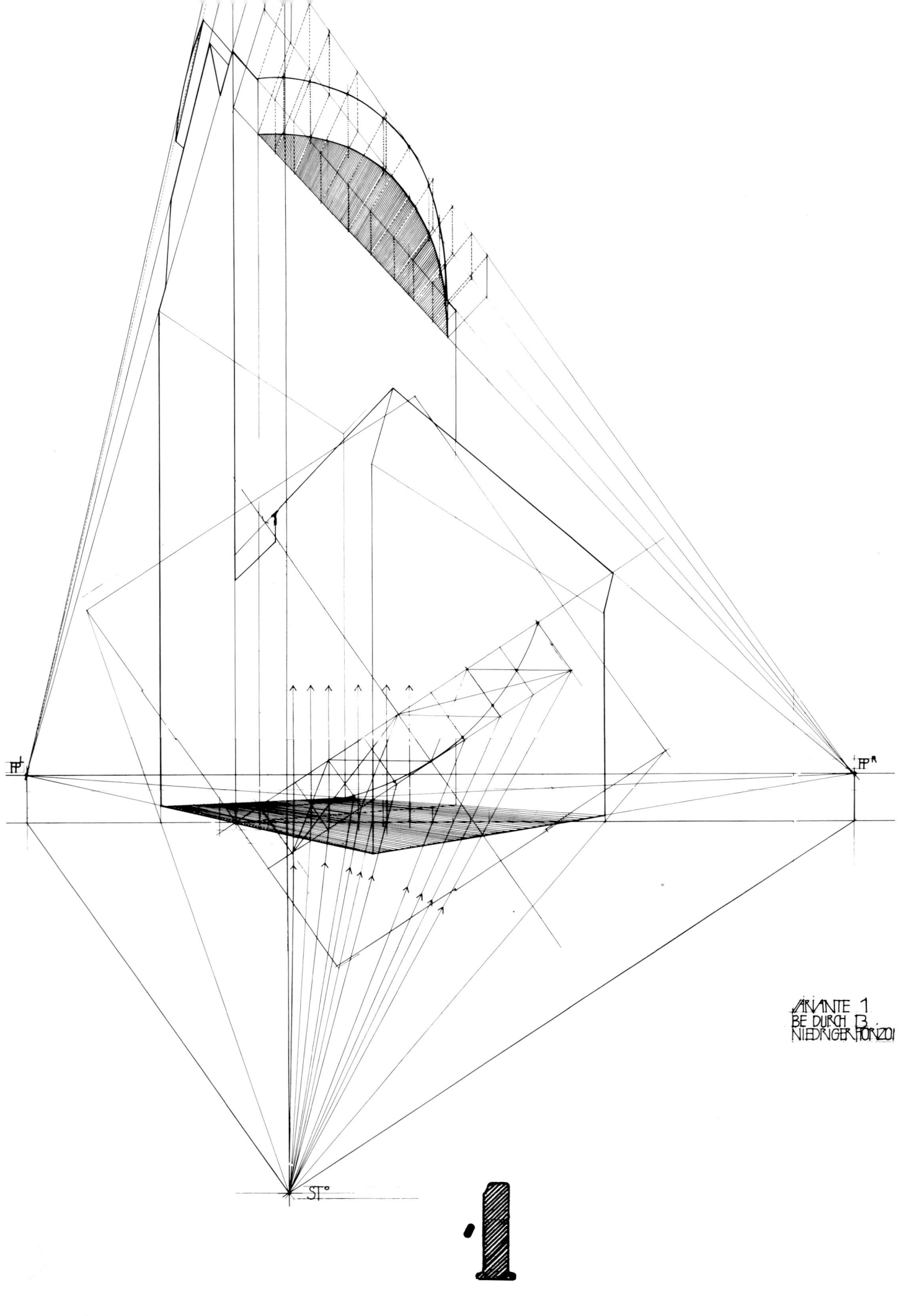

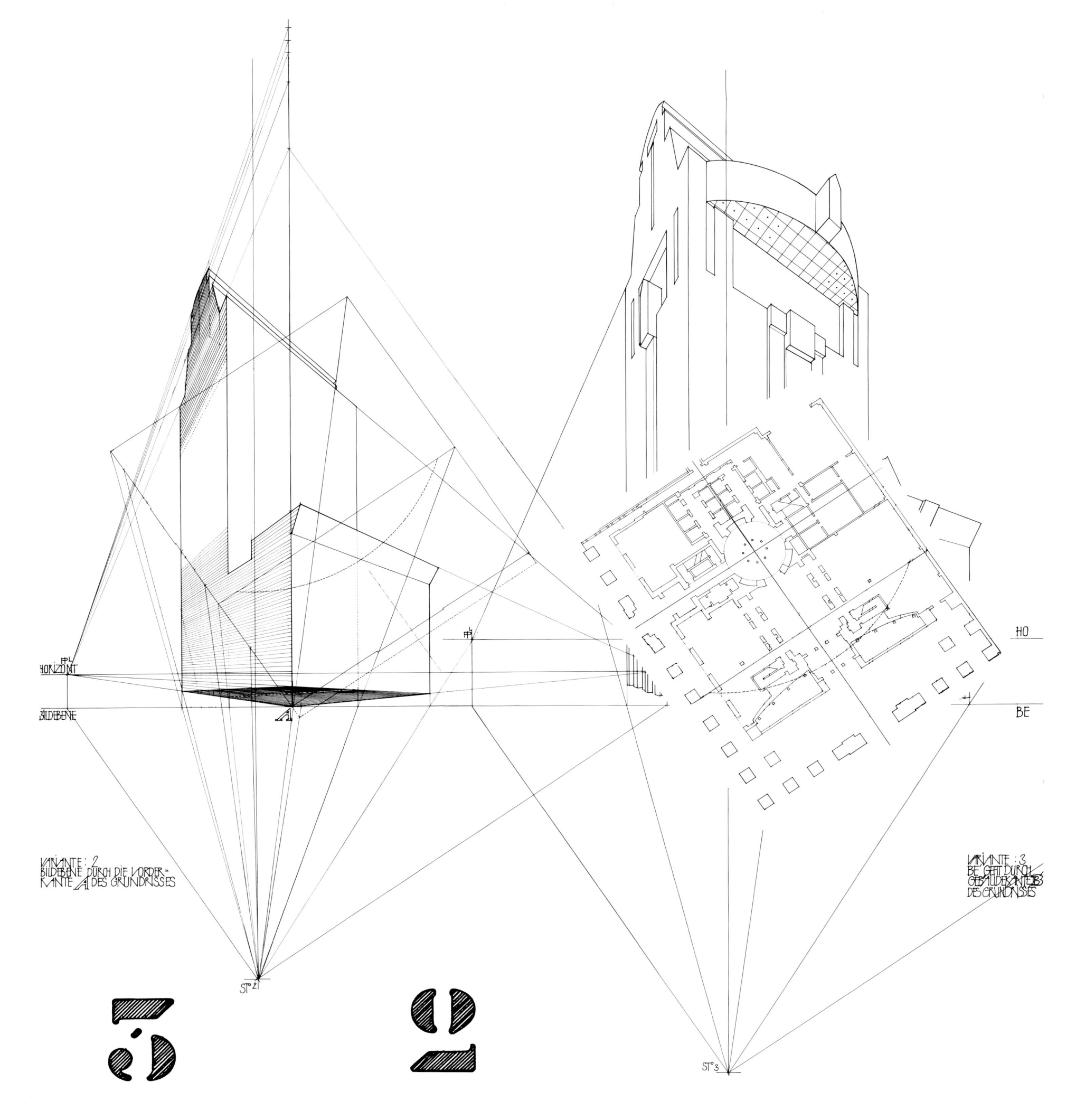

VARIANTE: 2
BILDEBENE DURCH DIE VORDER-
KANTE A DES GRUNDRISSES

VARIANTE: 3
BE GEHT DURCH
GEBÄUDEKANTE B
DES GRUNDRISSES

183

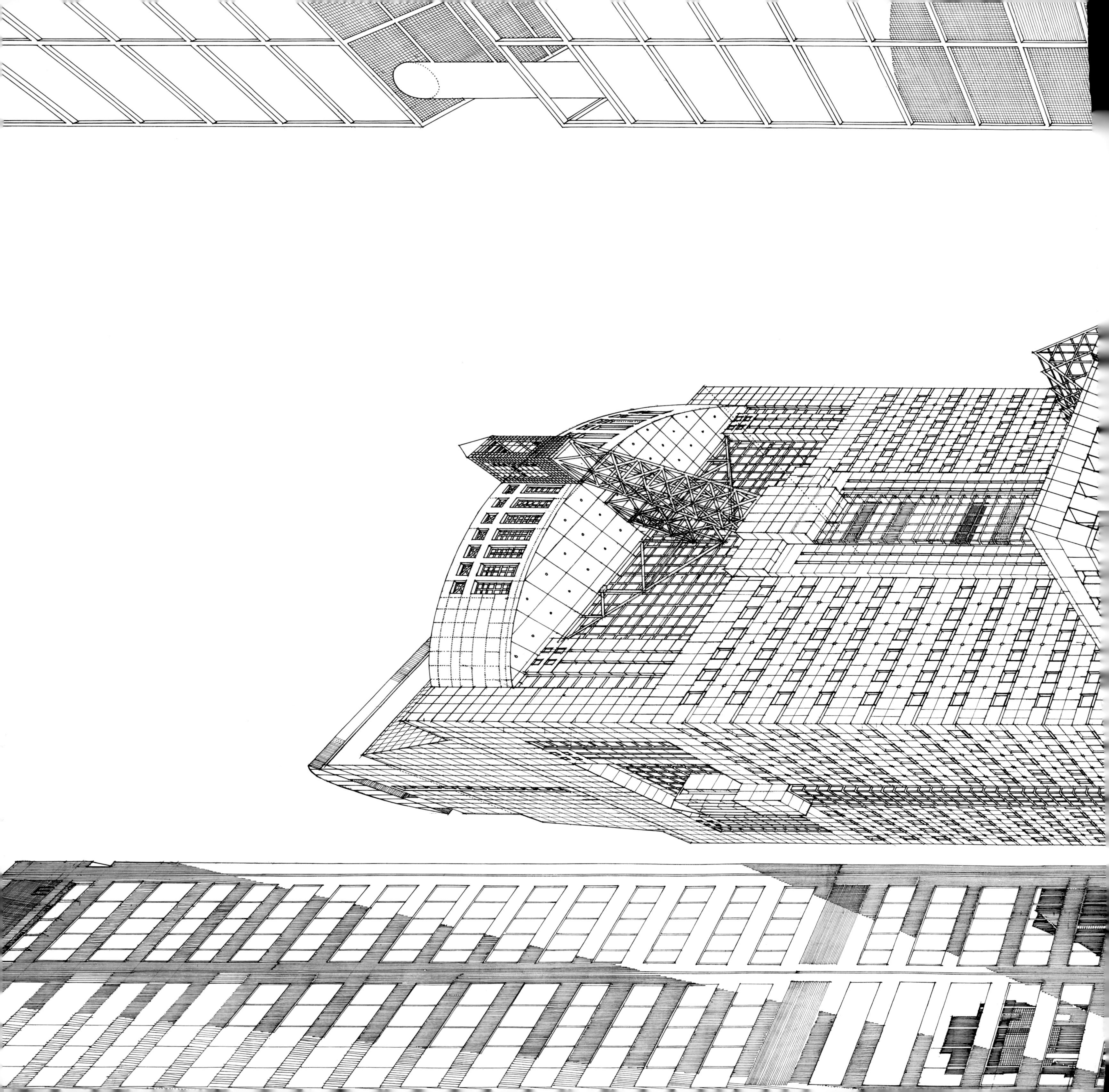

HUMANA BUILDING LOUISVILLE ARCHITEKT: MICHAEL GRAVES

The Humana building was completed in 1985. The clients are a medical welfare organization with its headquarters in Louisville, Kentucky. Michael Graves, the architect, one of the outstanding planners in the USA, describes his architectural language as »figurative«, implying an accentuation of the unique expression that every building should communicate. Graves, who made a name for himself in the 1970s with a series of housing projects indebted to the International Style, has since then developed an architectural vocabulary of his own that eludes the simple definitions implied by such popular current epithets as postmodern or historicist. Evident in his recent projects is not only an intense exchange with the building history of past centuries, but also a skilful assimilation of wholly modern stylistic elements.

The Humana building, like the Portland building, erected five years previously, is one of his most striking schemes. Its unusual shape makes it an interesting subject for a graphic exploration.

CONSTRUCTION

As with most perspective drawings of external views, there is really only one choice for this tower block, if the façade design is to be shown on two faces – a two-point perspective construction. The only problem lies in choosing the right standpoint; i.e. deciding on a suitable distance from the object. Two other factors also play an important role in the construction: the angle at which the edges of the building on plan should be set to the picture plane; and the height of the horizon.

Alternativs 1–3 illustrate quite clearly that a decision cannot be made without a certain amount of experimentation. Example 2 shows that setting the picture plane at the front corner of the building, A, results in too small an image. In example 1 the picture plane is drawn through B, which marks the point of intersection between the tower block and the projecting plinth section. The larger image this produces can immediately be recognized as the better solution, which in example 3 is further improved by raising the horizon line. As a result of this the angles of the vanishing lines defining the details at the top of the building are not so steep (cf. example 1). More important still, the projecting plinth structure does not obscure as much of the front façade.

The relatively short distance between the standpoint and the picture plane, together with the almost identical angles at which the two façades intersect the picture plane on plan facilitate an easier use of the two vanishing points (F left and F right). In this way the sometimes complex three-dimensional form of the building can be constructed without problem.

FORM OF REPRESENTATION

Having completed the construction of the building itself, the spatial effect of the drawing should be brought out by adding complementary surrounding structures. These include two tower blocks in close proximity to the Humana building and a row of low-rise structures forming the street front and dating in part from the turn of the century.

At its foot the Humana block is bounded by busy roads immediately next to the building. In front of it, at a slightly elevated level, is an open space. A successful representation of this situation can only be achieved by using compositional techniques. Among other things, it is important to bring out the juxtaposition of different styles of architecture. An effective depiction of the older structures lining the street, as mentioned above, is also important, even if this means leaving out one corner of the building in the foreground.

In view of the manifold nature of the architectural form of the central building, it is advisable to leave the open space in the foreground untreated. A demarcation of the white area of this space is recommended in the form of grey shading, depictions of cars, groups of people, etc. pushed up to the edge of the space. A few foreground details are added on the left to give greater spatial emphasis to this open plaza in front of the main entrance – a lamppost, a number of benches and figures, no more than that.

In drawing this extremely lively building, a precise reproduction of all details is essential. The architect's choice of materials for the façades – different kinds of natural stone – lends itself to a coloured treatment of the drawing. It is important not to colour the whole surface, however, but to leave a large part white, particularly the strongly illuminated areas of the façades. Nevertheless, in determining the tonal values, one should not hesitate to bring out the deliberately lively coloration chosen by the architect in an equally bold manner.

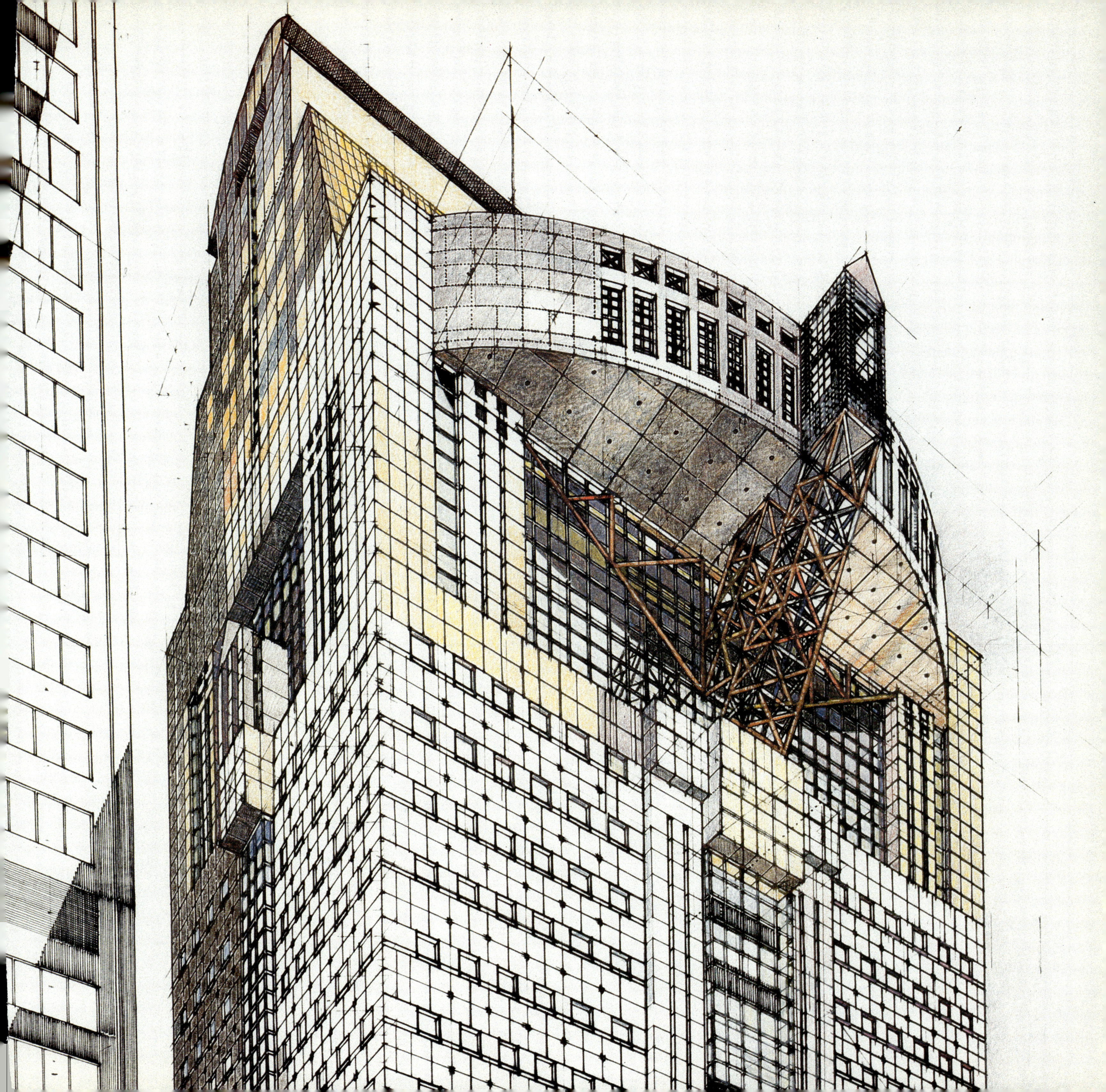

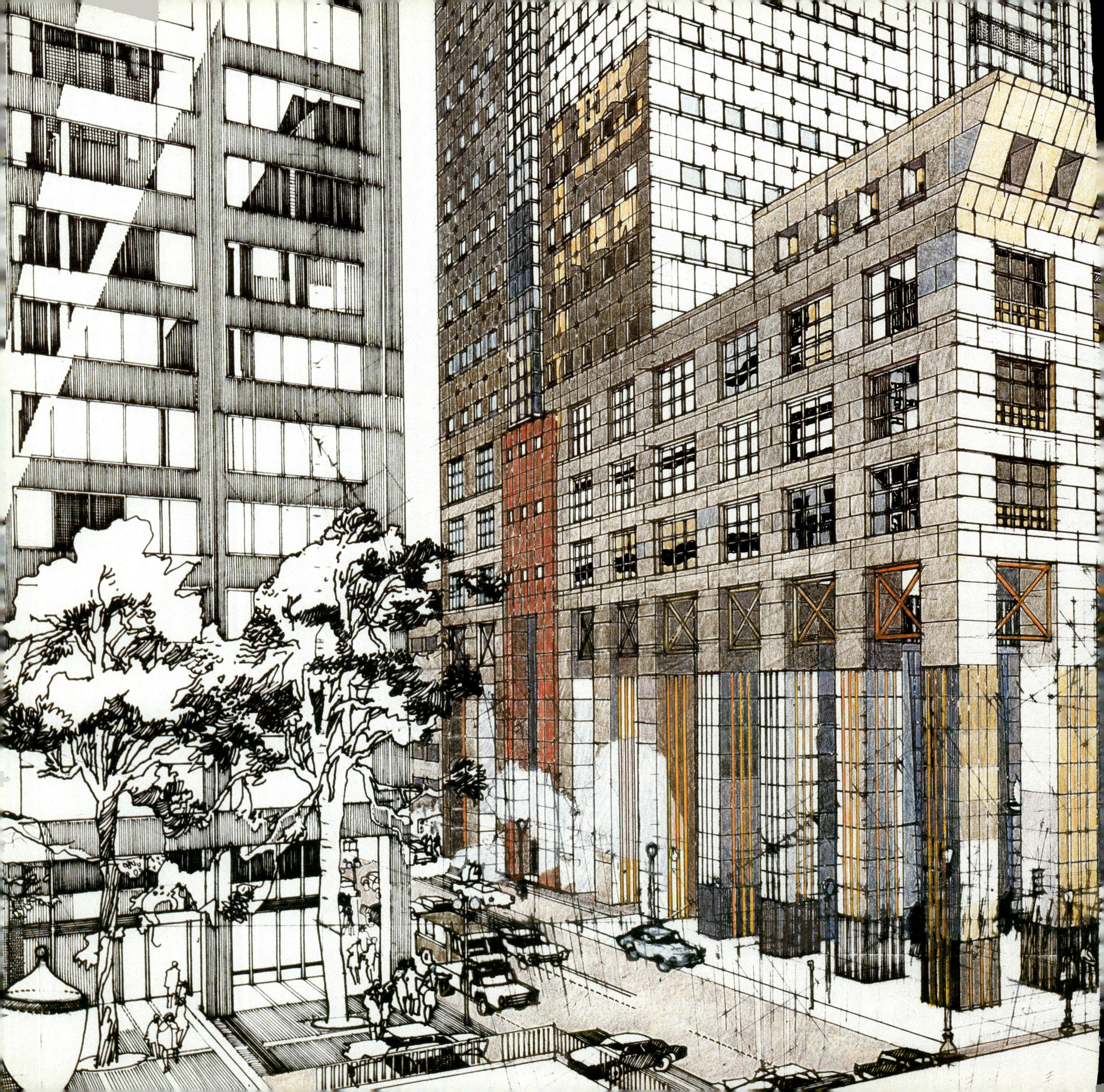

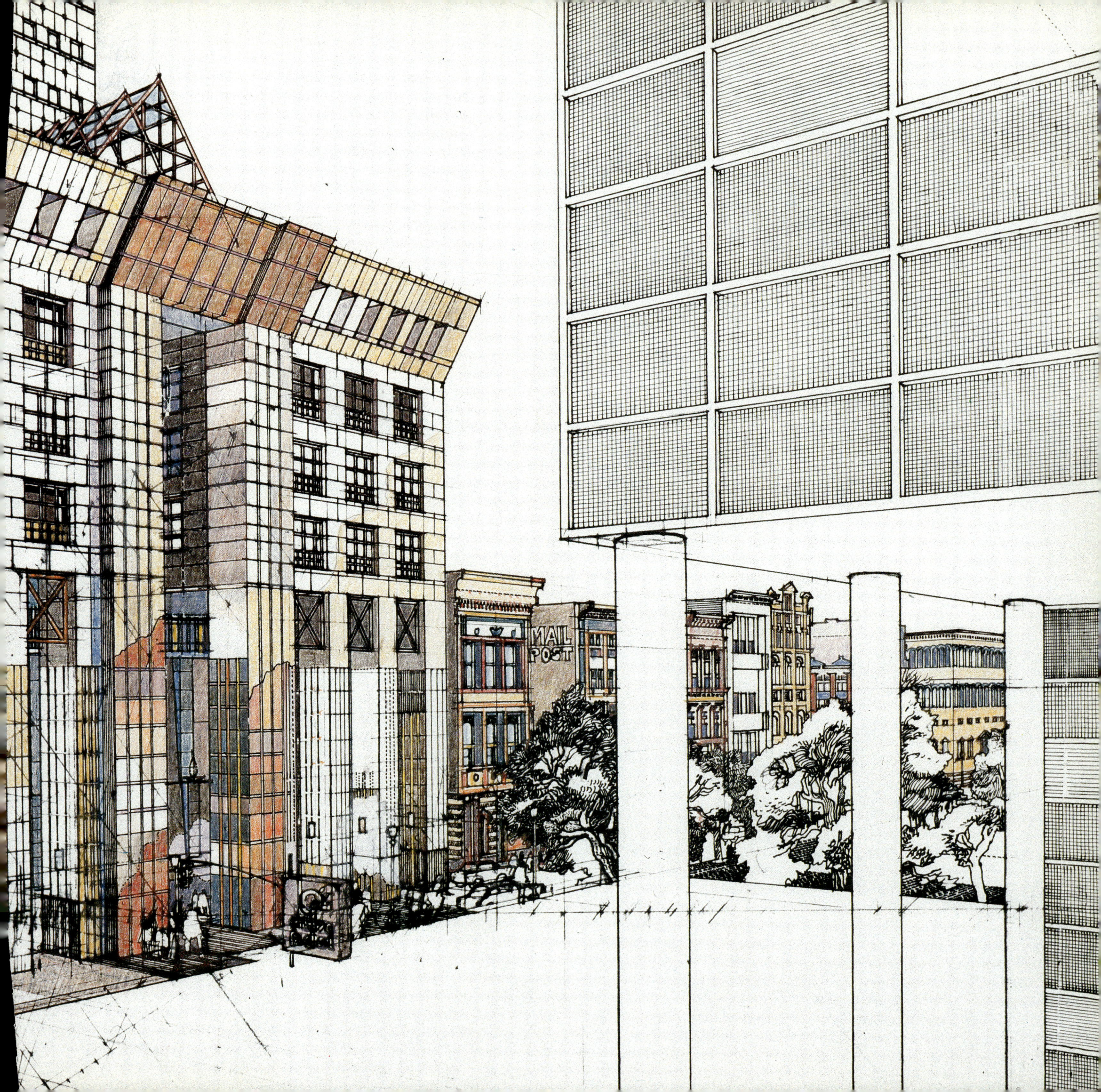
MAIL
POST

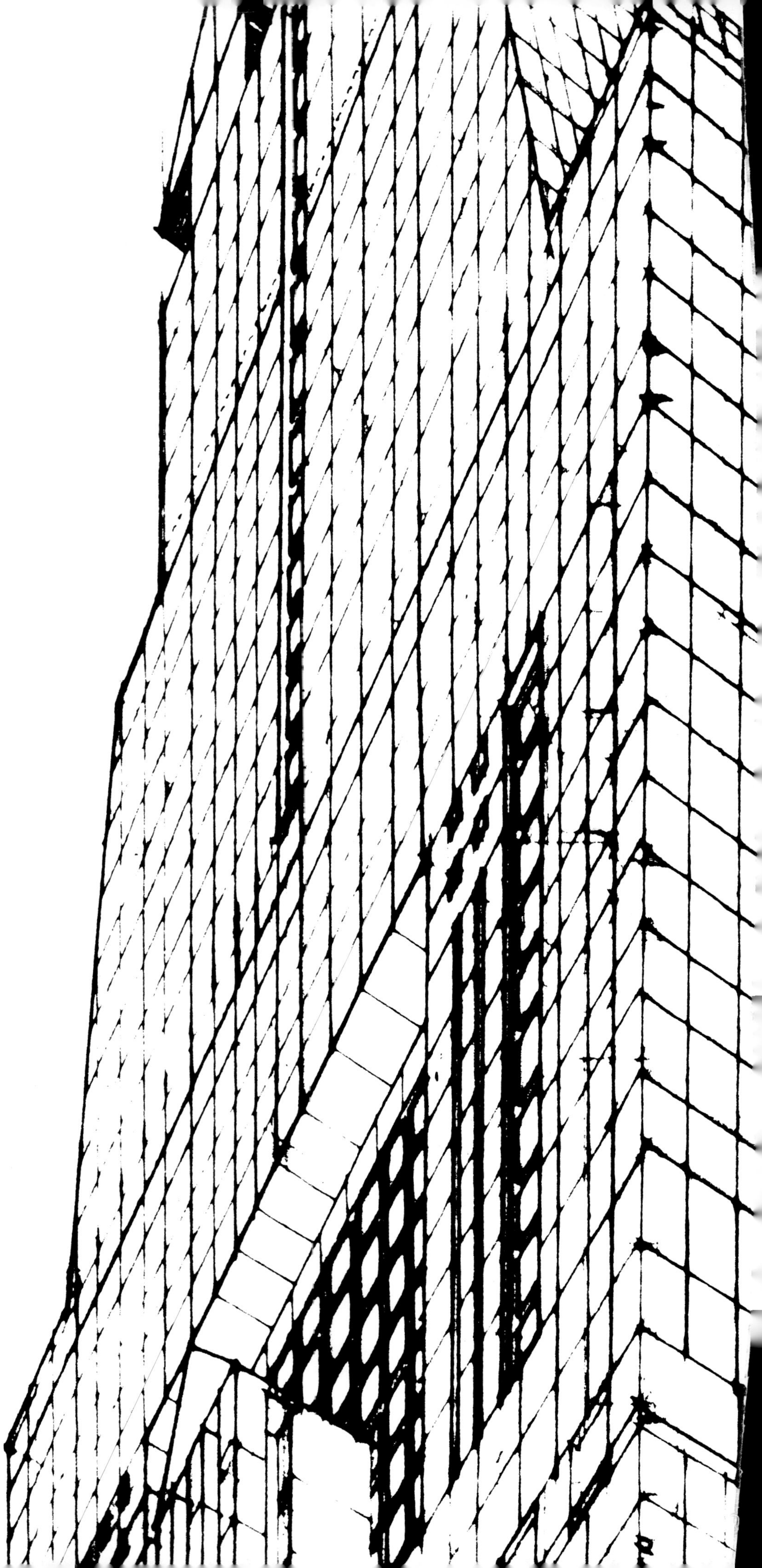